全国统计教材编审委员会“十二五”规划教材

社会与人口核算教程

新编

蒋萍 王勇 著

中国统计出版社
China Statistics Press

图书在版编目(CIP)数据

社会与人口核算教程 / 蒋萍，王勇著. —— 北京 ：中国统计出版社，2016.11

全国统计教材编审委员会“十二五”规划教材

ISBN 978—7—5037—7802—5

Ⅰ.①社… Ⅱ.①蒋… ②王… Ⅲ.①人口统计学—教材 Ⅳ.①C921

中国版本图书馆 CIP 数据核字(2016)第 134557 号

社会与人口核算教程

作　　者/蒋　萍　王　勇
责任编辑/姜　洋
封面设计/上智博文
出版发行/中国统计出版社
通信地址/北京市丰台区西三环南路甲 6 号　邮政编码/100073
电　　话/邮购(010)63376909　书店(010)68783171
网　　址/http://www.zgtjcbs.com
印　　刷/河北鑫宏源印刷包装有限责任公司
经　　销/新华书店
开　　本/710×1000mm　1/16
字　　数/240 千字
印　　张/14.25
版　　别/2016 年 11 月第 1 版
版　　次/2016 年 11 月第 1 次印刷
定　　价/29.00 元

出版说明

全国统计教材编审委员会是国家统计局领导下的、全国统计教材建设工作的最高指导机构和咨询机构，自1988年成立以来，分别组织编写和出版了“七五”至“十一五”全国统计规划教材。

“十二五”时期，是我国全面实施素质教育，全面提高高等教育质量，深化教育体制改革，推动教育事业科学发展，提高教育现代化水平的时期。“十二五”伊始，统计学迎来了历史性的重大变革和飞跃。2011年2月，在国务院学位委员会第28次会议通过的新的《学位授予和人才培养学科目录(2011)》(以下简称“学科目录”)中，统计学从数学和经济学中独立出来，成为一级学科。这一变革和飞跃将对中国统计教育事业产生巨大而深远的影响，中国统计教育事业将在“十二五”时期发生积极变化。

正是在这一背景下，全国统计教材编审委员会制定了《“十二五”全国统计教材建设规划》(以下简称“规划”)。根据“学科目录”在统计学下设有数理统计学，社会经济统计学，生物卫生统计学，金融统计、风险管理与精算学，应用统计5个二级学科的构架，“规划”对“十二五”全国统计规划教材建设作了全面部署，具有以下特点：

第一，打破以往统计规划教材出版学科单一的格局。全面发展数理统计学，社会经济统计学，生物卫生统计学，金融统计、风险管理与精算学，应用统计5个二级学科规划教材的出版，使“十二五”全国统计规划教材涵盖5个二级学科，形成学科全面并平衡发展的出版局面。

第二，打破以往统计规划教材出版层次单一的格局。在编写出版好各学科本科生教材的基础上，对研究生教材出版进行深入研究，出版一批高水平高层次的研究生教材，为我国研究生教育、尤其是应用统计研究生教育提供教学服务。同时，积极重视统计专科教材出版，联合各专科院校，组织编写和出版适应统计专科教学和学习的优秀教材。

第三，打破以往统计规划教材出版品种单一的格局。鼓励内容创新，联系统计实践，具有教学内容和教学方法特色的、各高校自编的相同内容选题的精品教材出版，促进统计教学向创新性、创造性和多样性发展。

第四，重视非统计专业的统计教材出版。探讨对非统计专业学生的统计教学问题，为非统计专业学生组织编写和出版概念准确、叙述简练、深入浅出、表达方式活泼、练习题贴近社会生活的统计教材，使统计思想和统计理念深入非统计专业学生，以达到统计教学的最大效果。

第五，重视配合教师教学使用的电子课件和辅助学生学习使用的电子产品的配套出版，促进高校统计教学电子化建设，以期最后能形成系统，提高统计教育现代化水平。

第六，重视对已经出版的统计规划教材的培育和提高，本着去粗存精、去旧加新、与时俱进的原则，继续优化已经出版的统计教材的内容和写作，强化配套课件和习题解答，使它们成为精品，最后锤炼成为经典。

“十二五”期间，编审委员会将本着“重质量，求创新，出精品，育经典”的宗旨，组织我国统计教育界专家学者，编写和编辑出版好本轮教材。本轮教材出版后，将能够形成学科齐全、层次分明、品种多样、配套系统的高质量立体式结构，使我国统计规划教材建设再上新台阶，这将对推动我国统计教育和统计教材改革，推动我国统计教育事业科学发展，提高我国统计教育现代化水平产生积极意义。

让教师的教学和学生的学习事半功倍，并使学生在毕业之后能够学以致用的统计教材，是本轮教材的追求。编审委员会将努力使本轮教材好教、好学、好用，尽力使它们在内容上和形式上都向国外先进统计教材看齐。限于水平和经验，在教材的编写和编辑出版过程中仍会有不足，恳请广大师生和社会读者提出批评和建议，我们将虚心接受，并诚挚感谢！

国家统计局

全国统计教材编审委员会

2012 年 7 月

前　言

社会与人口核算是社会经济统计的重要内容，是了解社会与人口发展现状、制定社会与人口发展政策的重要依据。因此，社会与人口核算受到各国政府的广泛重视。近年来，随着各国在社会与人口方面的快速发展，政府部门和学术界对社会与人口核算资料的需求快速增加，对社会与人口核算方法的需求也尤为迫切。当前，中国正处于重要的社会转型时期，中国对社会与人口核算资料与方法有更为急迫和现实的需求。与现实需求形成强烈对比的是，目前国内并没有社会与人口核算的专业教材。社会与人口核算没有在高校教学中得到体现，不仅课程缺少，教材领域也是空白的，这极大地限制了社会与人口核算的发展，造成了研究人才的短缺，不利于实际工作的开展。

为了满足社会对社会与人口核算方法的需求，本人基于多年来关于社会与人口核算的研究成果及教学反馈，整理后形成本教材。本教材的面世历经学术研究与专著出版→教材撰写与教学试用→内部教材修订与正式出版三个过程。在 1987 年开始读博士期间，本人选择了《社会核算若干理论与方法的研究》作为博士学位论文选题，1990 年博士毕业后，将博士学位论文中的方法部分《社会核算方法》进行了充实与修改，于 1992 年由经济管理出版社正式出版。为了将研究成果及时地转化到教学实践中，我又有计划地逐步将社会核算方法引入到教学实践中。

21 世纪初，社会核算方法并不是一门单独的课程，只是将社会核算方法的部分内容融入到其他相关课程中，其中一个很重要的原因是没有相应的社会核算教材。经过一段时间的积累，《社会与人口核算方法》内部使用教材撰写完成，我开始在博士研究生中独立开设《社会与人口核算方法》课程。通过课堂讲解，及时发现问题，并结合学生课堂上的反馈，不断修订教材。

为了在更大的范围内征求意见，完善内容，2015 年 5 月，东北财经大学统计学院举办了《社会与人口核算方法培训班》。统计学院的多位主讲教师与来自全国不同高校的专家学者及一线教师就社会与人口核算方法进行了探讨。综合多年的教学总结及此次培训过程中的反馈，又对教材进行了多方面修订。修订后的教材与最初出版的专著及教学过程中使用的内部版本已发生较大变化，特别是从方便教师讲解和学生学习的角度增加了新的章节，尤其注重对存量、流量等基本概念及其相互关系的阐述，同时对整个教材的结构进行了调整，使之更易于学习和理解。

在本教材的写作过程中，东北财经大学统计学院的教师王勇博士也做了大量工作。王勇博士在攻读博士期间即修读了《社会与人口核算》课程，开始接触社会与人口核算领域。毕业留校后，又选择了《社会与人口核算》作为助课课程，全程参与了最近两年的《社会与人口核算》的博士生课程，在 2015 年 5 月东北财经大学统计学院举办的《社会与人口核算方法培训班》中又作为主讲教师。在助课及培训班授课过程中，王勇博士对《社会与人口核算教程》的进一步完善提供了若干建议。同时，王勇博士还对社会与人口核算领域做了一些研究工作，如学术论文《对社会与人口核算的再认识》已经在《统计研究》(2016 年第 7 期)发表，研究内容也充实到了本教材中。王勇博士还做了文字编辑、全文校对、课后习题编辑等工作。

本教材的特点体现在四个方面：第一，强调以国际标准为依据。教材中介绍的社会与人口核算方法主要来自联合国社会与人口核算的纲领性文献 SSDS(Towards a System of Social and Demographic Statistics)，在方法选择上与国际核算方法对接。从理论上看，SSDS 提供的社会与人口核算方法经过国际核算界的广泛探讨并得到普遍认可，是一个系统的方法体系，内部之间联系紧密；从实践上看，这些方法也经过各国社会与人口核算实践人员的应用检验。此外，本教材的部分案例也直接取自 SSDS。第二，强调在国际标准基础上的改进。本教材并非简单的介绍 SSDS 的理论方法，在诸多方面都有改进。如首次系统阐述了存量流量核算、净流量核算、总流量核算、迁移核算的基本原理和模型，比较系统地论述了社会与人口的核算形式，首次将净流量核算与投入产出核算进行比较等。这些方面的改进有利于读者更好地理解社会与人口核算的基本原理。第三，强调社会与人口核算方法的实践应用。本教材的编写采用“方法介绍＋例题分析”的模式。首先对社会与人口核算方法进行介绍，然后通过大量的应用实例对这些方法进行实践应用。例题分析有助于读者更好的应用社会与人口核算方法，为社会与人口核算方法的普及提供了参考。第四，强调社会与人口核算方法落脚于中国本土实践。考虑到SSDS中的案例均基于国外数据以及社会与人口核算在中国的实践较少，本教材的案例分析大量采用中国本土数据，对中国社会与人口的不同方面进行了系统分析，实现了社会与人口核算方法的中国本土应用。

需要指出的是，本教材教学案例的国内数据主要来自20世纪80年代，这既体现了对当时研究成果的尊重，也可为后人的持续研究提供基础资料。本教材既可以作为高等院校统计学专业和社会学专业的教学用书，也可以作为社会与人口核算领域的研究参考及统计部门的参考读物。

本教材的出版得到东北财经大学统计学院的资助，以及中国统计出版社的支持，一并致谢。书中难免存在疏漏，望同行专家及读者批评指正。

蒋萍

2016年3月

于辽宁省教育厅人文社科重点研究基地

东北财经大学国民核算研究中心

目　录

绪论　社会与人口核算研究的起源与角度

社会与人口核算是与国民经济核算相对应，与国民经济核算并存的宏观性、综合性核算体系。社会与人口核算在承担制定社会发展计划、了解社会发展现状、评价社会发展功能、预测社会发展前景的任务等方面发挥着重要作用。本部分对社会与人口核算研究的起源、社会与人口核算的核算形式与角度、社会人口核算与国民经济核算的关系以及本教程的主要内容等内容进行阐述。

一、社会与人口核算研究的起源

(一)联合国社会与人口核算官方文本的出台

SNA(System of National Accounts)是联合国关于国民经济核算的指导文本，主要对人类经济活动的统计测度进行规范和指导。在 SNA 使用过程中，各国统计核算的理论研究者和实践使用者发现，统计核算工作只有 SNA 是远远不够的。20 世纪 60 年代以来，各国政府及学术界由于在政策制定、现状分析及未来预测等方面的需要，对社会与人口的数据需求日益增长，已有的统计资料和核算体系已无法满足实际分析需要，SNA 对社会与人口核算也力不从心。因此，在不断修订、完善 SNA 的进程中，联合国统计委员会也将目光投向了社会活动和人口活动的测度与计量问题。

20 世纪 60 年代初期，以查理・斯通教授为首的联合国统计专家们就已着手社会人口数据的收集与处理，开始社会人口现象核算理论与方法的探讨，决定建立社会与人口统计体系。专家组重点考虑了如下几个方面的内容：该统计体系应包括的范围和所涉及的内容，应提供哪种联系，打算为哪些机构和个人服务，准备以何种方式为他们服务等。

1970 年 7 月，在日内瓦召开的专家组会议讨论了该体系的初始报告《An Integrated System of Demographic, Manpower and Social Statistics and its Links with the System of National Economic Accounts》(《人口、人力和社会综合统计体系及其与国民经济核算体系的联系》)，提出了许多改进意见，会议建议的工作规则被 1970 年 10 月举行的联合国统计委员会第十六届会议采用。1971 年 4 月，欧洲经济委员会和世界卫生组织举行了联席会议，讨论了初始报告中的保健和医疗问题。1971年初,联合国统计委员会起草了《A System of Demographic, Manpower and Social Statistics: Series, Classifications and Social Indicators》(《人口、人力和社会统计体系:序列、分类和社会指标》)。该报告除了扩充原始报告中的内容(如增加了关于住房和闲暇的各章)之外,还包括了为这个体系的多数部分推荐的资料系列、分类和社会指标。随后,亚洲、非洲、欧洲等地区的统计学家多次讨论了该报告。1972年,联合国第十七届统计委员会讨论了斯通教授关于建立社会与人口统计体系的工作报告。1973年4月,在纽约召集的专家组第二次会议上讨论了该工作报告的修订版本。综合专家组的修改意见,联合国统计委员会于1975年正式发布了SSDS(Towards a System of Social and Demographic Statistics),中文译本为《社会与人口统计体系》(许成钢等译,中国财政经济出版社,1985)。

此后,联合国相继发布了众多针对社会与人口核算的具体指导文本,如《Improving Social Statistics in Developing Countries: Conceptual Framework and Methods》(1979)、《Concepts and Methods for Integrating Social and Economic Statistics on Health, Education and Housing》(1986)、《Principles and Recommendations for Population and Housing Censuses》(1998、2010)等。随后几十年,SSDS以其丰富的内容、庞大的体系、严谨的结构、科学的方法成为社会与人口核算理论的纲领性文献,被世界各国社会与人口核算的理论研究及实际工作者视为圭臬。SSDS的发展历程列于表0—1。

表0—1 SSDS的发展历程

阶段	时间	内容	特点
出台前	1960—1975年	若干阶段性工作报告	SSDS的内容、方法等处在不断完善过程中
出台	1975年4月	Towards a System of Social and Demographic Statistics	内容丰富、体系庞大、结构严谨的社会与人口核算体系
出台后	1975年至今	若干针对SSDS的指导文本	强调社会与人口核算数据的收集及实践应用

(二)《社会与人口统计体系》的主要内容与特点

《社会与人口统计体系》主要对人类各方面活动进行描述,尤其侧重对人类社会活动的描述,如人口的出生死亡与迁移、社会等级分层与流动、住房及环境、社会保险和福利服务、学习与教育、健康与保健、公共秩序和治安等,这与SNA强调对人类生产活动的描述有所不同。

《社会与人口统计体系》的主要特点体现在五个方面:第一,概念基础明确。

SSDS采用共同的分类、概念和定义，以个人、家庭或住户作为这一体系各部分的基础环节，把社会和人口统计联接成一体。第二，通过生命序列描述人口状况。SSDS的生命序列紧密围绕人口从出生到死亡的不同阶段和各个方面，全方位展示人口的变化特点。第三，通过矩阵形式展示社会与人口信息。《社会与人口统计体系》中有众多的社会与人口矩阵，基于这些矩阵构建的社会与人口模型能够进一步挖掘人口的变动特征，并进行统计预测和分析。第四，强调数据的存量与流量特征。《社会与人口统计体系》通过存量、流量使系统的静止状态与其他状态的变化联系在一起，为建立社会和人口核算的诸多模型奠定了基础。第五，使用实物量计算单位。由于核算对象的限定，《社会与人口统计体系》大多只能采用实物计算单位。例如，“人”“机构数”“犯罪次数”“居民户数”“住房面积”等。

(三)《社会与人口统计体系》的作用

《社会与人口统计体系》的主要作用体现在三个方面：社会与人口核算的数据、方法及实践。

首先，提供了完善的社会与人口数据的收集和处理系统。SSDS最主要的作用是提供了一整套关于社会与人口核算数据的矩阵序列及账户体系，革命性地改善了以往关于社会与人口核算数据资料的收集与处理方式。《社会与人口统计体系》针对不同数据资料使用统一的定义和共同的分类，其矩阵序列及账户体系提供了可以记录人类活动存量与流量的标准结构，为社会与人口核算资料的收集、存储、检索及后续分析提供了数据基础。

第二，提供了系统的社会与人口数据分析的方法体系。《社会与人口统计体系》不仅注重数据体系的系统性，还提供了进一步的分析工具，即社会与人口核算分析方法。这些方法充分考虑《社会与人口统计体系》的数据特点，针对社会与人口的不同方面（如教育、卫生、就业、生育、死亡、迁移等），提供了一整套科学的分析方法。

第三，提供了具有实践参考价值的社会与人口核算应用案例。《社会与人口统计体系》将“案例与应用”作为第三篇，针对各账户序列均提供了一个或若干个具体案例，包括十二章内容，用案例和数值阐述了《社会与人口统计体系》的某些重要应用，尤其是需要收集新的数据种类的那些部分。《社会与人口统计体系》认为，将案例应用作为重要内容具有明确的意义：有助于了解《社会与人口统计体系》在不同领域应用时所遇到的具体问题，有助于阐述普遍遇到的概念性和分类问题，有助于澄清新的数据和新的方法在制定政策时可以预期的作用，以及有助于明确在哪些领域可以进行《社会与人口统计体系》所描述的哪种分析，并且知道哪类数据是有意义的。

二、社会与人口核算的研究对象与角度

(一)研究对象与结构

SSDS对社会与人口核算的研究对象界定为“包括社会生活的各个方面,尤其是应该包括那些社会所关切的、要求政策采取补救措施的方面”。这其中需要强调的是,社会与人口核算包括部分环境内容,主要是人类活动造成的环境成本或环境破坏。因此,社会与人口核算的研究对象以全部社会活动为中心,同时包括由于社会活动带来的经济活动和环境影响,强调从实物角度对社会与人口活动进行测算。社会与人口核算的核算对象横跨全部的社会活动以及与社会活动有关的部分经济活动和部分环境活动。

社会与人口核算的体系结构分为核心层、外围层和拓展层。核心层侧重从个人、家庭和社会自身角度考察基本的统计特征,包括4个基本序列:人口规模和结构,出生、死亡与迁移;家庭与住户;社会等级、分层与流动性;经济群体的分类。外围层围绕着个人、家庭和社会,主要从社会福利角度构建序列,包括3个序列:住房与环境;时间的分配与利用;社会保险和福利服务。拓展层涵盖人类生命周期发展的四个重要方面,包括4个序列:学习与教育;就业和失业、工作条件;健康和保健;公共秩序和治安。社会与人口核算的结构体系见表0-2。

表0-2 社会与人口核算的体系结构及主要特点

层次	具体序列	主要特点
核心层	人口规模和结构,出生、死亡与迁移	从个人、家庭、社会角度考察社会经济的基本统计特征
	家庭与住户	
	社会等级、分层与流动性	
	经济群体的分类	
外围层	住房与环境	考察社会福利
	时间的分配与利用	
	社会保险和福利服务	
拓展层	学习与教育	基于人类生命周期中发展的四个重要方面
	就业和失业、工作条件	
	健康和保健	
	公共秩序和治安	

(二)研究角度

社会与人口核算的研究角度为存量和流量。存量流量核算是社会与人口系统中以实物为计算单位的、不同研究对象表现为存量与流量相互依存关系的数量分析方法。存量强调社会与人口发展的静止状况,反映某一时点的社会与人口发展规模,流量强调社会与人口发展的阶段性状态或变化,不仅可以反映一定时期内社会与人口发展的增减变动情况,还可以反映一定时期内社会与人口的发展规模。在社会与人口核算的存量流量核算中,流量只起中介作用,其目的是通过流量核算期初存量与期末存量,从这个意义上说,存量核算是社会与人口核算更加重视的研究角度和关注重点。

需要指出的是,社会与人口核算关注的存量与流量和国民经济核算关注的存量与流量是不同的,这体现在社会与人口核算关注的存量与流量以实物为单位,而国民经济核算关注的存量与流量则以价值量为单位。

(三)核算形式

社会与人口核算的主要核算形式是矩阵平衡表和账户平衡表。社会与人口核算中的矩阵平衡表有不同形式,根据不同的研究目的和平衡公式进行编制,如存量流量核算表基于“期初存量－本期减少量＝期末存量－本期增加量”,总流量核算表基于“统计总体流入量＝统计总体流出量”或“状态总流入量＝状态总流出量”,净流量核算表基于“状态净流入量＝状态净流出量”等。社会与人口核算的账户平衡表主要采用 T 型账户记账法,记录了社会系统中表现为流入量与流出量之间的关系,账户的一方是“流入”,另一方是“流出”,流入量等于流出量。

(四)建模基础

社会与人口核算的内容体现了统计学、经济学、社会学、人口学的交叉,其建模基础包括线性代数、概率论、随机过程(主要为马尔科夫过程论)、线性规划、微积分等。线性代数主要用于社会与人口核算的矩阵运算和线性方程等;概率论用于社会与人口核算存量流量模型中不同状态变化的概率设定;马尔科夫过程论则用于考察人口状态发生变动时的变动特点及变动规律;线性规划主要考察社会与人口核算中目标函数如何在不同约束条件下达到最优。社会与人口核算建模方法与具体应用见表 0－3。

表 0－3 社会与人口核算建模方法、使用范围及具体应用

研究方法	使用范围	具体应用
线性代数	社会与人口核算各种模型中的矩阵预算、线性方程	存量流量模型平衡关系式、转入系数、转出系数、存量流量行模型与列模型
概率论	社会与人口核算中考察对象状态变化的假定	存量流量模型中，转出系数与转入系数是否变动；转出系数与转入系数等价于转移概率；平均预期寿命的求解
随机过程	人口状态发生变化时的变动特点及变动规律	t 时期后人口处于各种状态的可能性、新进入某系统的人将来占有各状态的平均时间、离开某系统的人过去在各状态的平均逗留时间
线性规划	社会与人口核算中目标函数的最优化	福利函数最优化，如考察教育系统对国民收入的贡献，约束条件包括学校容纳能力、教师数量、学生升学率等

三、社会人口核算与国民经济核算的联系与区别

社会人口核算是与国民经济核算相对应的，与国民经济核算并存的宏观性、综合性核算体系。作为社会与人口核算领域系统的、具有代表性的统计体系，社会人口核算与国民经济核算被并称为联合国两大核算体系。两大核算体系在众多方面互有交叉，既有相同之处，也存在显著差异。

（一）联系

（1）社会人口核算与国民经济核算一脉相承。两大核算体系均由联合国统计委员会负责牵头研究并发布，均由斯通教授主持两大核算体系的具体研究工作。国民经济核算的面世要早于社会与人口核算，在国民经济核算研究、修订过程中，社会与人口核算就已经受到专家组的关注，被列入专家组的研究计划中，这就决定了两大体系的主体结构、设计思路、核算方式及行文风格如出一辙。而社会与人口核算的初始版本的题目《人口、人力和社会综合统计体系及其与国民经济核算体系的联系》更是直接表明了社会人口核算与国民经济核算的密切联系。

（2）社会人口核算与国民经济核算都将矩阵、账户作为主要的核算工具。账户和矩阵都是揭示两大核算体系内容关联性的主要工具，是连接各体系的纽带。社会与人口核算包括了一系列账户（如居民、时间闲暇分配账户、经济活动者收入消费账户、居民住房分配账户、居民教育活动账户等），同时由于更注重实践分析作用，社会与人口核算也加入了众多矩阵，在此基础上构建适合分析需要的多种计量模型。因此，矩

阵在社会与人口核算中的作用显得更为重要；账户是贯穿整个国民经济核算的核心，是揭示各个变量之间经济关系和逻辑联系、构成了整个核算体系的骨架。此外，国民经济核算中同样也有众多矩阵（供给使用表、投入产出表、社会核算矩阵等）。

(3)社会人口核算与国民经济核算都贯穿了平衡性思想。平衡性是社会人口核算与国民经济核算的重要原则，能量守恒、质量守恒、经济运动和社会活动也是守恒的，社会产品的实物运动和价值运动始终处于相互对应、相互平衡之中。社会与人口核算中的“流入量”与“流出量”也是平衡的，正因为核算专家抓住了“流入量”与“流出量”相平衡的关键问题，才设计出了独特的存量流量矩阵平衡表、净流量平衡表、账户平衡表等。同样，国民经济核算的价值运动也是平衡的，基于国民经济核算的平衡思想设计出了经常账户、积累账户、资产负债账户等账户序列及投入产出表等平衡表式。

(4)社会人口核算与国民经济核算都强调数据的存量与流量属性。有的人总认为社会与人口核算针对的是存量，如人口总数等，国民经济核算针对的是流量，如国内生产总值等，这实则是个误区。社会与人口核算既通过存量也通过流量来描述人类的社会活动，社会与人口核算绝大部分序列和矩阵（如人口存量流量表、总流量核算表、净流量核算表等）都强调数据的存量和流量属性，以体现社会与人口活动在不同时期和不同时点的变化。存量、流量也是国民经济核算的重要概念，从根本上说，国民经济核算的目标不仅仅记录、分析和整合经济流量，也记录、分析和整合经济存量。存量数据主要体现在资产负债表中，流量数据体现在经常账户与积累账户等账户序列中。

(二)区别

尽管联系紧密，社会人口核算与国民经济核算的区别也是显著的，这体现在以下几个方面：

(1)核算角度不同。从核算角度看，社会与人口核算侧重人口及社会活动，主要通过实物量进行测度，国民经济核算侧重经济活动及成果，通过价值量测度。以教育活动为例，社会与人口核算通过“在校学生数”“学校数”“毕业学生数”等实物量指标反映教育活动的社会属性；国民经济核算则借助“教育增加值”“教育总投入”“教育总产出”等价值量指标反映教育活动的经济属性。因此，社会人口核算与国民经济核算分别从实物量和价值量两个角度对教育活动进行核算。

(2)逻辑体系不同。社会人口核算与国民经济核算都具有完整的资料收集和分析的理论与方法框架，但是两者的逻辑体系是不同的。社会与人口核算以人为中心，以人的社会活动为主线延伸拓展，社会与人口核算的结构体系遵循这样的逻辑：个人→家庭、住户→社会等级、分层。国民经济核算以国民经济运行过程为中心，以国民经济循环理论为基础,以中心账户为核心,以卫星账户为拓展,以其他相关内容为补充。

(3)核算账户不同。尽管账户都是两大核算体系的重要核算形式,两大体系中的账户还是存在着较大差异。首先,账户内容不同。国民经济核算的账户表现经济运行与联系,账户平衡表一方是"来源",一方是"使用",来源等于使用。社会与人口核算的账户记录的则是社会系统中表现为流入量与流出量之间的关系,一方是"流入",一方是"流出",流入等于流出。第二,账户的划分依据不同。国民经济核算根据经济交易的性质和国民经济运行特点划分为经常账户和积累账户;社会与人口核算围绕着社会分层、社会活动及人类生命周期发展建立活动账户。此外,社会人口核算与国民经济核算都可以根据时期建立账户,有多少时期就有多少账户。第三,账户的可联接性不同。国民经济核算的各账户之间可以通过平衡项联接起来(前一个账户使用方的平衡项是后一个账户来源方的起始项),进而得到国民经济总体全套账户序列。社会与人口核算账户之间不强调相互联接,各账户可以独立存在,如住房分配账户和教育活动账户之间没有必然的联接关系。

(4)建模基础不同。社会人口核算与国民经济核算都注重数据的建模分析,但是两者的建模基础不同,社会与人口核算的建模基础是线性代数、概率论与随机过程,国民经济核算的建模基础是线性代数。社会与人口核算的线性代数主要用于社会与人口核算的矩阵运算和线性方程求解,概率论用于社会与人口核算存量流量模型中不同状态变化的概率设定;随机过程主要基于马尔科夫过程考察人口迁移过程中的变动特点;国民经济核算的线性代数主要用于矩阵运算,如供给使用表推算投入产出表、基于社会核算矩阵衍生模型等。

(5)平衡内容不同。由于核算对象不同,社会人口核算与国民经济核算的平衡方法与平衡内容是不同的,社会与人口核算的平衡关系包括"期初存量-本期减少=期末存量-本期增加""总流入量=总流出量""状态净流入量=状态净流出量""总迁入-迁入国内=总迁出-迁往国外"等,国民经济核算的平衡关系包括"生产=消费""收入=分配""投入=产出"等。

(6)核算单位不同。计量单位上,国民经济核算主要使用价值量单位,社会与人口核算主要采用实物单位。国民经济核算的核算对象是经济活动,因此,用价值量单位计量更为方便。社会与人口核算的核算对象是社会活动和生命变化,只能采用实物计量单位。

四、本教程的主要内容

本教程主要围绕两条主线展开:一是基于存量、流量两个角度关注社会与人口核算的数据。其中,第二章与第三章侧重存量角度的分析,第四章到第七章侧重流量角度的分析。二是利用矩阵平衡法和 T 型账户记账法表现社会与人口核算数据。其中，第二章到第六章均采用矩阵平衡表的核算形式，但是各章矩阵平衡表的形式是不同的，第二章与第三章基于"期初存量－本期减少量＝期末存量－本期增加量"的平衡关系式建立矩阵平衡表，第四章基于"统计总体流入量＝统计总体流出量"或"状态总流入量＝状态总流出量"的平衡关系式建立矩阵平衡表，第五章根据"状态净流入量＝状态净流出量"的平衡关系式建立矩阵平衡表，第六章根据"总迁入－迁入国内＝总迁出－迁往国外"的平衡关系式建立矩阵平衡表。第七章采用 T 型账户记账法的核算形式。

本教程的章节结构如图 0－1 所示。

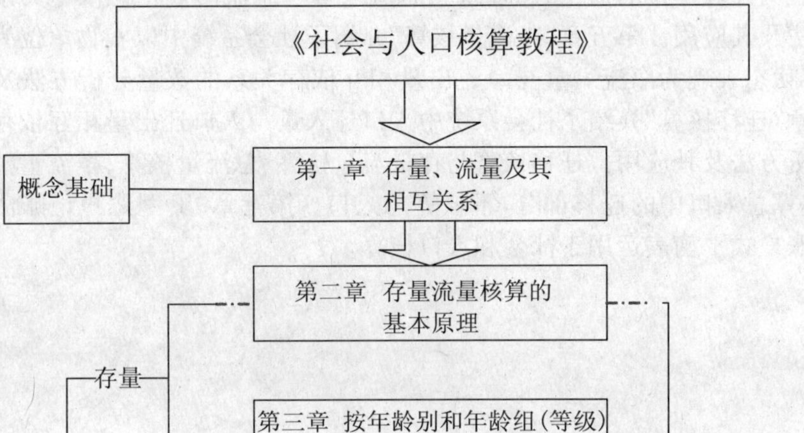

图 0－1　本教程的内容结构、核算角度和核算形式

本教程共七章，各章主要内容如下：第一章“存量、流量及其相互关系”主要对反映社会和人口发展的静态状况的存量概念和反映阶段性状态或变化的流量概念进行阐述，并对流量与存量、流量与平均指标的关系进行比较。第二章“存量流量核算的基本原理”，将存量指标与流量指标用矩阵平衡表的形式表现出来，依据平衡表建立数学模型，并通过不同状态的转出与转入揭示社会生活现象、结构及其相互关系。第三章“按年龄别和年龄组（等级）分组的存量流量核算”是第二章的具体应用，当人口存量流量表以人口为研究对象、并按年龄别或年龄组分组时，其表式和各指标的经济含义具有特殊性，第三章分别讨论了按年龄别和年龄组（或等级）分组的存量流量表式及各指标经济含义。第四章“总流量核算”介绍了社会系统中以实物单位为计算单位的、各状态表现为总流入量与总流出量相互依存关系的数量分析方法及其应用。第五章“净流量核算”介绍了社会系统中以实物单位为计算单位的、各状态表现为净流入量与净流出量相互依存关系的数量分析方法及其应用。第六章“迁移核算”介绍了社会系统中人口迁入量与人口迁出量相互依存关系的数量分析方法及其应用。迁移核算与存量流量核算、总流量核算、净流量核算不同，它只核算总人口中的迁移部分，不核算总人口。第七章“T 型账户记账法”，讨论如何将账户式平衡表运用于社会和人口核算。

第一章 存量、流量及其相互关系

存量与流量的作用不同，存量强调社会和人口发展的静态状况，反映某一时点的社会和人口发展规模。流量强调社会和人口发展的阶段性状态或变化，它不仅可以反映一定时期内社会和人口发展的增减变动情况，还可以反映一定时期内社会和人口的发展规模。

第一节 存量、流量及其分类

为了更好地理解存量与流量的含义，首先以人口为例加以说明。以"人"为计算单位的人口存量与人口流量理解了，以其他实物指标为计算单位的社会和人口存量与社会和人口流量也就容易理解了。

一、人口存量与人口流量

人口存量指某一时点上具有某种特征（或处于某种状态）的人口总体，人口流量指一定时期内从一种状态转为另一种状态的人口总体。

"期末城镇人口""期初总人口""期中社会劳动者"等属于人口存量指标，该类人口存量指标强调两种信息——时间信息与特征（或状态）信息，时间信息是"期末""期初""期中"，特征（或状态）信息是"城镇人口""总人口""社会劳动者"。"本年出生人口""期内迁入某省人口""本季迁往国外人口"等属于人口流量指标，该类人口流量指标也强调两种信息——时间信息和特征变化（状态变化）信息，时间信息是"本年""期内""本季"，状态变化信息是"出生人口""迁入某省人口""迁往国外人口"。

人口存量指标强调两种信息，人口流量指标也强调两种信息，如何将二者加以区分呢？

从上面的例子可以看出，无论是人口存量还是人口流量，都要从两个角度来界定：时间角度和空间角度。从时间角度来界定有两种处理方法：将时间界定在一定时点上或将时间界定在一定时期内。从空间角度来界定也有两种处理方法：强调人口的当前状态或强调人口的状态变化。人口存量属于前者界定法，即强调"时点"和"当前状态"；人口流量属于后者界定法，即强调"时期"和"状态变化”。例如“2014 年末城镇人口”，这一指标的时点是“2014 年末”，当时所处状态是“城镇人口”，所以属于人口存量指标。再比如“2014 年迁往国外人口”，这一指标的时间范围是“2014 年”，其状态由“国内人口”变成了“国外人口”，所以属于人口流量指标。

为对比分析，我们将人口存量与人口流量的区别归纳出来，列于表 1—1—1。

表 1—1—1 人口存量与人口流量界定角度比较表

	时间角度	空间角度	举例
人口存量	时点	当前状态	年末乡村人口
人口流量	时期	状态转移	年内迁往国外人口

一般情况下，人口存量与人口流量的计算单位是“人”。

还需指出的是，本书所讲的人口存量与人口流量是个较为宽泛的概念，不仅指人口统计中的总人口、城乡人口、社会劳动者等，还包括教育、卫生、社会秩序与安全、体育等社会统计中以“人”为计算单位的指标。如年初学生人数、年末医务人员数、年内犯罪人数等。

二、存量与流量

存量指某一时点上具有某种特征（或处于某种状态）的统计总体，流量指一定时期内从一种状态转为另一种状态的统计总体。为了更好地理解存量与流量的含义，应注意以下几点：

1. 存量强调“时点”与“当前状态”，流量强调“时期”与“状态变化”。例如，存量指标“年初学生 120 万人”说明，在年初这个时点上，学生人数是 120 万人，它不代表其他时点的学生人数，也无法反映这些学生在年初之外时点的身份。再比如，流量指标“本学年新招收小学生 12 万人”说明，这 12 万人是本学年新招收的，且这 12 万人的身份在本学年发生了变化，从“非小学生”变成了“小学生”。

2. 存量指标不具有可加性，流量指标具有可加性。例如，某年某地区 1 月 1 日到 1 月 3 日这三天的人口分别是 89000 人、89005 人、89004 人，这三天的人口数是时点指标，我们不能将这三天的人口数加总起来说，“该地区的人口总数是 267009 人”，只能通过计算平均数的方法说，“该地区这三天的平均人口是 89003 人（(89000＋89005＋89004)/3）”。再比如，已知某年某地区四个季度的出生人口分别是 500 人、490 人、480 人、510 人，出生人口是流量，具有可加性，所以该地区全年的出生人口是这四个季度出生人口之和，为 1980 人（500＋490＋480＋510）。

3. 本书的存量与流量指的是社会和人口存量与社会和人口流量。存量指标和流量指标可以应用在不同领域，以形成不同领域的存量指标与流量指标。例如，气象领域的温度、湿度、风向、风力属于气象存量指标，降水量、风能发电量、温度变化度数属于气象流量指标。国民经济核算领域的金融资产、非金融资产属于经济存量指标，国内生产总值、固定资本消耗属于经济流量指标。本书的研究领域是“社会和人口核算”，所以，本书所说的存量与流量指的是社会和人口存量与社会和人口流量。

4.“存量”与“流量”的计算单位比“人口存量”与“人口流量”的计算单位更宽泛。人口存量与人口流量的计算单位是“人”，本书讲的存量与流量不仅包括以“人”为计算单位的存量指标和流量指标，还包括以其他实物指标为计算单位的存量指标和流量指标。例如，某一时点的学校数、班级数、居住面积等存量指标。某一时期新增学校数、减少的班级数、新增居住面积等流量指标。

5. 统计总体指调查对象总体。统计总体又称“系统”，是由调查对象总体构成的，调查对象之外的称统计总体外，或系统外。与此相对应，也可将“统计总体”理解为“统计总体内”，将“系统”理解为“系统内”。

例如，若以全国人口为调查对象，则全国人口就是统计总体，国外人口就是统计总体外(或系统外)。若以国内城镇人口为调查对象，则国内城镇人口就是统计总体，统计总体外(或系统外)不仅包括国外人口，还包括国内的乡村人口。

三、存量的分类

存量类别的多少取决于两个因素：时点的不同与研究对象的不同。

从时点来看，有多少个时点，就有多少种指标，所以，理论上看，从时点角度划分的存量有无数种。例如，出生人口数量每时每刻都在发生变化。实际工作中，不可能得到每时每刻的时点指标，也没有必要将所有时点的存量指标都统计出来，一般只选用最具代表性的时点进行统计。较常用的时点有期初、期中、期末。这里所说的期初与期末可以以日历年度为一个时期，也可以以学年为一个时期，可以以季度为一个时期，也可以以月份为一个时期，等等。

从研究对象看，有多少种研究对象，就可以确定出多少种统计总体。例如，以总人口为研究对象，统计总体就是总人口；以学生为研究对象，统计总体就是学生。

存量的种类是根据不同时点与不同研究对象的相互组合决定的，有多少种组合就有多少种存量，其组合过程与组合结果如图 1—1—1 所示。

存量指标的时点数量是无数的，为了与流量指标的完整时期相对应，本书在讲述存量时选用的时点为期初与期末，由此构成的存量指标分为期初存量指标与期

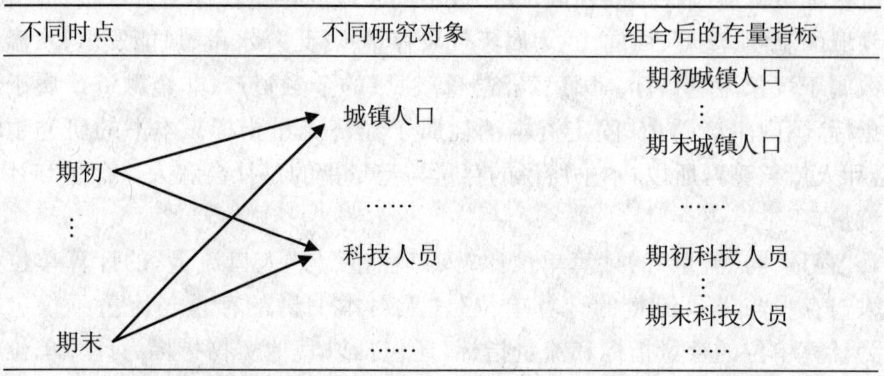

图 1—1—1　存量指标组合过程示意图

末存量指标。

四、流量的分类

流量可以从不同角度划分，不同的流量指标作用不同。常用的流量指标分类方法有以下几种。

1. 按状态转移的动态性与否分为横向上不同状态的转移和纵向上不同时期的状态转移。不同状态的转移指由一种状态转变成另一种状态，如乡村人口转变为城镇人口，城镇人口转变为乡村人口。不同时期的状态转移指身份没有变化，但时期发生了变化，由 t 时期某种状态转变为 $t+1$ 时期同种状态，如去年的乡村人口，今年仍是乡村人口，也即从去年的乡村人口变成了今年的乡村人口。

对于一个具体的统计总体来讲，变是绝对的，或者处于横向上不同状态的转移，或者处于纵向上不同时期的状态转移。例如，2014 年末的国内人口到了 2015 年可能成为国外人口，也可能成为死亡人口，还有一种可能是仍为国内人口。其中，迁往国外人口与死亡人口的状态都发生了变化，他们由国内人口变成了国外人口，由存活人口变成了死亡人口，因此是流量。这种流量的状态变化属于横向上不同状态的转移。2015 年仍为国内人口的状态也发生了变化，他们由“2014 年的国内人口”变成了“2015 年的国内人口”，这部分人口也是流量。不同的是这部分人口的状态变化属于纵向上不同时期人口的状态转移。

2. 按流量的流向分为流出量和流入量。流出量指在规定时期内离开本统计总体（或本系统）的流量，流入量指在规定时期内进入本统计总体（或本系统）的流量。例如，若以某地区的社会劳动者为统计总体（或系统）的话，则期内退休、死亡、迁往外地区的社会劳动者属于流出量，期内新增加的社会劳动者（包括新入职的与迁入的）属于流入量。再比如，若以总人口为统计总体的话，则出生人口、迁入人口属于流入量，死亡人口、迁出人口属于流出量。

3. 按是否对调查对象分组分为统计总体流量和状态流量。统计总体流量也称系统流量，指不分组情况下由全部调查对象构成的流量。状态流量指分组情况下由不同组别调查对象构成的流量。统计总体流量包括统计总体流入量与统计总体流出量，状态流量包括状态流入量与状态流出量。

例如，若将全国人口作为调查对象的话，则全国人口流入量与全国人口流出量就是统计总体流量，其中全国人口流入量是统计总体流入量，全国人口流出量是统计总体流出量。城镇人口（或乡村人口）流入量与流出量就是状态流量，其中城镇人口（或乡村人口）流入量是状态流入量，城镇人口（或乡村人口）流出量是状态流出量。若将全国学生作为调查对象的话，则全国学生的流入量与流出量就是统计总体流量，小学生、中学生、大学生的流入量与流出量就是状态流量。

4. 状态流量又分状态总流量和状态净流量。分组情况下，状态流入量不仅包括该状态系统增加量，还包括其他状态转为本状态引起的本状态增加量。状态流出量不仅包括该状态系统减少量，还包括该状态转为其他状态引起的本状态减少量。

状态总流量指引起本状态数量发生变化的所有流量之和；状态净流量指状态总流量与状态间转移流量的差额。状态总流量与状态净流量的差别在于是否引起统计总体的变化，既引起状态流量发生变化，也引起统计总体流量发生变化的，既计入状态总流量，也计入状态净流量；只引起状态流量发生变化，不引起统计总体流量发生变化的，只计入状态总流量，不计入状态净流量。

例如，若以全国人口为统计总体，则城乡人口之间的转移只改变城乡人口的分布，不改变总人口的规模。从城镇人口角度看，城镇人口增加包括两部分，一部分是出生与迁入的城镇人口，即城镇人口系统增加，一部分是由乡村转为城镇的人口。出生与迁入的城镇人口不仅增加了城镇人口，也增加了人口总规模。由乡村转为城镇的人口虽然增加了城镇人口，但未增加人口总规模，只是改变了城镇人口与乡村人口的分布。城镇人口总流入量不仅包括出生与迁入的城镇人口，也包括由乡村人口转为城镇的人口。城镇人口净流入量只包括出生和迁入国内的城镇人口，不包括乡村转为城镇的人口。

统计总体流量是由调查总体构成的，不存在分组，也不存在状态区分，更不存在状态间的转移，所以，统计总体流量不区分统计总体总流量与统计总体净流量。

5. 按进入还是离开本统计总体分为统计总体增加量和统计总体减少量，统计总体增加量又称系统增加量，统计总体减少量又称系统减少量。统计总体（或系统）增加量指由系统外进入本系统引起的增加量，它引起统计总体流入量的增加。统计总体（或系统）减少量指离开本系统引起的减少量，它引起统计总体流出量的增加。

例如，若将全国人口作为一个统计总体的话，统计总体（或系统）增加量包括出生人口与由国外迁入国内的人口。统计总体（或系统）减少量包括死亡人口与迁往国外人口。若将世界人口作为统计总体的话，统计总体（或系统）增加量仅指出生人口，统计总体（或系统）减少量仅指死亡人口，而国际间迁移人口不改变人口总规模，只改变人口在不同国家的分布，所以不算作统计总体（或系统）增减量。

第二节 各类存量流量的关系

一、统计总体流入量与统计总体流出量

由上一节可知，流量按流向分为流入量与流出量，与此相对应，统计总体流量分为统计总体流入量与统计总体流出量。

进入某时期的流入量必须在期内离开，因此，某时期的统计总体流入量等于该时期的统计总体流出量。用公式表示为：

统计总体流入量＝统计总体流出量 (1—2—1)

由于流量是将时间界定在一定时期范围内，因此统计总体流入量包括从上期流出进入本期的流入量和期内由系统外进入本系统引起的增加量；统计总体流出量包括从本期流出并构成下期流入量的本期流出量和期内离开本系统的减少量。用公式表示为：

统计总体流入量＝从上期流出进入本期的流入量＋系统增加量 (1—2—2)

统计总体流出量＝构成下期流入量的本期流出量＋系统减少量 (1—2—3)

以人口为例。假设某地区 2013 年末人口为 990 万人，2014 年新增人口为 24 万人（出生和迁入），减少人口为 12 万人（死亡和迁出）（见表 1—2—1），问该地区 2014 年流入人口与 2014 年流出人口是多少？

表 1—2—1 某地区 2014 年人口资料表

单位：万人

	年初人口	系统增加	系统减少	城镇转乡村	乡村转城镇	年末人口
全国	990	24	12			1002
城镇	300	11	4	1		309
乡村	690	13	8		3	693

从流入量的角度看，2013 年末的 990 万人口将进入 2014 年，形成 2014 年的流入人口；2014 年新增加了 24 万人，也构成 2014 年的流入人口；该地区 2014 年的流

入人口为：

2014 年流入人口＝从 2013 年流出成为 2014 年的流入人口＋2014 年增加人口
＝990＋24＝1014(万人)

从流出量的角度看，2014 年末的人口为 1002 万人(990＋24－12)，它将从 2014 年流出，并流入 2015 年，从 2014 年来看，它属于 2014 年的流出人口；2014 年减少了 12 万人，也形成 2014 年的流出人口；该地区 2014 年的流出人口为：

2014 年流出人口＝将成为 2015 年流入人口的 2014 年流出人口＋2014 年减少人口
＝1002＋12＝1014(万人)

2014 年流入人口＝2014 年流出人口＝1014(万人)

二、统计总体流量与统计总体存量

由式 1－2－2 与式 1－2－3 可知：

统计总体流入量＝从上期流出进入本期的流入量＋系统增加量

统计总体流出量＝构成下期流入量的本期流出量＋系统减少量

其中，"从上期流出进入本期的流入量"相当于统计总体期初存量，"构成下期流入量的本期流出量"相当于统计总体期末存量，因此，式 1－2－2 与式 1－2－3 可写成：

统计总体流入量＝统计总体期初存量＋系统增加量 (1－2－4)

统计总体流出量＝统计总体期末存量＋系统减少量 (1－2－5)

式 1－2－4 反映了统计总体流入量与统计总体期初存量的关系，式 1－2－5 反映了统计总体流出量与统计总体期末存量的关系。

例如，依据式 1－2－4 与式 1－2－5 计算的某地区 2014 年流入人口与流出人口分别为：

2014 年流入人口＝2014 年初人口＋2014 年增加人口
＝990＋24＝1014(万人)

2014 年流出人口＝2014 年末人口＋2014 年减少人口
＝1012＋12＝1014(万人)

由于社会和人口发展是个历史过程，是个动态概念，因此统计总体的增减变化是必然的，这就导致了某一时期的统计总体流量总是大于统计总体存量。例如上例，期初存量"990"与期内统计总体流入量"1014"相差 24 万人，期末存量"1012"与期内统计总体流出量"1014"相差 12 万人。当期内增减变动的绝对额较小时，统计总体流量与统计总体存量的差额较小；当期内增减变动绝对额较大时，统计总体流量与统计总体存量的差额较大。

三、状态总流入量与状态总流出量

当统计总体按一定标志分成各种状态时，由于各状态的增减量不仅包括进入本系统或离开本系统引起的状态增减量，还包括系统内不同状态转移引起的状态增减量，因此，各状态总流量的计算公式为：

状态总流入量＝上期从本状态流出成为本期同种状态的流入量＋该状态增加量
＝上期从本状态流出成为本期同种状态的流入量＋（该状态系统增加量＋其他状态转为本状态引起的本状态增加量） (1－2－6)

状态总流出量＝下期仍为本状态的状态流出量＋该状态减少量
＝下期仍为本状态的状态流出量＋（该状态系统减少量＋本状态转为其他状态引起的本状态减少量） (1－2－7)

状态总流入量＝状态总流出量 (1－2－8)

值得注意的是，式1－2－6将“该状态增加量”分成“该状态系统增加量”与“其他状态转为本状态引起的本状态增加量”两部分，这两部分的性质不同，前者不仅增加了本状态总流入量，也增加了统计总体流入量；后者只增加了本状态流入量，未改变统计总体流入量。

同理，式1－2－7将“该状态减少量”分成“该状态系统减少量”与“本状态转为其他状态引起的本状态减少量”两部分，这两部分的性质不同，前者不仅增加了本状态流出量，也增加了统计总体流出量；后者只增加了本状态流出量，未增加统计总体流出量。

假设某地区2014年初（或2013年末）按城乡分组的人口资料如表1－2－1所示，则根据式1－2－6与式1－2－7计算的该地区2014年城镇人口总流入量与城镇人口总流出量为：

城镇人口总流入量＝2013年以城镇人口身份流出2014年以城镇人口身份流入的人口＋出生与迁入的城镇人口＋乡村转为城镇引起的城镇人口增加
＝300＋11＋3＝314（万人）

城镇人口总流出量＝2014年以城镇人口身份流出2015年以城镇人口身份流入的人口＋死亡与迁出的城镇人口＋城镇转为乡村引起的城镇人口减少
＝309＋4＋1＝314（万人）

城镇人口总流入量＝城镇人口总流出量＝314（万人）

其中,“出生与迁入的城镇人口 11”和“死亡与迁出的城镇人口 4”是城镇人口的系统增减量,它不仅影响城镇人口规模,也影响总人口规模。“乡村转为城镇引起的城镇人口增加 3”和“城镇转为乡村引起的城镇人口减少 1”是城乡不同状态间的转移流量,它虽然对城镇人口或乡村人口规模产生影响,但不影响总人口的规模。

同理,根据式 1－2－6 与式 1－2－7 可计算出该地区 2014 年乡村人口总流入量与乡村人口总流出量。

乡村人口总流入量＝2013 年以乡村人口身份流出 2014 年以乡村人口身份流入的人口＋出生与迁入的乡村人口＋城镇转为乡村引起的乡村人口增加

＝690＋13＋1＝704(万人)

乡村人口总流出量＝2014 年以乡村人口身份流出 2015 年以乡村人口身份流入的人口＋死亡与迁出的乡村人口＋乡村转为城镇引起的乡村人口减少

＝693＋8＋3＝704(万人)

乡村人口总流入量＝乡村人口总流出量＝704(万人)

四、状态总流量与状态净流量

在分组情况下,状态总流量不仅包括系统增减量,还包括系统内不同状态转移引起的状态增减量。从状态净流量的角度看,状态间转移增减量属于重复计算,应该从状态总流量中扣除,所以,状态净流量是状态总流量与状态间转移增减量的差额,即:

状态净流入量＝该状态总流入量－本状态转为其他状态引起的本状态流入量重复计算 (1－2－9)

状态净流出量＝该状态总流出量－本状态转为其他状态引起的本状态流出量重复计算 (1－2－10)

状态净流入量＝状态净流出量 (1－2－11)

例如,根据表 1－2－1 计算的该地区 2014 年城镇人口净流入量与净流出量为:

城镇人口净流入量＝城镇人口总流入量－城镇转为乡村引起的城镇人口流入量重复计算

＝314－1＝313(万人)

城镇人口净流出量＝城镇人口总流出量－城镇转为乡村引起的城镇人口流出量重复计算

＝314－1＝313(万人)

城镇人口净流入量＝城镇人口净流出量＝313(万人)

同理,根据式1—2—9与式1—2—10计算的该地区2014年乡村人口净流入量与净流出量为:

乡村人口净流入量＝乡村人口总流入量－乡村转为城镇引起的乡村人口流入量重复计算
＝704－3＝701(万人)

乡村人口净流出量＝乡村人口总流出量－乡村转为城镇引起的乡村人口流出量重复计算
＝704－3＝701(万人)

乡村人口净流入量＝乡村人口净流出量＝701(万人)

五、统计总体流量与状态总流量

由于状态流量分为状态总流量与状态净流量,所以,统计总体流量与状态流量的关系分为统计总体流量与状态总流量的关系、统计总体流量与状态净流量的关系。

从各状态角度看,状态总流量包括系统内状态间的转移,但从统计总体角度看,如果包括了状态间的转移,就存在重复计算,所以,统计总体流量不等于各状态总流量之和。

在分组情况下,统计总体流量与状态总流量的关系为:

统计总体流入量＝$\sum$ 各状态总流入量－本状态转为其他状态引起的本状态流入量重复计算) (1—2—12)

统计总体流出量＝$\sum$ 各状态总流出量－本状态转为其他状态引起的本状态流出量重复计算) (1—2—13)

例如,根据式1—2—12与式1—2—13计算的该地区2014年总人口流入量与流出量为(数据见表1—2—1):

总人口流入量＝(城镇人口总流入量－城镇转为乡村引起的城镇人口流入量重复计算)＋(乡村人口总流入量－乡村转为城镇引起的乡村人口流入量重复计算)
＝(314－1)＋(704－3)＝1014(万人)

总人口流出量＝(城镇人口总流出量－城镇转为乡村引起的城镇人口流出量重复计算)＋(乡村人口总流出量－乡村转为城镇引起的乡村人口流出量重复计算)
＝(314－1)＋(704－3)＝1014(万人)

与状态总流量不同的是,状态净流量不包括状态间的转移,只包括系统增减量，所以，统计总体流量等于各状态净流量之和，即：

统计总体流入量 $= \sum$ 各状态净流入量　　(1－2－14)

统计总体流出量 $= \sum$ 各状态净流出量　　(1－2－15)

例如，根据式 1－2－14 与式 1－2－15 计算的该地区总人口流入量与流出量为(数据见表 1－2－1)：

总人口流入量＝城镇人口总流入量＋乡村人口总流入量
＝313＋701＝1014(万人)

总人口流出量＝城镇人口总流出量＋乡村人口总流出量
＝313＋701＝1014(万人)

六、状态总流量与状态存量

式 1－2－4 与式 1－2－5 反映的是统计总体流量与统计总体存量的关系。那么，状态总流量与状态存量的关系是怎样的呢？

由式 1－2－6 与式 1－2－7 可知：

状态总流入量＝上期从本状态流出成为本期同种状态的流入量＋该状态系统增加量＋其他状态转为本状态引起的本状态增加量

状态总流出量＝下期仍为本状态的状态流出量＋该状态系统减少量＋本状态转为其他状态引起的本状态减少量

其中“上期从本状态流出成为本期同种状态的流入量”就是“该状态期初存量”，“下期仍为本状态的状态流出量”就是“该状态期末存量”，为此，式 1－2－6 与式 1－2－7 可写成：

状态总流入量＝该状态期初存量＋该状态系统增加量
＋其他状态转为本状态引起的本状态增加量　　(1－2－16)

状态总流出量＝该状态期末存量＋该状态系统减少量
＋本状态转为其他状态引起的本状态减少量　　(1－2－17)

式 1－2－16 反映了某状态总流入量与该状态期初存量的关系，式 1－2－17 反映了某状态总流出量与该状态期末存量的关系。

例如，根据表 1－2－1 计算的城镇人口总流入量与城镇人口总流出量为：

城镇人口总流入量＝2014 年初城镇人口＋城镇人口出生与迁入＋乡村转为城镇引起的城镇人口增加
＝300＋11＋3＝314(万人)

城镇人口总流出量＝2014 年末城镇人口＋城镇人口死亡与迁出＋城镇转为乡村引起的城镇人口减少
＝309＋4＋1＝314(万人)

对于社会和人口统计总体来说，变化是常态，不变是特例。不同分组情况下，处于各种状态的人口也总是处于变化的过程中，由“农村人口”变成“城镇人口”，由“1岁人口”成长为“2岁人口”，由“小学生”升为“初中生”，等等。也就是说“该状态系统增加量”与“其他状态转为本状态引起的本状态增加量”之和会大于0，“该状态系统减少量”与“本状态转为其他状态引起的本状态减少量”之和会大于0，致使某状态总流入量会大于该状态期初存量，某状态总流出量会大于该状态期末存量。

第三节 流量、存量、平均指标在反映规模时的区别

流量指标不仅可以反映增减变动情况，也可以反映社会和人口的发展总规模。存量指标、平均指标也是反映社会和人口发展总规模的重要指标，那么，流量指标在反映规模时与存量指标、平均指标有什么区别呢？

一、流量与存量的比较

在人口统计中，一提存量指标大多想到的是期初人口、期末人口，一提流量指标大多想到的是出生人口与死亡人口、迁入人口与迁出人口。期初人口、期末人口是反映人口规模的指标，出生人口与死亡人口、迁入人口与迁出人口是反映人口增减变化的指标，久而久之，人们习惯于将存量指标与总规模联系在一起，将流量指标与增减变动联系在一起，并误以为，反映人口规模的指标只能用初期人口、期末人口这种存量指标，从未将人口规模与流量指标联系在一起。

其实，社会经济现象是复杂的，为了从不同角度反映社会和人口发展的全貌，必须设置不同的指标。存量指标能够反映社会和人口发展的总规模，流量也能反映社会和人口发展的总规模，不同的是，二者反映的角度不同，指标含义也不同。

例如，本章第二节的例子中谈到，某地2014年初人口是990万人，2014年末人口是1002万人。这两个存量指标虽然能够反映该地区的人口规模，但这两个指标分别代表的是年初与年末这两个时点的人口规模，不代表其他时点的人口规模。又由于时点指标不具有可加性，所以，也不能通过汇总不同时点指标的方法来反映某一个时期的人口规模。反之，若用流量来表示就可以看出，该地区2014年的流入（或流出）人口是1014万人，1014万人是用流量表示的该地区2014年人口规模，它与“990”“1002”不同，它反映的是一定时期的人口规模，不是某一时点的人口规模。

存量反映某一时点社会和人口发展的总规模，流量反映某一时期内社会和人口发展的总规模，不能因为有了反映总规模的存量指标就否定流量指标在反映规模时的独特作用。在经济统计中，我们也经常分别从存量与流量角度对同一客体设置总量指标。例如，一定时期内社会生产的经济总量用国内生产总值表示，某一

时点所拥有的国民财富可用国民财产表示，国内生产总值是流量指标，国民财产是存量指标，它们都是反映国民经济发展总规模的指标，只是反映的角度不同，因此，作用不同，不能互相取代。

二、流量与平均指标的比较

存量只能反映一定时点的规模，不能反映一定时期的规模，如何解决这个问题呢？常用的办法是计算平均指标，用平均指标来反映一定时期内社会和人口的发展规模。流量也是反映一定时期内的社会和人口发展规模，那么，二者是否存在区别呢？

（一）流量反映的是最大规模，平均指标反映的是平均规模

平均指标是平滑掉最大值与最小值之后的平均数，因此，用平均指标反映的社会和人口发展规模是一定时期内的平均水平。

例如，从表1－2－1可以看出，该地区2014年初有990万人，2014年末有1002万人，用简单算术平均法得到的平均人口是996万人（(990＋102)/2），该平均指标说明，2014年每个时点上的人口数量平均是996万人。

与平均指标不同的是，流量指标反映的是社会和人口发展的最大规模。例如，前面讲的人口例子中，2014年的流入（出）人口是1014万人，它既大于期初人口990万人与期末人口1002万人，也大于平均指标996万人。

（二）仅依据平均指标安排生产与生活会产生一定偏差

平均指标反映一定时期内社会和人口发展的平均规模，流量指标反映一定时期内社会和人口发展的最大规模。在实际生活中，许多社会经济活动的安排如果只依据平均指标将会产生一定的缺口。其主要原因有：

1. 增加人口的发生早于减少人口发生所致。例如，根据上例计算的平均人口为996万人，假设2014年增加的24万人都发生在年初的1月1日，减少的12万人都发生在年末的12月31日，这样，2014年每天都存活1014万人，而不是996万人。如果按平均人口996万人安排生产与生活就会产生供应缺口。这当然是一种假设，但实践中，增加人口的发生早于减少人口发生的现象是存在的。例如，新兵的正式入伍从每年的1月份开始，新兵的招收工作则在前一年的秋季或冬季进行，然后再经过几个月的新兵训练期。而军人的复、转、退工作则在当年的2－3月以后，这样就出现了新老兵同时存在的交接期，新老兵交接期的军人数量远远大于非交接期的军人数量，如果按年度军人数量计算的平均人数安排交接期间的膳食等供应就会产生缺口。

2. 月供制的影响。也许有人会说，实践中会发生增加量的发生早于减少量发生的情况，也会发生增加量的发生晚于减少量发生的情况，二者互相抵消。即使是这样，也会发生短缺现象。假设人口的增减按最理想的方式变动——均匀发生，即

每个月增加 2 万人，减少 1 万人，人口净增 1 万人，由于工资的发放、福利的发放及相关物资的供应等是按月进行的，虽然净增人口为 1 万人，但各种供应却是在原有基础上又增加了 2 万人的份额，减少的 1 万人在当月的供应份额并不减，若按平均增加的 2 万人口安排生产和生活也会产生供应短缺。

3. 增减变动绝对额较大的影响。由式 1—2—4 与式 1—2—5 可知，流量指标与存量指标的相差程度取决于系统增减量，系统增减量大，二者相差的程度就大，系统减少量少，二者相差的程度就小。由此推论，平均指标与流量指标的差额与系统增减量大小有关。当系统增减量为零时，平均指标等于流量指标，当系统增减量逐渐加大时，平均指标与流量指标的差额也加大。由于我国人口增减变动的绝对额较大，致使平均人口与人口流量的差额也较大，如果根据平均人口安排生产和生活就会产生较大差额。

（三）平均指标是对不同时点指标的平均，不同时点指标并非严格意义上的同一统计总体

平均指标是某时期内各时点指标的平均值。时点不同，对应的统计总体也不同，因此，通过时点指标计算得到的平均指标不具有严格意义的统计可比性。

以简单算术平均法的平均人口为例：

$$平均人口=\frac{期初人口+期末人口}{2}$$

期初人口对应一个统计总体，期末人口对应一个统计总体，这两个统计总体不同，对不同统计总体进行简单平均缺少代表性。例如，监狱 A 在押犯人 t 年初 100 人，t 年末 200 人，该年平均在押犯人 150 人。监狱 B 在押犯人 t 年初 150 人，t 年末 150 人，该年平均在押犯人 150 人（见表 1—3—1）。两个监狱的平均在押犯人一样，但这两个平均指标的代表性相差很大。

表 1—3—1 监狱 A 与监狱 B 在押犯人变动统计表①

单位：人

	t 年初	新增	刑满释放	t 年末	流入量	流出量
监狱 A	100	120	20	200	220	220
监狱 B	150	20	20	150	170	170

① 依据式 1—2—4 与式 1—2—5 可得：
监狱 A 在押犯人 t 年流入量＝ t 年初在押犯人＋新增在押犯人＝100＋120＝220（人）
监狱 A 在押犯人 t 年流出量＝ t 年末在押犯人＋刑满释放在押犯人＝200＋20＝220（人）
监狱 B 在押犯人 t 年流入量＝ t 年初在押犯人＋新增在押犯人＝150＋20＝170（人）
监狱 B 在押犯人 t 年流出量＝ t 年末在押犯人＋刑满释放在押犯人＝150＋20＝170（人）

若用流量反映在押犯人规模则是：监狱A是220人，监狱B是170人，监狱A在押犯人规模大于监狱B，这与实际情况更为贴近。

（四）用平均指标做分母无法保证分子与分母来自同一统计总体

平均指标求出后，还会以平均指标为分母计算一些相对指标，由于分子与分母并不来自同一统计总体，因而无法保证相对指标的可比性。

假设监狱A在t年刑满释放20人，监狱B在t年刑满释放20人（见表1－3－1），据此计算的刑满释放人员占在押犯人的比例为：

$$\text{监狱A刑满释放人员所占比重}(\%)=\frac{\text{刑满释放人员}}{\text{平均在押犯人}}\times 100\%$$

$$=\frac{20}{150}\times 100\%=13.33\%$$

$$\text{监狱B刑满释放人员所占比重}(\%)=\frac{\text{刑满释放人员}}{\text{平均在押犯人}}\times 100\%$$

$$=\frac{20}{150}\times 100\%=13.33\%$$

从计算结果看，两个监狱的刑满释放人员占在押犯人的比重一样，都是13.33%，但仔细分析不难发现，刑满释放人员所占比重不同。虽然两个监狱的平均在押犯人一样，但两个监狱实际在押犯人规模存在较大差异，平均指标显示不出这种差异。

从可比性的角度来分析，刑满释放人员20人对应的时间段是t年一整年，分母中的期初在押犯人对应的是一个时点，期末在押犯人对应的是另一个时点，分子与分母对应的时间不同，这样就无法保证分子与分母来自同一统计总体，也就失去了可比性。虽然平均在押犯人对应的也是一个时期，但它毕竟不是真实的一个时期的规模，而是近似地代表一个时期的规模，因此会产生偏差。

若以流量为分母，就可保证分子与分母来自同一统计总体。按流量计算的两个监狱刑满释放人员所占比重为：

$$\text{监狱A刑满释放人员所占比重}(\%)=\frac{\text{刑满释放人员}}{\text{流出量}}\times 100\%$$

$$=\frac{20}{220}\times 100\%=9.09\%$$

$$\text{监狱B刑满释放人员所占比重}(\%)=\frac{\text{刑满释放人员}}{\text{流出量}}\times 100\%$$

$$=\frac{20}{170}\times 100\%=11.76\%$$

从可比性的角度来分析，刑满释放人员20人对应的时间段是t年一整年，分母中的在押犯人流出量对应的时间段也是t年一整年，分子与分母对应的统计总体相同。

从计算结果看，用流量做分母得到的刑满释放人员所占比重监狱 A 是 9.09%，监狱 B 是 11.76%，监狱 A 小于监狱 B，该数字更符合实际情况。

综上所述，平均指标存在一定局限性，为弥补其不足，有必要用流量指标加以补充。这与防洪堤坝的设计要依据历史最大洪峰流量而不是平均流量的道理类似。

思考与练习

1. 举例说明什么是“人口存量”与“人口流量”？二者有什么区别？
2. 流量有哪些分类方法？
3. 举例说明统计总体流入量与统计总体流出量的关系。
4. 举例说明状态总流量与状态存量的关系。
5. 为什么要用流量指标反映人口总规模。
6. 与平均指标相比，流量在反映一定时期规模时有何优势？

第二章　存量流量核算的基本原理

存量流量核算是研究社会和人口系统中以实物为计算单位的、不同研究对象表现为存量与流量相互依存关系的数量分析方法。它将存量指标与流量指标用矩阵平衡表的形式表现出来，编表依据的平衡关系式是“期初存量－本期减少量＝期末存量－本期增加量”；依据存量流量平衡表可以建立数学模型，并通过不同状态的转出与转入揭示社会生活现象、结构及其相互关系；存量流量核算建模的数学基础是线性代数、概率论和马尔可夫过程论。

在存量流量核算中，流量只起中介作用，其目的是通过流量核算期初存量与期末存量，从这个意义上说，也可将存量流量核算称为存量核算。

第一节　存量流量表及其平衡关系

存量流量表分为综合表和分解表。存量流量综合表针对的是不分组的统计总体，存量流量分解表针对的是分组的统计总体。存量流量综合表各象限与存量流量分解表对应象限存在数量上的对等关系。

一、存量流量综合表

(一)基本表式

存量流量综合表是以不分组的统计总体为研究对象、根据“统计总体期初存量－构成期初存量的系统减少量＝统计总体期末存量－构成期末存量的系统增加量”平衡关系编制的、反映统计总体期初存量与期末存量关系的矩阵平衡表。其具体形式如表2－1－1所示。

表2－1－1　存量流量综合表

	系统增加 (统计总体增加)	期初状态	期末存量
系统减少(统计总体减少)	α(Ⅰ)	d(Ⅱ)	
期末状态	b(Ⅲ)	s(Ⅳ)	P_1
期初存量		P_0	

表2－1－1中各符号的含义为：

a :期内增加又在期内减少的增加量或减少量,指期内新进入本系统又在同期离开本系统的增加量或减少量。它既可以从横行来理解,也可以从纵列来理解,从横行看表示不构成期初存量的系统减少量,从纵列看表示不构成期末存量的系统增加量。例如,当年出生当年死亡的人口,当年出生又在当年迁出的人口。它既不计入期初存量,也不计入期末存量。

b :构成期末存量的系统增加量,指期内新进入本系统且一直到期末的增加量。例如,当年出生并存活到期末的人口。它只计入期末存量,不计入期初存量。

d :构成期初存量的系统减少量,指期初在本系统期内离开本系统的减少量。例如,期初存活期内死亡的人口、期初国内人口期内迁往国外的人口等。它只计入期初存量,不计入期末存量。

s :由期初状态变为期末状态的部分,指期初在本系统期末仍在本系统的存量。它既可以从横行理解,也可以从纵列理解,从横行看表示期末存量,从纵列看表示期初存量。例如,年初 10 岁的人口活到了年末,成长为 11 岁的人口。它既计入年初人口,也计入年末人口。

p_0:统计总体期初存量,它等于 d 与 s 之和。

p_1:统计总体期末存量,它等于 b 与 s 之和。

存量流量综合表的最大特点是没有对统计总体进行分组,反映的是统计总体的情况,因此,存量流量综合表中的各个符号只代表一个具体的数字。

值得注意的是,表 2—1—1 将系统增加(或统计总体增加,下同)分成两部分:不构成期末存量的本期系统增加和构成期末存量的本期系统增加。将系统减少(或统计总体减少,下同)分成两部分:不构成期初存量的本期系统减少和构成期初存量的本期系统减少。为此,用公式表示的系统增加与系统减少为:

系统增加＝不构成期末存量的系统增加＋构成期末存量的系统增加

系统减少＝不构成期初存量的系统减少＋构成期初存量的系统减少

或,

系统增加＝$a+b$

系统减少＝$a+d$

(二)实例解读

以人口为例,根据中国实际数据编制的 1985 年中国人口存量流量综合表如表 2—1—2 所示。

对表 2—1—2 可以进行下列解读。

1. 1985 年初中国总人口为 103876 万人。其中,651 万人在年内死亡或迁往国外,它只构成 1985 年初人口,不构成 1985 年末人口;103225 万人活到 1985 年末,它既构成 1985 年初人口,也构成 1985 年末人口。

表 2—1—2 1985 年中国人口存量流量表①

单位:万人

	出生与迁入	期初状态	1985 年末人口
死亡与迁出	41.6	651	
期末状态	1819	103225	105044
1985 年初人口		103876	

2. 1985 年出生(或迁入国内)又于当年死亡(或迁往国外)的人口为 41.6 万人,它既不构成 1985 年初人口,也不构成 1985 年末人口。该数字既可以从横行来理解,也可以从纵列来理解,从横行看表示不构成 1985 年初人口的当年减少人口,从纵列看表示不构成 1985 年末人口的当年增加人口。

3. 当年新增人口 1860.6 万人(41.6+1819)。其中,41.6 万人是不构成 1985 年末人口的当年增加人口,它既不构成年初人口,也不构成年末人口;1819 万人活到 1985 年末,是构成 1985 年末人口的当年新增人口,它不构成 1985 年初人口,只构成 1985 年末人口。

4. 当年减少人口 692.6 万人(41.6+651)。其中,41.6 万人是不构成 1985 年初人口的当年减少人口,它既不构成年末人口,也不构成年初人口;651 万人是构成 1985 年初人口的当年减少人口,它只计入 1985 年初人口,不计算 1985 年末人口。

5. 1985 年末中国总人口为 105044 万人。其中,1819 万人是当年新增并存活到 1985 年末的人口,103225 万人由 1985 年初人口变成了 1985 年末人口。

由表 2—1—2 反映的 1985 年人口存量流量综合表的平衡关系是:

1985 年初人口—年初存活年内死亡与迁出人口

=1985 年末人口—出生与迁入且存活到年末的人口

即:

103876—651=105044—1819=103225(万人)

需要指出的是,表 2—1—2 的新增人口(出生与迁往)和减少人口(死亡与迁出)与常规统计中所说的新增人口和减少人口不同。

1. 表 2—1—2 反映的新增人口为 1860.6 万人,它由两部分组成,一部分是不构成期末存量的系统增加(即当年出生(或迁入)当年死亡(或迁出)的人口)41.6 万人,一部分是存活到 1985 年末的系统增加 1819 万人。常规统计中谈到的新增人口一般不做这种区分。

2. 表 2—1—2 反映的减少人口为 692.6 万人,它由两部分组成,一部分是不构

① 表中数字根据《中国统计年鉴》和《中国 1987 年 1%人口抽样调查资料》等整理并推算。

成期初存量的系统减少(即当年出生(或迁入)当年死亡(或迁出)人口)41.6万人，一部分是构成期初存量的系统减少(即年初存活、年内死亡(或迁出)的人口)651万人，常规统计中所说的减少人口一般也不做这种区分。

正因为存量流量表对系统增加与系统减少作了这种区分，因此，依据表2—1—2计算的1985年全国新增人口与减少人口分别为：

1985年全国新增人口＝不构成1985年末人口的当年出生与迁入＋构成1985年末人口的当年出生与迁入

＝41.6＋1819＝1860.6(万人)

1985年全国减少人口＝不构成1985年初人口的当死亡与迁出＋构成1985年初人口的当年死亡与迁出

＝41.6＋651＝692.6(万人)

二、存量流量分解表

(一)基本表式

存量流量分解表是以分组情况下的统计总体为研究对象、根据“状态期初存量－状态减少量＝状态期末存量－状态增加量”平衡关系编制的、反映各状态期初存量与期末存量关系的矩阵平衡表。

假设社会和人口发展的某方面(某系统)由 n 种状态构成，分别称状态1，状态2，……，状态 n 。增加来源有 m 种，减少去向有 l 种，则由各状态存量与流量构成的分解表如表2—1—3(a)所示。

表2—1—3(a)　存量流量分解表(增加来源与减少去向分组情况下)

		系统增加			期初状态				期末存量
		1	…	m	合计	1	…	n	
系统减少	1	α_{11}	…	α_{1m}	α_1	d_{11}	…	d_{1n}	
	⋮	⋮	(Ⅰ)		⋮	⋮	(Ⅱ)		
	l	α_{l1}	…	α_{lm}	α_l	d_{l1}	…	d_{ln}	
	合计	α_1	…	α_m		d_1	…	d_n	
期末状态	1	b_{11}	…	b_{1m}	b_1	s_{11}	…	s_{1n}	p_{11}
	⋮	⋮	(Ⅲ)		⋮	⋮	(Ⅳ)		⋮
	n	b_{n1}	…	b_{nm}	b_n	s_{n1}	…	s_{nn}	p_{1n}
期初存量						p_{01}	…	p_{0n}	

表2—1—3(a)中各符号的含义为：

$\alpha_{ij}(i=1,\cdots,l;j=1,\cdots,m)$：以第 j 种状态进入本系统，又以第 i 种状态离开本系统，既不计入期初存量，也不计入期末存量。每个 α_{ij} 既可以从横行理解，也可以从纵列理解。从横行看表示不构成期初存量的系统减少量，从纵列看表示不构成期末存量的系统增加量。

$d_{ij}(i=1,\cdots,l;j=1,\cdots,n)$：表示期初是第 j 种状态，期内以第 i 种状态离开本系统的减少量，它只计入期初存量，不计入期末存量。

$b_{ij}(i=1,\cdots,n;j=1,\cdots,m)$：表示期内以第 j 种状态进入本系统，又成为第 i 种状态期末存量的系统增加量，它只计入期末存量，不计入期初存量。

$s_{ij}(i,j=1,2,\cdots,n)$：表示期初是第 j 种状态，期末是第 i 种状态。每个 s_{ij} 既可以从横行理解，也可以从纵列理解，从横行来看表示第 i 种状态的期末存量，从纵列来看表示第 j 种状态的期初存量。其中，主对角线上的数字说明期初状态与期末状态一致，非对角线上的数字反映不同状态之间的转移。它既计入期初存量，也计入期末存量。

$p_{0j}(j=1,2,\cdots,n)$：第 j 种状态期初存量。

$p_{1i}(i=1,2,\cdots,n)$：第 i 种状态期末存量。

表 2—1—3(a)中的 α_{ij}、d_{ij}、b_{ij} 分别按增加来源与减少去向进行了细分组，实际工作中，由于资料的限制，很难收集到按增加来源与减少去向细分组的资料，这时可将其合并，得到简化的存量流量分解表(见表 2—1—3(b))。

表 2—1—3(b)　存量流量分解表(增加来源与减少去向未分组)

		系统增加	期初状态			期末存量
			1	…	n	
系统减少		α（Ⅰ）	d_1	…（Ⅱ）	d_n	
期末状态	1	b_1	s_{11}	…	s_{1n}	p_{11}
	⋮	⋮（Ⅲ）	⋮		（Ⅳ）	⋮
	n	b_n	s_{n1}	…	s_{nn}	p_{1n}
期初存量			p_{01}	…	p_{0n}	

表 2—1—3(b)中各符号的含义与表 2—1—3(a)完全一致，所不同的是，由于增加来源与减少去向未进行细分组，所以，表 2—1—3(b)第Ⅰ象限的 α 是一个数字，不是一个子阵，第Ⅱ象限 d_j 和第Ⅲ象限 b_i 是向量，不是子阵。

还应注意的是，表 2—1—3(b)中第Ⅱ象限与第Ⅲ象限的本期减少量与本期增加量是指，离开本系统引起的减少量与进入本系统引起的增加量。在分组情况下，各状态的增减量不仅包括系统增减量，还包括其他状态转为本状态引起的本状态增加量和本状态转为其他状态引起的本状态减少量，这种由状态转移引起的增减量不反映在第Ⅱ、Ⅲ象限中，而反映在第Ⅳ象限中。

（二）实例解读

如果将表2—1—2中的全国总人口按城乡分组，可得到按城乡分组的人口存量流量表（见表2—1—4）。

表2—1—4　1985年按城乡分组的中国人口存量流量表

单位：万人

		出生与迁入	期初状态		1985年末人口
			城镇人口	乡村人口	
死亡与迁出		41.6	210	441	
期末状态	城镇人口	504	32888	5054	38446
期末状态	乡村人口	1315	38	65245	66598
1985年初人口			33136	70740	

对表2—1—4可以进行下列解读。

1. 从横行来看，1985年末中国城镇人口为38446万人，其中，当年新增城镇人口（出生和迁入）为504万人，年初也是城镇人口的为32888万人，年初是乡村人口的为5054万人；1985年末中国乡村人口为66598万人，其中，当年新增（出生和迁入）乡村人口为1315万人，年初也是乡村人口的为65245万人，年初是城镇人口的为38万人。

2. 从纵列来看，1985年初中国城镇人口为33136万人，其中，210万人在年内死亡或迁往国外，32888万人成为年末的城镇人口，38万人成为年末的乡村人口；1985年初乡村人口为70740万人，其中，441万人在年内死亡或迁往国外，65245万人成为年末的乡村人口，5054万人成为年末的城镇人口。

3. 从系统增加量来看，1985年全国新增人口为1860.6万人，其中，当年出生（或迁入）当年死亡（或迁出）的人口为41.6万人，当年出生（或迁入）并存活到期末的城镇人口为504万人，当年出生（或迁入）并存活到期末的乡村人口为1315万人。

4. 从系统减少量来看，1985年全国减少人口为692.6万人，其中，当年出生（或迁入）当年死亡（或迁出）的人口为41.6万人，年初存活年内死亡（或迁出）的城镇人口为210万人，年初存活年内死亡（或迁出）的乡村人口为441万人。

通过表2—1—4可以进行下列分析。

1. 城镇人口平衡关系分析

1985年初城镇人口－城镇人口减少＝1985年末城镇人口－城镇人口增加
或，
1985年初城镇人口－(城镇人口系统减少＋城镇转乡村引起的城镇人口减少)
＝1985年末城镇人口－(城镇人口系统增加＋乡村转城镇引起的城镇人口增加)
即：
33136－(210＋38)＝38446－(504＋5054)＝32888(万人)

2. 乡村人口平衡关系分析

1985年初乡村人口－乡村人口减少＝1985年末乡村人口－乡村人口增加
或，
1985年初乡村人口－(乡村人口系统减少＋乡村转城镇引起的乡村人口减少)
＝1985年末乡村人口－(乡村人口系统增加＋城镇转乡村引起的乡村人口增加)
即：
70740－(441＋5054)＝66598－(1315＋38)＝65245(万人)

3. 系统增加量分析

由于，
系统增加＝不构成期末存量的系统增加＋∑构成期末存量的各状态系统增加
所以，依据表2－1－4计算的1985年全国人口增加为：
1985年全国人口增加
＝不构成1985年末人口的当年出生与迁入＋(当年新增并存活到年末的城镇人口＋当年新增并存活到年末的乡村人口)
＝41.6＋504＋1315
＝1860.6(万人)

4. 系统减少量分析

由于，
系统减少＝不构成期初存量的系统减少＋∑构成期初存量的各状态系统减少
所以，依据表2－1－4计算的1985年全国人口减少为：
1985年全国人口减少
＝不构成1985年初人口的当年死亡与迁出＋(年初存活年内死亡或迁出的城镇人口＋年初存活年内死亡或迁出的乡村人口)
＝41.6＋210＋441
＝692.6(万人)

(三)两点说明

1. 存量流量综合表各象限与存量流量分解表对应象限存在数量对等关系

存量流量综合表各象限与存量流量分解表对应象限存在数量对等关系指，存量流量综合表各象限的数字等于存量流量分解表对应象限数字之和、存量流量综合表的统计总体期初(末)存量等于存量流量分解表中各状态期初(末)存量之和，用公式表示为：

存量流量综合表中各象限数字＝$\sum$存量流量分解表对应象限数字

统计总体期末存量＝$\sum$各状态期末存量

统计总体期初存量＝$\sum$各状态期初存量

对比表2－1－2与表2－1－4,可验证上述关系。

看第Ⅱ象限,表2－1－2显示的1985年初人口中在年内减少的人口为651万人,它等于表2－1－4显示的城镇减少人口210万人与乡村减少人口441万人之和。

看第Ⅲ象限,表2－1－2显示的构成1985年末人口的当年新增人口为1819万人,它等于表2－1－4显示的城镇新增人口504万人与乡村新增人口1315万人之和。

看第Ⅳ象限,表2－1－2显示的1985年初为国内人口、1985年末仍为国内人口的为103225万人,它等于表2－1－4显示的城乡各状态转移人口之和(32888＋5054＋38＋65245)。

看“1985年末人口”列,表2－1－2显示的1985年末人口为105044万人,它等于表2－1－4显示的年末城镇人口38446万人与年末乡村人口66598万人之和。

看“1985年初人口”行,表2－1－2显示的1985年初人口为103876万人,它等于表2－1－4显示的年初城镇人口33136万人与年末乡村人口70740万人之和。

由于存量流量综合表各象限与存量流量分解表对应象限在数量上存在对等的数量关系,所以,可以将综合表直接分解成分解表。反之也成立,即可以通过汇总存量流量分解表各象限数字的方法,得到存量流量综合表。

2. 统计总体增加(或减少)不同于状态增加(或减少)

通过表2－1－4还可以看出,1985年末城镇人口为38446万人,其中,504万人与5054万人都是新增加的城镇人口。由于我们考察的是总人口,因此,必须把总人口作为一个系统,这样看来,504万人与5054万人的性质就不同了。504万人指新进入本系统引起的城镇人口增加,它不仅增加城镇人口,也增加总人口。5054万人指系统内由“乡村人口”状态转为“城镇人口”状态引起的城镇人口增加,它不增加人口总量,只改变总人口在城乡人口中的分布。1985年末乡村人口为66598万人,其中,1315万人与38万人都是新增加的乡村人口,但是,1315万人指新进入本系统引起的乡村人口增加,它不仅增加乡村人口,也使总人口增加;38万人指系统内由“城镇人口”状态转为“乡村人口”状态引起的乡村人口增加,它不增加人口总量，只改变总人口在城乡人口中的分布。

用公式表示为：

1985 年城镇人口增加＝城镇人口系统增加＋由乡村转为城镇

＝504＋5054＝5558(万人)

1985 年乡村人口增加＝乡村人口系统增加＋由城镇转为乡村

＝1315＋38＝1353(万人)

1985 年全国人口增加≠∑各状态人口增加

即：

504＋1315≠5558＋1353

同理，1985 年初城镇人口为 33136 万人，其中，210 万人与 38 万人都是减少的城镇人口，但是 210 万人指离开本系统引起的城镇人口减少，它既减少城镇人口，也减少总人口。38 万人指系统内由“城镇人口”状态转为“乡村人口”状态引起的城镇人口减少，它不减少人口总量，只是改变城乡人口的分布。1985 年初乡村人口为 70740 万人，其中，441 万人与 5054 万人都是减少的乡村人口，但是，441 万人指离开本系统引起的乡村人口减少，它不仅减少乡村人口，也减少人口总量。5054 万人指系统内由“乡村人口”状态转为“城镇人口”状态引起的乡村人口减少，它不减少人口总量，只改变城乡人口的分布。

写成数学表达式为：

1985 年城镇人口减少＝城镇人口系统减少＋由城镇转为乡村

＝210＋38＝248(万人)

1985 年乡村人口减少＝乡村人口系统减少＋由乡村转为城镇

＝441＋5054＝5495(万人)

1985 年全国人口减少≠∑各状态人口减少

即：

210＋441≠248＋5495

由此可以看出，统计总体增加(或减少)与各状态增加(或减少)包括的范围不同。统计总体增加(或减少)指进入(或离开)本系统的部分，各状态增加(或减少)不仅包括进入(或离开)本系统的各状态系统增加(或减少)，还包括系统内各状态间的转移。

三、存量流量表的结构

通过表 2－1－1 和表 2－1－3 可知，存量流量表由四个部分组成，按照左上、右上、左下、右下的次序，分别把它们称为第Ⅰ象限(α 象限)、第Ⅱ象限(d 象限)、第Ⅲ象限(b 象限)和第Ⅳ象限(s 象限)。

第Ⅰ象限表示期内进入本系统又在期末前离开本系统的流量。它共有 l 行 m 列，l 与 m 可以相等，也可以不等，当 l 与 m 相等时，第Ⅰ象限呈方阵，当 l 与 m 不等时，第Ⅰ象限呈矩形阵，不论 l 是否等于 m ，其主栏与宾栏的分组标志都不一样。主栏反映减少去向，宾栏反映增加来源。

第Ⅱ象限是第Ⅰ象限在横栏上的延伸，它表示构成期初存量的本期系统减少量在各状态上的分布。第Ⅱ象限共有 l 行 n 列，其主栏与第Ⅰ象限相同，反映减少去向。宾栏按不同标志分为 n 种状态，反映期初所处状态。

第Ⅲ象限是第Ⅰ象限在纵向上的延伸，它表示期内新进入本系统、并一直存活到期末的系统增加量在各状态上的分布。第Ⅲ象限共有 n 行 m 列，宾栏与第Ⅰ象限相同，反映增加来源。主栏与第Ⅳ象限相同，反映期末所处状态。

第Ⅳ象限是表的基本部分。其纵列与横行所列状态数目相等，状态名称相同，排列次序相同，构成一个正方形棋盘式的表格。该象限中的每一个数字 s_{ij} 都可以分别从横行和纵列去理解。从横行来看 s_{ij} 的含义是：由第 j 种期初状态转为第 i 种期末状态；从纵列上来看 s_{ij} 的含义是：由第 i 种期末状态转为第 j 种期初状态。当 $i=j$ 时，说明期初状态与期末状态相同，当 $i \neq j$ 时，说明期初状态与期末状态不同。该象限反映了不同状态期初存量与期末存量之间的转移。

四、平衡关系及数学模型

存量流量表的平衡关系可以分别从横行与纵列来反映，由此可以分别建立行模型与列模型。

严格来说，存量流量综合表只是存量流量分解表的一个特例，所以，存量流量分解表是存量流量表的通用表式，为此，在构建存量流量表平衡关系和数学模型时以存量流量分解表为例。

(一)行平衡关系与行模型

从横行来看，存量流量分解表 2－1－3 反映的存量与流量关系可表示为：

各状态期末存量

＝由期初存量转出的各状态期末存量＋构成期末存量的各状态系统增加量

将该平衡关系式用数学公式表示为：

$$\begin{cases} p_{11}=s_{11}+s_{12}+\cdots+s_{1n}+b_1 \\ p_{12}=s_{21}+s_{22}+\cdots+s_{2n}+b_2 \\ \vdots \\ p_{1n}=s_{n1}+s_{n2}+\cdots+s_{nn}+b_n \end{cases}$$

简写为：

$$p_{1i}=\sum_{j=1}^{n} s_{ij}+b_i \qquad (i=1,2,\cdots,n) \qquad (2-1-1)$$

式 2—1—1 中的 s_{ij} 表示第 j 种状态期初存量转成了第 i 种状态期末存量。当 $i=j$ 时，表示 i 状态到 i 状态的转移(或 j 状态到 j 状态的转移)。当 $i<j$ 时(上三角位置)，表示 i 状态到 j 状态的转移。当 $i>j$ 时(下三角位置)，表示 j 状态到 i 状态的转移。$\sum_{j=1}^{n} s_{ij}$ 表示由所有状态期初存量转成的第 i 种状态期末存量。b_i 表示以第 i 种状态进入本系统并一直到期末的系统增加量，p_{1i} 表示第 i 种状态的期末存量。式 2—1—1 反映了各状态期末存量和期内流量的关系。

将式 2—1—1 用矩阵形式表示为：

$$P_1 = Se + b \tag{2—1—2}$$

其中，

$$P_1 = \begin{bmatrix} p_{11} \\ p_{12} \\ \vdots \\ p_{1n} \end{bmatrix}$$

$$S = \begin{bmatrix} s_{11} & s_{12} & \cdots & s_{1n} \\ s_{21} & s_{22} & \cdots & s_{2n} \\ \vdots & & & \\ s_{n1} & s_{n2} & \cdots & s_{nn} \end{bmatrix}$$

$$b = \begin{bmatrix} b_1 \\ b_2 \\ \vdots \\ b_n \end{bmatrix}$$

$$e = \begin{bmatrix} 1 \\ 1 \\ \vdots \\ 1 \end{bmatrix}$$

Se 表示矩阵 S 中各行之和。

式 2—1—1 是存量流量行模型的代数方程，式 2—1—2 是存量流量行模型的矩阵表达式。

(二)列平衡关系与列模型

从纵列来看，存量流量分解表 2—1—3 反映的存量与流量关系可表示为：

各状态期初存量

＝将构成期末存量的各状态期初存量＋构成期初存量的各状态系统减少量

将该平衡关系用数学公式表示为：

$$\begin{cases} p_{01} = s_{11} + s_{21} + \cdots + s_{n1} + d_1 \\ p_{02} = s_{12} + s_{22} + \cdots + s_{n2} + d_2 \\ \vdots \\ p_{0n} = s_{1n} + s_{2n} + \cdots + s_{nn} + d_n \end{cases}$$

简写为：

$$p_{0j} = \sum_{i=1}^{n} s_{ij} + d_j \qquad (j = 1, 2, \cdots, n) \qquad (2-1-3)$$

式 2—1—3 的 s_{ij} 表示由第 i 种状态期末存量推算的第 j 种状态期初存量，当 $i = j$ 时，表示 i 状态到 i 状态的转移(或 j 状态到 j 状态的转移)。当 $i > j$ 时表示 j 状态到 i 状态的推算关系。当 $i < j$ 时表示 i 状态到 j 状态的推算关系。$\sum_{i=1}^{n} s_{ij}$ 表示由所有状态期末存量推算的第 j 种状态期初存量。d_j 表示构成期初存量的 j 状态系统减少量，p_{0j} 表示第 j 种状态期初存量。式 2—1—3 反映了各状态期初存量与流量的关系。

将式 2—1—3 用矩阵形式表示为：

$$P_0 = S'e + d \qquad (2-1-4)$$

其中，

$$P_0 = \begin{bmatrix} p_{01} \\ p_{02} \\ \vdots \\ p_{0n} \end{bmatrix}$$

$$d = \begin{bmatrix} d_1 \\ d_2 \\ \vdots \\ d_n \end{bmatrix}$$

$S'e$ 表示矩阵 S 中各列之和。

式 2—1—3 是存量流量列模型的代数方程，式 2—1—4 是存量流量列模型的矩阵表达式。

五、存量流量表的种类

存量流量表按是否包括系统间转移分为封闭式存量流量表和开放式存量流量表。封闭式存量流量表只包括自然增减引起的系统增减，不包括系统间转移引起的系统增减；开放式存量流量表既包括自然增减引起的系统增减，也包括系统间转移引起的系统增减。以人口核算为例，若统计总体是全国人口，则出生与死亡属于自然增减，不同国家间的迁入迁出属于不同统计总体的系统间转移。如果系统增减量只包括出生与死亡，不包括不同国家间迁移引起的变化，则称此表为封闭式人口存量流量表。如果系统增减量既包括自然增减，也包括不同国家迁移增减的话，则称此表为开放式人口存量流量表。根据开放式存量流量表建立的模型称为开放式存量流量模型，根据封闭式存量流量表建立的模型称为封闭式存量流量模型。

存量流量表按期末存量与期初存量是否存在固定的比例关系分为稳定型存量流量表和静止型存量流量表。当期末存量按某种比例关系不断增长（或减少）时，称该表为稳定型存量流量表；当期末存量与期初存量相等时，称该表为静止型存量流量表。以人口核算为例，当人口规模按某一固定比例增长（或减少）时，期末人口与期初人口就存在一定的比例关系，据此编制的人口存量流量表就是稳定型人口存量流量表。当期末人口规模与期初人口规模保持不变，新增人口与减少人口相等，人口的变化仅反映在系统内不同状态之间分布的变化时，据此编制的人口存量流量表就是静止型人口存量流量表。根据稳定型存量流量表建立的模型称为稳定型存量流量模型，根据静止型存量流量表建立的模型称为静止型存量流量模型。

存量流量表按反映内容的不同分为人口存量流量表、劳动力存量流量表、教育存量流量表、卫生存量流量表、体育存量流量表等。

存量流量表按包括的范围不同分为国际存量流量表、全国存量流量表、地区存量流量表。

存量流量表按分组标志的序列性特点分为年龄序列存量流量表、活动序列存量流量表、等级序列存量流量表等。年龄序列存量流量表是指按年龄顺序分组的存量流量表。由于人的年龄随时间的推移逐年增长，年龄不可能倒退或越级增长，因而按年龄别分组的 S 阵只有主次对角线有数字，其余全为零。活动序列是指按人的常规活动顺序进行的分组。例如，教育活动的常规序列为：幼儿园→小学→初中→高中→大学；婚姻的常规序列为：未婚→已婚→离婚等。等级序列是指按等级顺序进行的分组。例如，按技术等级的高低分为：初级→中级→高级，或助教→讲师→副教授→教授等；部队按职称分为：士兵→排职→连职→营职→……等。

存量流量表的种类不同，其模型与各指标的经济含义也不同。通过对存量流量表种类的划分，有助于数学模型的建立，在具体应用时，应根据研究问题的性质、特点采用不同的表式。

第二节 基于转出系数的存量流量模型

存量流量模型是根据存量流量表反映的内容、利用线性代数工具建立的一组线性方程组。存量流量模型可以简练地表达存量流量表的内容，并把这种表达形式规范化。例如,根据社会生活的内容不同,可以编制不同的存量流量表,但所建立的存量流量模型是通用的。另外,存量流量模型的建立,有利于数据处理与软件的应用。

存量流量模型可以根据转出系数来建立,也可以根据转入系数来建立。前者称为基于转出系数的数学模型,后者称为基于转入系数的数学模型。

一、转出系数及其经济含义

转出系数指某一时期第 j 种状态期初存量转为第 i 种状态期末存量的数量占第 j 种状态期初存量的比例,反映由期初状态到期末状态的转出关系。用公式表示为:

$$c_{ij}=\frac{s_{ij}}{p_{0j}} \qquad (i,j=1,2,\cdots,n) \tag{2—2—1}$$

式中,s_{ij} 表示第 j 种状态期初存量转为第 i 种状态期末存量的数量,p_{0j} 表示第 j 种状态期初存量。c_{ij} 表示转出系数,当 $i=j$ 时(C 阵中主对角线位置),表示 i 状态到 i 状态的转移系数(或 j 状态到 j 状态的转移系数)。当 $i<j$ 时(C 阵中上三角位置),表示 i 状态到 j 状态的转出系数。当 $i>j$ 时(C 阵中下三角位置),表示 j 状态到 i 状态的转出系数。

将式 2—2—1 用矩阵形式表示为:

$$C=S\hat{P}_0^{-1} \tag{2—2—2}$$

其中,转出系数矩阵 C 为:

$$C=\begin{bmatrix} c_{11} & c_{12} & \cdots & c_{1n} \\ c_{21} & c_{22} & \cdots & c_{2n} \\ \vdots & & & \\ c_{n1} & c_{n2} & \cdots & c_{nn} \end{bmatrix}$$

矩阵 S 为:

$$S=\begin{bmatrix} s_{11} & s_{12} & \cdots & s_{1n} \\ s_{21} & s_{22} & \cdots & s_{2n} \\ \vdots & & & \\ s_{n1} & s_{n2} & \cdots & s_{nn} \end{bmatrix}$$

$\hat{P}_0^{-1}$ 表示由向量 P_0 中的元素组成的对角阵的逆矩阵,即:

$$\hat{P}_0^{-1}=\begin{bmatrix} p_{01} & 0 & \cdots & 0 \\ 0 & p_{02} & \cdots & 0 \\ \vdots & & & \\ 0 & \cdots & \cdots & p_{0n} \end{bmatrix}^{-1}$$

$$
=\begin{bmatrix} \frac{1}{p_{01}} & 0 & \cdots & 0 \\ 0 & \frac{1}{p_{02}} & \cdots & 0 \\ \vdots & & & \\ 0 & \cdots & \cdots & \frac{1}{p_{0n}} \end{bmatrix}
$$

例如,根据表 2—1—4 计算的 1985 年我国城乡人口转出系数如表 2—2—1 所示。

表 2—2—1 1985 我国城乡人口转出系数 C 表

	城镇	乡村
城镇	0.9925	0.0714
乡村	0.0011	0.9223

表 2—2—1 说明,1985 年中国有 99.25%的年初城镇人口转为年末的城镇人口,0.11%的年初城镇人口转为年末的乡村人口。1985 年中国有 7.14%的年初乡村人口转为年末的城镇人口,92.23%的年初乡村人口转为年末的乡村人口。

转出系数的大小可以反映期末存量对期初存量的依存关系。当 c_{ij} 较大时,说明 i 状态期末存量对 j 状态期初存量依存关系较大,当 c_{ij} 较小时,说明 i 状态期末存量对 j 状态期初存量依存关系较小,转出系数是分析社会和人口发展状况的基础数据。

转出系数具有动态性,它反映从期初存量到期末存量的转出关系,即期初存量对期末存量的预测关系,所以,根据转出系数可以建立预测模型。

二、基于转出系数的稳定型行模型

转出系数求出后,可以根据 c_{ij} 建立行模型。

(一)期末存量 P_1 与期初存量 P_0 关系模型

根据式 2—1—2 和式 2—2—2 可知:

$$P_1 = Se + b$$

$$C = S\hat{P}_0^{-1}$$

由上式可求得 S 为:

$$S = C\hat{P}_0$$

将 S 代入式 2—1—2 得:

$$P_1 = C\hat{P}_0 e + b$$

又 $\because \hat{P}_0 e = P_0$

$$\therefore P_1 = CP_0 + b \qquad (2-2-3)$$

式2—2—3是以转出系数为基础的稳定型行模型，它通过转出系数和 C 系统增加量 b 将期末存量与期初存量联系了起来。

(二)基于不变转出系数的稳定型行模型

式2—2—1讲到的转出系数针对的是一个时期，若一个时期有一个转出系数，则 t 个时期就会存在 t 个转出系数。

不变转出系数是指随着时间的变化转出系数不变。假设第1年的转出系数为 C，则第2年、第3年、……、第 t 年的转出系数均为 C，表2—2—2形象地再现了不变转出系数的动态变化过程。

表2—2—2　不变转出系数动态变化过程示意表

第1年初（期初）	C ↗ 转出系数	第1年末(期末)	C ↗ 转出系数	第2年末	……		C ↗ 转出系数	第 t 年末
		第2年初				第 t 年初		

通过表2—2—2可以看出，第1年初(期初)处于各状态的存量到第1年末(期末)仍为该状态或转为其他状态的比例为 C；由于第2年的转出系数也为 C，所以，第1年初处于各状态的存量到了第2年末仍为该状态或转为其他状态的比例为 $C \cdot C = C^2$；依此类推，第1年初处于各状态的存量到了第 t 年末仍为该状态或转为其他状态的比例为 C^t。这样，$C, C^2, C^3, \cdots, C^t$ 就构成了由第1年初(期初)存量转为以后各年末存量占第1年初存量比例的不变转出系数序列。

不变转出系数序列求出后，可根据不变转出系数序列建立预测模型。以人口为例，设第1年初(期初)人口 P_0 按不变转出系数变化，则由第1年初(期初)人口转为第1年末(期末)的人口为 CP_0，由第1年初(期初)人口 P_0 转为第2年末的人口为 C^2P_0，……，由第1年初(期初)人口 P_0 转为第 t 年末的人口为 C^tP_0。另设，每年新增人口按 $\wedge$ 的比例增长①，即第1年新增人口为 b，第2年新增人口为 $\wedge b$，第3年新增人口为 $\wedge^2 b$，……，第 t 年新增人口为 $\wedge^{t-1} b$，则第1年末总人口 P_1 为：

$$P_1 = CP_0 + b \qquad (2-2-4)$$

上式说明，若人口按不变转出系数 C 变化，则由第1年初(期初)人口变为第1年末(期末)的人口为 CP_0，再加上第1年新增人口 b 就得到第1年末人口 P_1。

① $\wedge$ 表示 λ_i 的对角阵，λ_i 表示各状态期末人口与期初人口之比，即 $\wedge = \hat{P}_1 \hat{P}_0^{-1}$，下同。

第 2 年末人口 P_2 为：

$$P_2 = C^2P_0 + Cb + \wedge b$$

上式说明，若人口按不变转出系数 C 变化，则由第 1 年初（期初）人口 P_0 变为第 2 年末的人口为 C^2P_0，由第 1 年新增人口 b 变为第 2 年末的人口为 Cb，第 2 年新增人口为 $\wedge b$，以上三项之和即为第 2 年末总人口 P_2。

第 3 年末人口 P_3 为：

$$P_3 = C^3P_0 + C^2b + C \cdot \wedge b + \wedge^2 b$$

上式说明，若人口按不变转出系数 C 变化，则由第 1 年初（期初）人口 P_0 变为第 3 年末的人口为 C^3P_0，由第 1 年新增人口变为第 3 年末的人口为 C^2b，由第 2 年新增人口变为第 3 年末的人口为 $C \cdot \wedge b$，第 3 年新增人口为 $\wedge^2 b$，以上四项之和即为第 3 年末人口 P_3。

依此类推，第 t 年末人口 P 为：

$$\begin{aligned} P_t &= \wedge^t P_0 \\ &= C^tP_0 + \sum_{k=0}^{t-1} C^k(\wedge^{t-k-1}b) \\ &= C^tP_0 + \sum_{k=1}^{t-1} C^k(\wedge^{t-k-1}b) + \wedge^{t-1}b \end{aligned} \qquad (2-2-5)$$

式 2－2－5 说明，当人口按不变转出系数变化且新增人口按 $\wedge$ 的比率变化时，第 t 年末人口等于由第 1 年初（期初）人口转为第 t 年末人口 C^tP_0、由第 1 年到第 $t-1$ 年新增人口转为第 t 年末人口 $\sum_{k=1}^{t-1} C^k(\wedge^{t-k-1}b)$ 和第 t 年新增人口 $\wedge^{t-1}b$ 之和。

式 2－2－5 是建立在不变转出系数基础上的稳定型行模型，它通过不变转出系数将第 1 年初（期初）存量与第 t 年末存量联系了起来。

（三）基于可变转出系数的稳定型行模型

可变转出系数指随着时间的推移，转出系数按 $\wedge$ 的比率增长。设第 1 年的转出系数为 C，则第 2 年的转出系数为 $\wedge C$，第 3 年的转出系数为 $\wedge^2 C$，……，第 t 年的转出系数为 $\wedge^{t-1}C$，表 2－2－3 形象地再现了可变转出系数的动态变化过程。

表 2－2－3　可变转出系数动态变化过程示意表

	C ↗	第 1 年末（期末）	$\wedge C$ ↗	第 2 年末			$\wedge^{t-1}C$ ↗	第 t 年末
第 1 年初（期初）	转出系数	第 2 年初	转出系数		……	第 t 年初	转出系数	

由表 2—2—3 可以看出，第 1 年初（期初）处于各状态的存量到年末仍为该状态或转为其他状态的比例为 C；由于第 2 年的转出系数为 $\wedge C$，所以第 1 年初处于各状态的存量到第 2 年末仍为该状态或转为其他状态的比例为 $\wedge C \cdot C$；由于第 3 年的转出系数为 $\wedge^2 C$，所以第 1 年初处于各状态的存量到了第 3 年末仍为该状态或转为其他状态的比例为 $\wedge^2 C \cdot \wedge C \cdot C$；依此类推，第 1 年初处于各状态的存量到了第 t 年末仍为该状态或转为其他状态的比例为 $\prod_{\beta=0}^{t-1}(\wedge^{\beta}C)$。这样，$C$，$\wedge C \cdot C$，$\wedge^2 C \cdot \wedge C \cdot C$，…，$\prod_{\beta=0}^{t-1}(\wedge^{\beta}C)$ 就构成了由第 1 年初（期初）存量转为以后各年末存量占第 1 年初存量比例的可变转出系数序列。

可变转出系数序列求出后，可根据可变转出系数建立预测模型。以人口为例，设第 1 年初（期初）人口 P_0 按可变转出系数变化，则由第 1 年初（期初）人口转为第 1 年末的人口为 CP_0，由第 1 年初（期初）人口转为第 2 年末的人口为 $\wedge C \cdot C \cdot P_0$，由第 1 年初（期初）人口转为第 3 年末的人口为 $\wedge^2 C \cdot \wedge C \cdot C \cdot P_0$，……，由第 1 年初（期初）人口转为第 t 年末的人口为 $\prod_{\beta=0}^{t-1}(\wedge^{\beta}C)P_0$。另设，每年新增人口按 $\wedge$ 的比率增长，即第 1 年新增人口为 b，第 2 年新增人口为 $\wedge b$，第 3 年新增人口为 $\wedge^2 b$，……，第 t 年新增人口为 $\wedge^{t-1}b$，则第 1 年末人口 P_1 为：

$$P_1 = CP_0 + b$$

上式说明，第 1 年末人口等于由第 1 年初人口转为第 1 年末的人口 CP_0 与第 1 年新增人口 b 之和。

第 2 年末人口 P_2 为：

$$P_2 = \wedge C \cdot CP_0 + \wedge C \cdot b + \wedge b$$

上式说明，由第 1 年初人口变为第 2 年末的人口为 $\wedge C \cdot CP$，由第 1 年新增人口 b 变为第 2 年末的人口为 $\wedge C \cdot b$，第 2 年的新增人口为 $\wedge b$，以上三项之和即为第 2 年末总人口。

第 3 年末人口 P_3 为：

$$P_3 = \wedge^2 C \cdot \wedge C \cdot CP_0 + \wedge^2 C \cdot \wedge C \cdot b + \wedge C \cdot \wedge b + \wedge^2 b$$

上式说明，由第 1 年初人口变为第 3 年末的人口为 $\wedge^2 C \cdot \wedge C \cdot CP$，由第 1 年新增人口 b 变为第 3 年末的人口为 $\wedge^2 C \cdot \wedge C \cdot b$，由第 2 年新增人口变为第 3 年末的人口为 $\wedge C \cdot \wedge b$，第 3 年新增人口为 $\wedge^2 b$，以上四项之和即为第 3 年末总人口。

依此类推，第 t 年末人口 P_t 为：

$$P_t = \wedge^t P_0 = \prod_{\beta=0}^{t-1}(\wedge^{\beta}C)P_0 + \sum_{k=1}^{t-1}\left[\prod_{\beta=t-1}^{t-k}(\wedge^{\beta}C)\right](\wedge^{t-k-1}b) + \wedge^{t-1}b \qquad (2—2—6)$$

式 2—2—6 说明，当人口按可变转出系数变化，新增人口按 $\wedge$ 的比率变化时，第 t 年末人口等于由第 1 年初(期初)人口转为第 t 年末的人口 $\prod_{\beta=0}^{t-1}(\wedge^{\beta}C)P_0$、由第 1 年到 $t-1$ 年新增人口转为第 t 年末的人口 $\sum_{k=1}^{t-1}\left[\prod_{\beta=t-1}^{t-k}(\wedge^{\beta}C)\right](\wedge^{t-k-1}b)$ 与第 t 年新增人口 $\wedge^{t-1}b$ 之和。

式 2—2—6 是建立在可变转出系数基础之上的稳定型行模型，它通过可变转出系数将第 1 年期初存量(期初存量)与第 t 年末存量联系了起来。

三、基于转出系数的静止型行模型

以上讨论了当人口按一定比率增加或减少时的数学模型表达式。按一定比率变化的人口是一种稳定型人口状态，在实际生活中，经常会遇到静止人口的统计总体。静止人口系统，指在一定时期内人口总数固定不变，新增人口与减少人口相等。这里所说的静止不是说“人口”是固定不变的，而是说“人数”固定不变，这种“人数”的固定不变是依据“新增人口等于减少人口”原则实现的。例如，一定时期内军人的规模、一定时期内某类学校的学生总数等。在这种情况下，可以建立静止型数学模型。

由式 2—2—3 可知，$P_1=CP_0+b$，当系统处于静止状态时，期末存量等于期初存量，这时可将行模型 $P_1=CP_0+b$ 写成：

$$P_0=CP_0+b$$

整理后得：

$$(I-C)P_0=b$$

或，

$$P_0=(I-C)^{-1}b \qquad (2-2-7)$$

式 2—2—7 是以转出系数为基础的静止型行模型，它通过转出系数将期初存量 P_0 与期内增加量 b 联系起来。

假设人口按某一固定的增加量(或减少量)变化，即使初始的期初存量与期末存量不等，最终也会逼近静止状态的人口规模，这时可通过简化的式 2—2—5 求出 t 年后的人口规模。

由式 2—2—5 可知，

$$P_t=C^tP_0+\sum_{k=0}^{t-1}C^k(\wedge^{t-k-1}b)$$

设期初人口为 P_0，期末人口为 P_1，$\wedge^{t-k-1}b=b_1$，则 t 年后的人口规模 P_t 为：

$$P_t=C^tP_0+\sum_{k=0}^{t-1}C^kb_1$$

$$=C^tP_0+(I+C+C^2+\cdots+C^{t-1})b_1$$
$$=C^tP_0+(I+C+C^2+\cdots+C^{t-1}+C^t-C^t)b_1$$
$$=C^tP_0+(I-C^t)(I-C)^{-1}b_1$$
$$=C^tP_0+(I-C^t)P_1 \qquad (2-2-8)$$

四、直接转出系数与间接转出系数

转出系数分为直接转出系数与间接转出系数，根据实际数据 s_{ij} 与 p_{0j} 直接求得的称直接转出系数，根据直接转出系数推算的称间接转出系数。

（一）以实际期初存量为研究起点

由表 2—2—2 可以归纳出，第 1 年初处于各状态的存量到了以后各年末仍为该状态或转为其他状态的存量占第 1 年初存量的比例分别为：$C,C^2,C^3,\cdots,C^t$，其中 C 根据实际数据 s_{ij}（由第 1 年初转为第 1 年末）与 p_{0j}（第 1 年初存量）直接求得，所以称 C 为直接转出系数。由于 $C^2,C^3,\cdots,C^t$ 不是根据实际数据“由第 1 年初转为第 t 年末存量”与“第 1 年初存量”求得的，而是根据各年转出系数 C 推算的，所以称 $C^2,C^3,\cdots,C^t$ 为间接不变转出系数。其中 C^2 为一次不变间接转出系数，C^3 为二次不变间接转出系数，……，C^t 为 $t-1$ 次不变间接转出系数。

同理，根据表 2—2—3 可以归纳出由第 1 年初处于各状态的存量到了以后各年末仍为该状态或转为其他状态的存量占第 1 年初存量的比例分别为：C，$\wedge C\cdot C$，$\wedge^2C\cdot\wedge C\cdot C,\cdots,\prod_{\beta=0}^{t-1}(\wedge^{\beta}C)$，其中 C 根据实际数据“由第 1 年初存量转为第 1 年末存量 s_{ij} ”与“第 1 年初存量 p_{0j} ”直接求得，所以称为直接转出系数。由于 C，$\wedge C\cdot C$，$\wedge^2C\cdot\wedge C\cdot C,\cdots,\prod_{\beta=0}^{t-1}(\wedge^{\beta}C)$ 不是根据实际数据“由第 1 年初存量转为第 t 年末存量”与“第 1 年初存量”求得的，而是根据各年转出系数 $\wedge^{t-1}C$ 推算的，所以称 $\wedge C\cdot C$，$\wedge^2C\cdot\wedge C\cdot C,\cdots,\prod_{\beta=0}^{t-1}(\wedge^{\beta}C)$ 为间接可变转出系数，其中 $\wedge C\cdot C$ 为一次可变间接转出系数，$\wedge^2C\cdot\wedge C\cdot C$ 为二次间接可变转出系数，……，$\prod_{\beta=0}^{t-1}(\wedge^{\beta}C)$ 为 $t-1$ 次可变间接转出系数。

（二）以同时出生的一批人口为研究起点

在人口核算时，转出系数 $C,C^2,C^3,\cdots,C^t$ 分别表示第 1 年初人口转为以后各年末人口占第 1 年初人口的比例。当 $t>$ 预期寿命时，转出系数 $C^{t+i}(i=1,2,\cdots)$ 应为零。由于期初人口由不同年龄人口构成，不同年龄人口的预期寿命又不同，这样就找不到一个具体的 t 值，使得 $C^{t+i}(i=1,2,\cdots)$ 为零，因此，也就无法根据期初人口考察未来人口的生命过程。

我们知道,现实人口总体是由出生于不同时点(时期)的人口组成,出生于同一时点(时期)的人口预期寿命相同。为此,我们可以把出生于同一时点(时期)的人口看作一个人口群体,所有人口群体之和就构成人口总体,只要考察了出生于同一时点(时期)人口的生命全过程,就可以反映出人口总体的生命过程。基于这种考虑,我们将同时出生的一批人作为期初人口。然后按实际人口计算的转出系数考察同时出生的这批人按怎样的比例转为以后各年期末人口。

1. 出生人口按不变转出系数变化

假设第1年初(期初)新增出生人口为 b ,同时,新增出生人口按不变转出系数变化,则由第1年初(期初)出生人口转为第1年末的人口为 Cb ,由第1年初(期初)出生人口转为第2年末的人口为 C^2b ,……,由第1年初(期初)出生人口转为第 t 年末的人口为 C^tb 。这样, $b,Cb,C^2b,\cdots,C^tb$ 就构成了由第1年初出生人口转为各年末人口的递减序列。

将这个序列的系数提出得到 $I,C,C^2,\cdots,C^t$ 。这个序列说明,假设有一个单位的新增出生人口,则由第1年初出生人口转为第1年末人口占第1年初出生人口的比例为 C ,由第1年初出生人口转为第2年末人口占第1年初出生人口的比例为 C^2 ,……,由第1年初出生人口转为第 t 年末人口占第1年初出生人口的比例为 C^t 。C 表示由出生人口转为第1年末人口的转出系数, C^2 表示由出生人口转为第2年末人口的转出系数,……, C^t 表示由出生人口转为第 t 年末人口的转出系数。

由于 C 是根据实际数据"由第1年初出生人口转为第1年末人口 s_{ij} "与"第1年初出生人口 p_{0j} "求得的,因此称 C 为直接转出系数。由第1年初出生人口转为第2年末人口的转出系数 C^2 不是根据实际数据求得的,而是根据直接转出系数 C 间接求得的,因此称 C^2 为间接转出系数。同理,由于转出系数 C^t 不是根据实际数据"由第1年初出生人口转为第 t 年末人口"与"第1年初出生人口"求得的,而是根据各年不变转出系数 C 间接求得的,所以称 $C^t\,(t=2,3,\cdots)$ 为不变间接转出系数。其中, C^2 为一次不变间接转出系数, C^3 为二次不变间接转出系数,……, C^t 为 $t-1$ 次不变间接转出系数。

2. 出生人口按可变转出系数变化

假设第1年初(期初)出生人口为 b ,且出生人口按可变转出系数 $\wedge^{t-1}C$ 变化,则由第1年初(期初)出生人口转为第1年末的人口为 Cb ,由第1年初(期初)出生人口转为第2年末的人口为 $\wedge C\cdot Cb$,由第1年初(期初)出生人口转为第3年末的人口为 $\wedge^2C\cdot\wedge C\cdot Cb$,……,由第1年初(期初)出生人口转为第 t 年末的人口为 $\prod_{\beta=0}^{t-1}(\wedge^{\beta}C)b$ 。这样, $b,Cb,\wedge C\cdot Cb,\cdots,\prod_{\beta=0}^{t-1}(\wedge^{\beta}C)b$ 就组成了由第1年初新增出生人口转为以后各年末人口的递减序列。

将这个序列的系数提出，得到 $I,C,\wedge C\cdot C,\wedge^2C\cdot\wedge C\cdot C,\cdots,\prod_{\beta=0}^{t-1}(\wedge^{\beta}C)$。这个序列说明，假设有一个单位的新增人口，则由第1年初出生人口转为第1年末人口占第1年初出生人口的比例为 C，由第1年初出生人口转为第2年末人口占第1年初出生人口的比例为 $\wedge C\cdot C$，……，由第1年初出生人口转为第 t 年末人口占第1年初出生人口的比例为 $\prod_{\beta=0}^{t-1}(\wedge^{\beta}C)$。我们称 C 为由出生人口转为第1年末人口的转出系数，$\wedge C\cdot C$ 为由出生人口转为第2年末人口的转出系数，$\wedge^2C\cdot\wedge C\cdot C$ 为由出生人口转为第3年末人口的转出系数，……，$\prod_{\beta=0}^{t-1}(\wedge^{\beta}C)$ 为由出生人口转为第 t 年末人口的转出系数。

C 是根据实际数据求得的，所以称 C 为直接转出系数。由第1年初出生人口转为第2年末人口的转出系数 $\wedge C\cdot C$ 不是根据实际数据求得的，而是根据直接转出系数间接求得的，因此称 $\wedge C\cdot C$ 为间接转出系数。同理，$\prod_{\beta=0}^{t-1}(\wedge^{\beta}C)(t=2,3,\cdots,\infty)$ 不是根据实际数据求得的，而是根据各年可变转出系数 $\wedge^{t-1}C$ 推算的，所以称 $\prod_{\beta=0}^{t-1}(\wedge^{\beta}C)(t=2,3,\cdots,\infty)$ 为可变间接转出系数。其中，$\wedge C\cdot C$ 为一次可变间接转出系数，$\wedge^2C\cdot\wedge C\cdot C$ 为二次可变间接转出系数，……，$\prod_{\beta=0}^{t-1}(\wedge^{\beta}C)$ 为 $t-1$ 次可变间接转出系数。

同理，当第1年初(期初)新增人口为 b，且新增人口按可变转出系数 $\wedge^{-(t-1)}C$ 变化时，直接转出系数与可变间接转出系数分别为 C 和 $\wedge^{-1}C\cdot C,\wedge^{-2}C\cdot\wedge^{-1}C\cdot C,\cdots,\prod_{\beta=0}^{t-1}(\wedge^{-\beta}C)$。

五、$(I-C)^{-1}$ 与 $(1-\bar{C})^{-1}$ 的经济含义

(一)系统增加量按不变转出系数变化

已知不变转出系数序列为 $I,C,C^2,\cdots,C^t$，设不变转出系数序列之和为 S，即：

$$S=I+C+C^2+\cdots+C^t \quad (t\to\infty) \qquad (2-2-9)$$

将上式分别左乘矩阵 C 得：

$$CS=C+C^2+C^3+\cdots+C^{t+1} \qquad (2-2-10)$$

用式2—2—9减式2—2—10得：

$$(I-C)S=I-C^{t+1} \quad (t\to\infty) \qquad (2-2-11)$$

由于 $\sum_{i=1}^{n} c_{ij} < 1$，所以 C 总有一种范数小于 1。根据矩阵范数的性质可知，矩阵 $C^{t+1} \to 0$。

为此，式 2—2—11 变为：

$$(I-C)S = I$$

或，

$$(I-C)^{-1} = S$$

将式 2—2—9 代入上式得：

$$\begin{aligned}(I-C)^{-1} &= S \\ &= I + C + C^2 + \cdots + C^t \\ &= I + C + \sum_{t=2}^{\infty} C^t \end{aligned} \qquad (2—2—12)$$

上式说明，当把系统增加量作为第 1 年初（期初）存量，同时，系统增加量按不变转出系数变化时，一个单位的新增存量转成第 1 年末存量的比例为 C，转成第 2 年末存量的比例为 C^2，……，转成第 t 年末存量的比例为 C^t。若把 I 称为初始存量系数（或系统增加量系数），则 $(I-C)^{-1}$ 等于初始存量系数、直接转出系数与所有不变间接转出系数之和。由于 $\sum_{i=1}^{n} c_{ij} < 1$，所以由 $C, C^2, \cdots, C^t$ 组成的转出系数序列是逐渐减小的，当 $t \to \infty$ 时，$C^t \to 0$。

以人口为例，由于死亡、退休等原因，离开本系统的人口将逐年增多，转为下一年的人口将逐年减少。当 $t \to \infty$ 时，$C^t \to 0$，这说明，期初人口将全部离开本系统。

关于 C^t 中 t 的上限取值，应根据研究对象的特性而决定。当以人口为研究对象时，只要大于平均预期寿命，C^t 就为 0；当以劳动力为研究对象时，只要大于劳动年龄上限，C^t 就为 0。

例如，根据表 2—2—1 计算的 $(I-C)^{-1}$ 为：

$$\begin{aligned}(I-C)^{-1} &= I + C + C^2 + \cdots + C^{69} \text{①} \\ &= \begin{bmatrix} 55.9837 & 43.40 \\ 0.6966 & 13.3431 \end{bmatrix} \\ &= \begin{bmatrix} 1 & 0 \\ 0 & 1 \end{bmatrix} + \begin{bmatrix} 0.9925 & 0.0714 \\ 0.0011 & 0.9223 \end{bmatrix} + \begin{bmatrix} 53.9912 & 43.3286 \\ 0.6955 & 11.4208 \end{bmatrix}\end{aligned}$$

假设新增城镇人口与乡村人口分别为 1000 万人，由新增人口转为当年和以后各年末人口总和为：

$$(I-C)^{-1}b = \begin{bmatrix} 1 & 0 \\ 0 & 1 \end{bmatrix}\begin{bmatrix} 1000 \\ 1000 \end{bmatrix} + \begin{bmatrix} 0.9925 & 0.0714 \\ 0.0011 & 0.9223 \end{bmatrix}\begin{bmatrix} 1000 \\ 1000 \end{bmatrix} + \begin{bmatrix} 53.9912 & 43.3286 \\ 0.6955 & 11.4208 \end{bmatrix}\begin{bmatrix} 1000 \\ 1000 \end{bmatrix}$$

---

① 中国 1985 年人口平均预期寿命为 68.9 岁，故取 $d = 69$。

$$=\begin{bmatrix}1000\\1000\end{bmatrix}+\begin{bmatrix}1063.9\\923.4\end{bmatrix}+\begin{bmatrix}97319.8\\12116.3\end{bmatrix}$$

这说明，当新增城镇人口与乡村人口分别为1000万人时，由新增人口转为当年末城镇人口的为1063.9万人，其中由新增城镇人口转出的为992.5万人，由新增乡村人口转出的为71.4万人；由新增人口转为当年末乡村人口的为923.4万人，其中由新增乡村人口转出的为922.3万人，由新增城镇人口转出的为1.1万人。由新增人口间接转出的各年末城镇人口总和为97319.8万人，其中由新增城镇人口转出的为53991.2万人，由新增乡村人口转出的为43328.6万人；由新增人口间接转出的各年末乡村人口总和为12116.3万人，其中由新增乡村人口转出的为11420.8万人，由新增城镇人口转出的为695.5万人。由于间接转出人数指转为各年末的人数之和，因此它表示转出的"人年总数"。

（二）系统增加量按可变转出系数变化

当系统增加量按可变转出系数增长时，可变转出系数序列为 $I, C, \wedge C\cdot C, \wedge C\cdot\wedge C\cdot C, \cdots, \prod_{\beta=0}^{t-1}(\wedge^{\beta}C)$。其中 C 为直接转出系数，$\wedge C\cdot C$ 为一次可变间接转出系统，$\wedge^{2}C\cdot\wedge C\cdot C$ 为二次可变间接转出系数，……，$\prod_{\beta=0}^{t-1}(\wedge^{\beta}C)$ 为 $t-1$ 次可变间接转出系数。将可变转出系数替代式2—2—12的右端，并用平均可变转出系数 I 替代式2—2—12左端的 C，得：

$$\begin{aligned} I-\bar{C})^{-1} &= I+C+\wedge C\cdot C+\cdots+\prod_{\beta=0}^{t-1}(\wedge^{\beta}C) \\ &= I+C+\sum_{t=2}^{\infty}\prod_{\beta=0}^{t-1}(\wedge^{\beta}C) \end{aligned} \qquad (2—2—13)$$

上式说明，当把系统增加量作为第1年初（期初）存量，同时，系统新增量按可变转出系数变化时，一个单位的新增量转为第1年末存量的比例为 C，转为第2年末存量的比例为 $\wedge C\cdot C$，……，转为第 t 年末存量的比例为 $\prod_{\beta=0}^{t-1}(\wedge^{\beta}C)$。若把 I 称为初始存量系数（或系统增加量系数），则 $(I-\bar{C})^{-1}$ 等于初始存量系数、直接转出系数与所有可变间接转出系数之和。其中，平均可变转出系数 $\bar{C}$ 可根据下式求得[①]：

$$\bar{C}=I-\left[I+\sum_{t=1}^{\infty}\prod_{\beta=0}^{t-1}(\wedge^{\beta}C)\right]^{-1} \qquad (2—2—14)$$

---

① 由式2—2—13知：$(I-\bar{C})^{-1}=I+C+\sum_{t=2}^{\infty}\prod_{\beta=0}^{t-1}(\wedge^{\beta}C)=I+\sum_{t=1}^{\infty}\prod_{\beta=0}^{t-1}(\wedge^{\beta}C)$

移项后并整理得：$\bar{C}=I-\left[I+\sum_{t=1}^{\infty}\prod_{\beta=0}^{t-1}(\wedge^{\beta}C)\right]^{-1}$

当系统增加量按可变转出系数减少时，式 2－2－13 变成：

$$(I-\bar{C})^{-1}=I+C+\wedge^{-1}C\cdot C+\wedge^{-2}C\cdot\wedge^{-1}C\cdot C+\cdots+\prod_{\beta=0}^{t-1}(\wedge^{-\beta}C)$$
$$=I+\sum_{t=1}^{\infty}\prod_{\beta=0}^{t-1}(\wedge^{-\beta}C) \qquad (2-2-15)$$

平均可变转出系数 $\bar{C}$ 为：

$$\bar{C}=I-\left[I+\sum_{t=1}^{\infty}\prod_{\beta=0}^{t-1}(\wedge^{\beta}C)\right]^{-1} \qquad (2-2-16)$$

六、基于转出系数的列模型

由式 2－1－3 可知：

$$p_{0j}=\sum_{i=1}^{n}s_{ij}+d_j \qquad (j=1,2,\cdots,n)$$

由转出系数 $c_{ij}=\frac{s_{ij}}{p_{0j}}$（见式 2－2－1）可得 $s_{ij}=c_{ij}p_{0j}$，将 s_{ij} 代入上式得：

$$p_{0j}=\sum_{i=1}^{n}c_{ij}p_{0j}+d_j \qquad (j=1,2,\cdots,n)$$

移项并整理得：

$$(1-\sum_{i=1}^{n}c_{ij})p_{0j}=d_j \qquad (j=1,2,\cdots,n)$$

用矩阵形式表示为：

$$(I-\hat{\bar{C}})P_0=d \qquad (2-2-17)$$

或，

$$(I-\hat{\bar{C}})^{-1}d=P_0 \qquad (2-2-18)$$

其中，$\hat{\bar{C}}$ 表示由 $\sum_{i=1}^{n}c_{ij}$ 组成的对角阵。由于 $\sum_{i=1}^{n}c_{ij}$ 表示各列转出系数之和，所以，$1-\sum_{i=1}^{n}c_{ij}$（或 $(I-\hat{\bar{C}})$）表示系统减少量系数。式 2－2－17 和式 2－2－18 说明，在已知期初存量的情况下，只要左乘系统减少量系数就可求得系统减少量；在已知系统减少量的情况下，只要左乘系统减少量系数的逆阵就可以求得期初存量。式 2－2－17 和式 2－2－18 通过系统减少量系数将期初存量与系统减少量联系起来。

第三节　基于转入系数的存量流量模型

转入系数不同于转出系数。转出系数反映期初存量中有多少转为期末存量，根据转出系数和期初存量可以预测期末存量。转入系数反映期末存量中有多少转入为期初存量,根据转入系数和期末存量可以推算期初存量是多少。以转出系数为基础建立的数学模型是根据社会和人口发展现状预测将来的存量规模,属于“向前看模型”,或“预测模型”。以转入系数为基础建立的数学模型是根据社会和人口发展现状推算以前的存量规模,属于“向后看模型”,或“历史模型”。

以人口为例,根据转出系数预测的是将来人口规模,反映人口未来发展趋势;根据转入系数推算的是过去人口规模,反映人口发展的历史过程。

一、转入系数及其经济含义

转入系数指某一时期第 i 种状态期末存量推算的第 j 种状态期初存量的数量占第 i 种状态期末存量的比例,反映由期末状态到期初状态的转入关系。用公式表示为:

$$g_{ij}=\frac{s_{ij}}{p_{1i}} \quad (i,j=1,2,\cdots,n) \qquad (2-3-1)$$

式中,s_{ij} 表示由第 i 种状态期末存量推算的第 j 种状态期初存量的数量,p_{1i} 表示第 i 种状态期末存量。g_{ij} 表示转入系数,当 $i=j$ 时,表示由第 i 种状态期末存量推算的同种状态期初存量所占比例,反映状态 i 到状态 i 的转入(推算)关系;当 $i<j$ 时,表示由第 j 种状态期末存量推算的 i 状态期初存量所占比例,反映由状态 j 到状态 i 的转入(推算)关系;当 $i>j$ 时,表示由第 i 种状态期末存量推算的 j 状态期初存量所占比例,反映由状态 i 到状态 j 的转入(推算)关系。

将式 2—3—1 用矩阵形式表示为:

$$G'=S'\hat{P}^{-1} \qquad (2-3-2)$$

其中,转入系数矩阵 G' 为:

$$G'=\begin{bmatrix} g_{11} & g_{21} & \cdots & g_{n1} \\ g_{12} & g_{22} & \cdots & g_{n2} \\ \vdots & & & \\ g_{1n} & g_{2n} & \cdots & g_{nn} \end{bmatrix}$$

矩阵 S 的转置矩阵 S' 为:

$$S'=\begin{bmatrix} s_{11} & s_{21} & \cdots & s_{n1} \\ s_{12} & s_{22} & \cdots & s_{n2} \\ \vdots & & & \\ s_{1n} & s_{2n} & \cdots & s_{nn} \end{bmatrix}$$

$\hat{P}^{-1}$ 表示由向量 P_1 中的元素组成对角阵的逆矩阵,即:

$$\hat{P}^{-1}=\begin{bmatrix} p_{11} & 0 & \cdots & 0 \\ 0 & p_{12} & \cdots & 0 \\ \vdots & & & \\ 0 & \cdots & \cdots & p_{1n} \end{bmatrix}^{-1}$$

$$=\begin{bmatrix} \frac{1}{p_{11}} & 0 & \cdots & 0 \\ 0 & \frac{1}{p_{12}} & \cdots & 0 \\ \vdots & & & \\ 0 & \cdots & \cdots & \frac{1}{p_{1n}} \end{bmatrix}$$

将 g_{ij} 用表格的形式排列起来，构成转入系数表。通过转入系数可以反映期初存量对期末存量依存关系的紧密程度，当 g_{ij} 较大时，说明 j 状态期初存量对 i 状态期末存量依存关系较大；当 g_{ij} 较小时，说明 j 状态期初存量对 i 状态期末存量依存关系较小。

比如，根据表 2—1—4 计算的转入系数 G' 如表 2—3—1 所示。

表 2—3—1　1985 年中国城乡人口转入系数 G' 表

	城　镇	乡　村
城镇	0.85543	0.00057
乡村	0.13146	0.97971

表 2—3—1 说明，1985 年末的城镇人口中，年初是城镇人口的比例为 85.54%，年初是乡村人口的比例是 13.15%。1985 年末的乡村人口中，年初是乡村人口的比例为 97.97%，年初是城镇人口的比例是 0.06%。

转入系数具有动态性，它反映从期末存量到期初存量的转入关系，根据转入系数可以建立倒推模型，反映社会发展的历史过程。

二、基于转入系数的稳定型列模型

转入系数求出后，可以根据转入系数 g_{ij} 建立列模型。

(一)期初存量 P_0 与期末存量 P_1 关系模型

根据式 2—1—4 与式 2—3—2 可知：

$$P_0=S'e+d$$

$$G'=S'\hat{P}^{-1}$$

由上式可求得 S' 为：

$$S' = G'\hat{P}_1$$

将 S' 代入式 2—1—4 得：

$$P_0 = G'\hat{P}_1 e + d$$

又 $\because \hat{P}_1 e = P_1$

所以，

$$P_0 = G'P_1 + d \qquad (2-3-3)$$

式 2—3—3 是以转入系数为基础的稳定型列模型，它通过转入系数 G' 和系统减少量 d 将期初存量与期末存量联系了起来。

（二）基于不变转入系数的稳定型列模型

不变转入系数指随着时间的倒推，转入系数保持不变。假设第 1 年的转入系数为 G'，则前 1 年转入系数、前 2 年转入系数、……、前 $t-1$ 年转入系数均为 G'，表 2—3—2 形象地再现了不变转入系数的动态变化过程。

表 2—3—2　不变转入系数动态变化过程示意表

	G'	前 t-1 年末	……	前 2 年末	G'	前 1 年末	G'	第 1 年末（期末）
前 t-1 年初	转入系数			前 1 年初	转入系数	第 1 年初（期初）	转入系数	

通过表 2—3—2 可以看出，第 1 年末（期末）处于各状态的存量在第 1 年初（期初）也为该状态或为其他状态的存量占第 1 年末存量的比例为 G'；由于前 1 年的转入系数也为 G'，因此，第 1 年末（期末）处于各状态的存量在前 1 年初也是该状态或是其他状态的存量占第 1 年末各状态存量的比例为 $G' \cdot G' = G'^2$；由于前 2 年的转入系数也为 G'，所以由 1 年末（期末）处于各状态的存量在前 2 年初也是该状态或其他状态的存量占第 1 年末各状态存量的比例为 $G' \cdot G' \cdot G' = G'^3$；依此类推，第 1 年末（期末）处于各状态的存量在前 $t-1$ 年初也是该状态或为其他状态的存量占第 1 年末各状态存量的比例为 G'^t。这样，$G', G'^2, \cdots, G'^t$ 就构成了由第 1 年末（期末）存量推算的以往各年年初存量所占比例的不变转入系数序列。

不变转入系数求出后，可根据转入系数序列建立历史模型。

以人口为例，设第 1 年末（期末）人口 P_1 按不变转入系数变化，则由第 1 年末（期末）人口推算的第 1 年初（期初）人口为 $G'P_1$，由第 1 年末（期末）人口推算的前 1 年初人口为 $G'^2 P_1$，……，由第 1 年末（期末）人口推算的前 $t-1$ 年初人口为 $G'^t P_1$。另设，以往每年减少人口按 Λ^{-1} 的比率减少，即第 1 年减少人口为 d，前 1

年减少人口为 $\wedge^{-1}d$，前 2 年减少人口为 $\wedge^{-2}d$，……，前 $t-1$ 年减少人口为 $\wedge^{t-1}d$，则由第 1 年末(期末)人口推算的第 1 年初(期初)人口 P_0 为：

$$P_0=G'P_1+d$$

上式说明，当人口按不变转入系数 G' 变化时，由第 1 年末(期末)人口推算的第 1 年初(期初)人口为 $G'P_1$，第 1 年减少人口为 d，以上两部分之和即为第 1 年初人口。

前 1 年初人口 P_{-1} 为：

$$P_{-1}=G'^2P_1+G'd+\wedge^{-1}d$$

上式说明，当人口按不变转入系数 G' 变化时，由第 1 年末(期末)人口推算的前 1 年初人口为 G'^2P_1，由第 1 年减少人口推算的前 1 年初人口为 $G'd$，前 1 年减少人口为 $\wedge^{-1}d$，以上三部分之和即为前 1 年初人口。

前 2 年初人口 P_{-2} 为：

$$P_{-2}=G'^3P_1+G'^2d+G'\cdot\wedge^{-1}d+\wedge^{-2}d$$

上式说明，若人口按不变转入系数 G' 变化，则由第 1 年末(期末)人口 P_1 推算的前 2 年初人口为 G'^3P_1，由第 1 年减少人口 d 推算的前 2 年初人口为 G'^2d，由前 1 年减少人口 $\wedge^{-1}d$ 推算的前 2 年初人口为 $G'\cdot\wedge^{-1}d$，前 2 年减少人口为 $\wedge^{-2}d$，以上四项之和即为前 2 年初人口。

依此类推，前 $t-1$ 年初人口 P_{t-1} 为：

$$P_{t-1}=G'^tP_1+\sum_{k=1}^{t-1}G'^k(\wedge^{-(t-k-1)}d)+\wedge^{-(t-1)}d \qquad (2-3-4)$$

式 2—3—4 说明，当人口按不变转入系数变化且以往各年减少人口按 $\wedge^{-1}$ 比率变化时，前 $t-1$ 年初人口等于由第 1 年末(期末)人口 P_1 推算的前 $t-1$ 年初人口 G'^tP_1、由前 1 年到前 $t-2$ 年减少人口推算的前 $t-1$ 年初人口 $\sum_{k=1}^{t-1}G'^k(\wedge^{-(t-k-1)}d)$ 和前 $t-1$ 年减少人口 $\wedge^{-(t-1)}d$ 之和。

式 2—3—4 是建立在不变转入系数基础之上的稳定型列模型。它通过不变转入系数将第 1 年末(期末)存量与前 $t-1$ 年初存量联系了起来。

(三)基于可变转入系数的稳定型列模型

可变转入系数指随着时间的倒推，转入系数按 $\wedge^{-1}$ 的比率变化。设第 1 年的转入系数为 G'，则前 1 年的转入系数为 $\wedge^{-1}G'$，前 2 年的转入系数为 $\wedge^{-2}G'$，……，前 $t-1$ 年的转入系数为 $\wedge^{-(t-1)}G'$。表 2—3—3 形象地再现了可变转入系数的动态变化过程。

表 2—3—3　可变转入系数动态变化过程示意表

	$\wedge^{-(t-1)}G'$	前$t-1$年末			$\wedge^{-1}G'$	前1年末	G'	第1年末（期末）
前t-1年初	转入系数		……	前1年初	转入系数	第1年初（期初）	转入系数	

通过表 2—3—3 可以看出，第 1 年转入系数是 G'，这说明，第 1 年末（期末）处于各状态的存量在第 1 年初（期初）也为该状态或为其他状态的存量 s_{ij} 占第 1 年末各状态存量 p_{1i} 的比例为G'；由于前 1 年的转入系数为 $\wedge^{-1}G'$，所以，第 1 年末（期末）处于各状态的存量在前 1 年初也是该状态或其他状态的存量占第 1 年末各状态存量的比例为 $\wedge^{-1}G' \cdot G'$；由于前 2 年的转入系数为 $\wedge^{-2}G'$，所以，第 1 年末（期末）处于各状态的存量在前 2 年初也是该状态或为其他状态的存量占第 1 年末各状态存量的比例为 $\wedge^{-2}G' \cdot \wedge^{-1}G' \cdot G'$；依此类推，第 1 年末（期末）处于各状态的存量在前 $t-1$ 年初也是该状态或其他状态的存量占第 1 年末各状态存量的比例为 $\prod_{\beta=0}^{t-1}(\wedge^{-\beta}G')$。这样，$G'$，$\wedge^{-1}G' \cdot G'$，$\wedge^{-2}G' \cdot \wedge^{-1}G' \cdot G'$，…，$\prod_{\beta=0}^{t-1}(\wedge^{-\beta}G')$ 就构成了由第 1 年末（期末）存量推算的以往各年初存量所占比例的可变转入系数序列。

可变转入系数求出后，可根据可变转入系数建立历史模型。

以人口为例，设第 1 年末（期末）人口 P_1 按可变转入系数变化，由第 1 年末（期末）人口推算的第 1 年初（期初）人口为 $G'P_1$，由第 1 年末（期末）人口推算的前 1 年初人口为 $\wedge^{-1}G' \cdot G'P_1$，由第 1 年末（期末）人口推算的前 2 年初人口为 $\wedge^{-2}G' \cdot \wedge^{-1}G' \cdot G'P_1$，……，由第 1 年末（期末）人口推算的前 $t-1$ 年初人口为 $\prod_{\beta=0}^{t-1}(\wedge^{-\beta}G')P_1$。另设，以往每年减少人口按 $\wedge^{-1}$ 的比率减少，即第 1 年减少人口为 d，前 1 年减少人口为 $\wedge^{-1}d$，前 2 年减少人口为 $\wedge^{-2}d$，……，前 $t-1$ 年减少人口为 $\wedge^{-(t-1)}d$，则由第 1 年末（期末）人口推算的第 1 年初人口 P_0 为：

$$P_0 = G'P_1 + d$$

这说明，当人口按可变转入系数变化时，第 1 年初（期初）人口等于由第 1 年末（期末）人口推算的第 1 年初（期初）人口 $G'P_1$ 与第 1 年减少人口 d 之和。

前 1 年初人口 P_{-1} 为：

$$P_{-1} = \wedge^{-1}G' \cdot G' \cdot P_1 + \wedge^{-1}G' \cdot d + \wedge^{-1}d$$

上式说明，若人口按可变转入系数变化，则由第 1 年末（期末）人口推算的前 1 年初人口为 $\wedge^{-1}G' \cdot G' \cdot P_1$，由第 1 年减少人口推算的前 1 年初人口为 $\wedge^{-1}G' \cdot d$，前 1 年的减少人口为 $\wedge^{-1}d$，以上三项之和即为前 1 年初人口。

前 2 年初人口 P_{-2} 为：

$$P_{-2}=\wedge^{-2}G'\cdot\wedge^{-1}G'\cdot G'P_1+\wedge^{-2}G'\cdot\wedge^{-1}G'\cdot d+\wedge^{-2}G'\cdot\wedge^{-1}d+\wedge^{-2}d$$

上式说明，若人口按可变转入系数变化，则由第 1 年末（期末）人口推算的前 2 年初人口为 $\wedge^{-2}G'\cdot\wedge^{-1}G'\cdot G'P_1$，由第 1 年减少人口 d 推算的前 2 年初人口为 $\wedge^{-2}G'\cdot\wedge^{-1}G'\cdot d$，由前 1 年减少人口推算的前 2 年初人口为 $\wedge^{-2}G'\cdot\wedge^{-1}d$，前 2 年减少人口为 $\wedge^{-2}d$，以上四项之和即为前 2 年初人口。

依此类推，前 $t-1$ 年初人口为：

$$P_{-(t-1)}=\prod_{\beta=0}^{t-1}(\wedge^{-\beta}G')P_1+\sum_{k=1}^{t-1}\left[\prod_{\beta=0}^{t-1}(\wedge^{-\beta}G')\right](\wedge^{-(t-k-1)}d)+(\wedge^{-(t-1)}d) \tag{2-3-5}$$

式 2—3—5 说明，当人口按可变转入系数变化且以往各年减少人口按 $\wedge^{-1}$ 的比率变化时，前 $t-1$ 年初人口等于由第 1 年末（期末）人口推算的前 $t-1$ 年初人口 $\prod_{\beta=0}^{t-1}(\wedge^{-\beta}G')P_1$，由前 1 年到前 $t-2$ 年减少人口推算的前 $t-1$ 年初人口 $\sum_{k=1}^{t-1}\left[\prod_{\beta=0}^{t-1}(\wedge^{-\beta}G')\right](\wedge^{-(t-k-1)}d)$ 和前 $t-1$ 年减少人口 $(\wedge^{-(t-1)}d)$ 之和。

式 2—3—5 是建立在可变转入系数之上的稳定型列模型，它通过可变转入系数将第 1 年末存量（期末存量）与前 $t-1$ 年初存量联系了起来。

三、基于转入系数的静止型列模型

由式 2—3—3 可知，$P_0=G'P_1+d$，当系统处于静止状态时，期初存量等于期末存量，这时，可将列模型 $P_0=G'P_1+d$ 写成：

$$P_1=G'P_1+d$$

整理后得：

$$(I-G')P_1=d \tag{2-3-6}$$

或，

$$P_1=(I-G')^{-1}d \tag{2-3-7}$$

式 2—3—6 与式 2—3—7 是以转入系数为基础的静止型列模型。它通过转入系数将期末存量 P_1 与系统减少量 d 联系了起来。

四、静止状态下系统增加量与系统减少量的关系

由式 2—2—8 与式 2—3—7 可知，

$$P_0=(I-C)^{-1}b$$

$$P_1=(\mathrm{I}-G')^{-1}d$$

当系统处于静止状态时，说明 $P_0=P_1$，则上面两个模型可表示为：

$$P_0=(I-C)^{-1}b$$

$$P_0=(\mathrm{I}-G')^{-1}d$$

将上述两式合并整理得：

$$d=(\mathrm{I}-G')(I-C)^{-1}b \quad (2-3-8)$$

式 2—3—8 反映了静止状态下，系统增加量与系统减少量的关系。

五、直接转入系数与间接转入系数

转入系数分直接转入系数与间接转入系数，根据实际数据 s_{ij} 与 p_{1i} 直接求得的称直接转入系数，根据直接转入系数推算的称间接转入系数。

(一)以实际期末存量为研究起点

由表 2—3—2 可以归纳出，由第 1 年末(期末)各状态存量推算的以往各年初也是该状态或是其他状态的存量占第 1 年末存量的比例为 G'，G'^2，…，G'^t，其中，G' 是根据实际数据 s_{ij}（由第 1 年末存量推算的第 1 年初存量）与 p_{1i}（第 1 年末存量）直接求得的，所以称直接转入系数。由于 G'^2，…，G'^t 不是根据“由第 1 年末存量推算的以往各年初存量”占“第 1 年末存量”求得的，而是根据各年转入系数 G' 推算的，所以称 G'^2，…，G'^t 为不变间接转入系数。其中，G'^2 为一次不变间接转入系数，……，G'^t 为 $t-1$ 次不变间接转入系数。

同理，根据表 2—3—3 可以归纳出由第 1 年末各状态存量推算的以往各年初也是该状态或是其他状态存量占第 1 年末存量的比例分别为 G'，$\wedge^{-1}G'\cdot G'$，$\wedge^{-2}G'\cdot\wedge^{-1}G'\cdot G'$，…，$\prod_{\beta=0}^{t-1}(\wedge^{-\beta}G')$，其中，$G'$ 根据实际数据 s_{ij} 与 p_{1i} 求得，所以称 G' 为直接转入系数。由于 $\wedge^{-1}G'\cdot G'$，$\wedge^{-2}G'\cdot\wedge^{-1}G'\cdot G'$，…，$\prod_{\beta=0}^{t-1}(\wedge^{-\beta}G')$ 不是根据实际数据求得的，而是根据各年转入系数 $\wedge^{t-1}G'$ 推算的，所以称 $\wedge^{-1}G'\cdot G'$，$\wedge^{-2}G'\cdot\wedge^{-1}G'\cdot G'$，…，$\prod_{\beta=0}^{t-1}(\wedge^{-\beta}G')$ 为间接可变转入系数。其中，$\wedge^{-1}G'\cdot G'$ 为一次间接可变转入系数，$\wedge^{-2}G'\cdot\wedge^{-1}G'\cdot G'$ 为二次间接可变转入系数，……，$\prod_{\beta=0}^{t-1}(\wedge^{-\beta}G')$ 为 $t-1$ 次可变间接转入系数。

(二)以同时死亡的一批人为研究起点

在人口核算时，转入系数 G'，G'^2，…，G'^t 表示，由第 1 年末各状态人口推算的以往各年初各状态人口占第 1 年末人口的比例。当 t 大于死亡年龄时，转入系

数 G'^{t+i}（$i=1,2,\cdots$）应为零。由于第 1 年末（期末）人口由不同年龄人口构成，不同年龄人口的预期死亡年龄是不同的，这样就找不到一个具体的 t 值，使得 G'^{t+i}（$i=1,2,\cdots$）为零，因此，无法根据期末人口考察人口已经走过的生命历程。

我们知道，人口已经走过的生命历程可以通过死亡人口来反映，为此，假设有一批同时死亡的人，将这批人作为期末人口（第 1 年末人口），然后根据实际人口计算的转入系数，考察同时死亡的这批人过去在本系统的平均经历。

1. 死亡人口按不变转入系数变化

假设第 1 年末（期末）死亡人口为 d，同时，死亡人口按不变转入系数 G' 变化，则由第 1 年末（期末）死亡人口 d 推算的（转为）第 1 年初（期初）人口为 $G'd$，由第 1 年末（期末）死亡人口 d 推算的前 1 年初人口为 G'^2d，……，由第 1 年末（期末）死亡人口 d 推算的前 $t-1$ 年初人口为 G'^td。这样，d，$G'd$，G'^2d，…，$G'd$ 就组成了由第 1 年末（期末）死亡人口推算的以前各年年初人口序列。

将此序列的系数提出得到 I，G'，G'^2，…，G'^t。这个序列说明，假设有一个单位的死亡人口，则由第 1 年末（期末）死亡人口推算的第 1 年初（期初）人口所占比例为 G'，由第 1 年末（期末）死亡人口推算的前 1 年初人口所占比例为 G'^2，……，由第 1 年末（期末）死亡人口推算的前 $t-1$ 年初人口所占比例为 G'^t。G' 表示由第 1 年末（期末）死亡人口推算的第 1 年初（期初）人口转入系数，G'^2 表示由第 1 年末（期末）死亡人口推算的前 1 年初人口转入系数，……，G'^t 表示由第 1 年末（期末）死亡人口推算的前 $t-1$ 年初人口转入系数。

G' 是根据“由第 1 年末死亡人口推算的第 1 年初（期初）人口”与“第 1 年末（期末）死亡人口”计算的，所以称 G' 为直接转入系数。由于转入系数 G'^t（$t=2,3,\cdots,t-1$）不是根据实际数据“由第 1 年末死亡人口推算的前 $t-1$ 年初人口”与“第 1 年末死亡人口”求得的，而是根据直接转入系数 G' 推算的，所以称 G'^2，G'^3，…，G'^t 为不变间接转入系数。其中，G'^2 为一次不变间接转入系数，G'^3 为二次不变间接转入系数，……，G'^t 为 $t-1$ 次不变间接转入系数。

2. 死亡人口按可变转入系数变化

假设第 1 年末（期末）死亡人口为 d，且死亡人口按可变转入系数 $\wedge^{-(t-1)}G'$ 变化，则由第 1 年末（期末）死亡人口 d 推算的第 1 年初（期初）人口为 $G'\cdot d$，由第 1 年末（期末）死亡人口 d 推算的前 1 年初人口为 $\wedge^{-1}G'\cdot G'\cdot d$，由第 1 年末（期末）死亡人口 d 推算的前 2 年初人口为 $\wedge^{-2}G'\cdot\wedge^{-1}G'\cdot G'\cdot d$，……，由第 1 年末（期末）死亡人口 d 推算的前 $t-1$ 年初人口为 $\prod_{\beta=0}^{t-1}(\wedge^{-\beta}G')\cdot d$。这样，$d$，$G'\cdot d$，$\wedge^{-1}G'\cdot G'\cdot d$，…，$\prod_{\beta=0}^{t-1}(\wedge^{-\beta}G')\cdot d$ 就组成了由第 1 年末（期末）死亡人口 d 推算的以前各年初人口序列。

将这个序列的系数提出得到 I，G'，$\wedge^{-1}G'\cdot G'$，$\wedge^{-2}G'\cdot\wedge^{-1}G'\cdot G'$，…，$\prod_{\beta=0}^{t-1}(\wedge^{-\beta}G')$。这个序列说明，假设有一个单位死亡人口，则由第1年末死亡人口推算的第1年初人口所占比例为 G'，由第1年末死亡人口推算的前1年初人口所占比例为 $\wedge^{-1}G'\cdot G'$，……，由第1年末死亡人口推算的前 $t-1$ 年初人口所占比例为 $\prod_{\beta=0}^{t-1}(\wedge^{-\beta}G')$，$G'$ 表示由死亡人口推算的第1年初人口转入系数，$\wedge^{-1}G'\cdot G'$ 表示由死亡人口推算的前1年初人口转入系数，$\wedge^{-2}G'\cdot\wedge^{-1}G'\cdot G'$ 表示由第1年末死亡人口推算的前2年初人口转入系数，……，$\prod_{\beta=0}^{t-1}(\wedge^{-\beta}G')$ 表示由第1年末死亡人口推算的前 $t-1$ 年初人口转入系数。

由于 G' 是根据实际数据求得的，所以称 G' 为直接转入系数。$\prod_{\beta=0}^{t-1}(\wedge^{-\beta}G')$（$t=2,3,\cdots,t-1$）不是根据实际数据直接求得的，而是根据各年转入系数 $\wedge^{-(t-1)}G'$ 间接求得的，所以称 $\wedge^{-1}G'\cdot G'$，$\wedge^{-2}G'\cdot\wedge^{-1}G'\cdot G'$，…，$\prod_{\beta=0}^{t-1}(\wedge^{-\beta}G')$ 为可变间接转入系数。其中 $\wedge^{-1}G'\cdot G'$ 为一次可变间接转入系数，$\wedge^{-2}G'\cdot\wedge^{-1}G'\cdot G'$ 为二次可变间接转入系数，……，$\prod_{\beta=0}^{t-1}(\wedge^{-\beta}G')$ 为 $t-1$ 次可变间接转入系数。

六、$(I-G')^{-1}$ 与 $(I-\bar{G}')^{-1}$ 的经济含义

（一）系统减少量按不变转入系数变化

由前面的论述可知，不变转入系数序列为 I，G'，G'^2，…，G'^t，设不变转入系数序列之和为 Y，即：

$$Y=I+G'+G'^2+\cdots+G'^t \qquad (t\to\infty) \qquad (2-3-9)$$

将上式分别左乘矩阵 G' 得：

$$G'Y=G'+G'^2+G'^3+\cdots+G'^{t+1} \qquad (2-3-10)$$

用式2－3－9减式2－3－10得：

$$(I-G')Y=I-G'^{t+1} \qquad (t\to\infty) \qquad (2-3-11)$$

又 $\because \sum_{j=1}^{n}g_{ij}<1$，$\therefore$ 当 $t\to\infty$时，$G'^{t+1}\to 0$。因此，可将式2－3－11写成：

$$(I-G')Y=I$$

或，

$$Y=(I-G')^{-1}$$

将式2－3－9代入上式得：

$$(I-G')^{-1}=I+G'+G'^2+\cdots+G'^t$$
$$=I+G'+\sum_{t=2}^{\infty}G'^t \qquad (2-3-12)$$

式 2—3—12 说明，当把系统减少量作为第 1 年末存量，且系统减少量按不变转入系数变化时，一个单位系统减少量推算的第 1 年期初存量所占比例为 G'，推算的前 1 年初存量所占比例为 G'^2，……，推算的前 $t-1$ 年初存量所占比例为 G'^t。若把 I 称为最终存量系数（或系统减少量系数），则 $(I-G')^{-1}$ 等于最终存量系数、直接转入系数与所有不变间接转入系数 $\sum_{t=2}^{\infty}G'^t$ 之和。由于 $\sum_{j=1}^{n}g_{ij}<1$，所以由 G'，G'^2，…，G'^t 组成的转入系数序列是递减的，$t\to\infty$时，$G'^t\to 0$。

以人口为例，同时死亡的人口虽然离开本系统的时间是一致的，但进入本系统的时间是不同的，也就是说，期末同时死亡的人口是在以前不同年份出生的，当 $t\to\infty$ 时，$G'^t\to 0$，这说明期末同时死亡的人口全部由往年新增人口替代完毕。

例如，根据表 2—3—1 计算的 $(I-G')^{-1}$ 为：

$$(I-G')^{-1}=I+G'+G'^2+\cdots+G'^{69}\text{①}$$
$$=\begin{bmatrix}7.0393 & 0.1433\\0.1433 & 33.2345\end{bmatrix}$$
$$=\begin{bmatrix}1 & 0\\0 & 1\end{bmatrix}+\begin{bmatrix}0.8554 & 0.00057\\0.1315 & 0.9797\end{bmatrix}+\begin{bmatrix}5.1839 & 0.1429\\32.873 & 36.2548\end{bmatrix}$$

假设离开本系统的城镇人口和乡村人口分别为 1000 万人。由离开本系统的人口推算的期初人口和以前各年年初人口总和为：

$$(I-G')^{-1}d$$
$$=\begin{bmatrix}1 & 0\\0 & 1\end{bmatrix}\begin{bmatrix}1000\\1000\end{bmatrix}+\begin{bmatrix}0.85543 & 0.00057\\0.13146 & 0.97971\end{bmatrix}\begin{bmatrix}1000\\1000\end{bmatrix}+\begin{bmatrix}5.1839 & 0.1429\\32.873 & 36.2548\end{bmatrix}\begin{bmatrix}1000\\1000\end{bmatrix}$$
$$=\begin{bmatrix}1000\\1000\end{bmatrix}+\begin{bmatrix}855.97\\1111.2\end{bmatrix}+\begin{bmatrix}5326.8\\69127.8\end{bmatrix}$$

这说明，当离开本系统（死亡或迁往国外）的城镇人口与乡村人口分别为 1000 万人时，由期末离开本系统的人口推算的年初城镇人口为 855.97 万人，其中，855.4 万人是由期末离开本系统的城镇人口推算的，0.57 万人是由期末离开本系统的乡村人口推算的；由期末离开本系统的 1000 万乡村人口推算的年初乡村人口为 1111.2 万人，其中 979.7 万人是由离开本系统的乡村人口推算的，131.5 万人是由离开本系统的城镇人口推算的。由离开本系统人口推算的以前各年年初城镇人

① 由于缺少平均死亡年龄数据，故用平均预期寿命代替。

口的总和为 5326.8 万人，其中，5183.9 万人是由离开本系统的城镇人口推算的，142.9 万人是由离开本系统的乡村人口推算的；由离开本系统的人口推算的以前各年年初乡村人口总和为 69127.8 万人，其中，36254.8 万人是由乡村人口推算的，32873 万人是由城镇人口推算的。由于间接转入人数指推算的各年初人数之和，因此，它表示推算的"人年总数"。

（二）系统减少量按可变转入系数变化

当系统减少量按可变转入系数变化时，可变转入系数分别为 I，G'，$\wedge^{-1}G'\cdot G'$，$\wedge^{-2}G'\cdot\wedge^{-1}G'\cdot G'$，…，$\prod_{\beta=0}^{t}(\wedge^{-\beta}G')$，其中的 G' 为直接转入系数，$\wedge^{-1}G'\cdot G'$ 为一次可变间接转入系数，$\wedge^{-2}G'\cdot\wedge^{-1}G'\cdot G'$ 为二次可变间接转入系数，……，$\prod_{\beta=0}^{t}(\wedge^{-\beta}G')$ 为 $t-1$ 次可变间接转入系数。将可变转入系数替代式 2—3—12 的右端，并用平均可变转入系数 $\bar{G}'$ 替代式 2—3—12 的左端得：

$$(I-\bar{G}')^{-1}=I+G'+\wedge^{-1}G'\cdot G'+\wedge^{-2}G'\cdot\wedge^{-1}G'\cdot G'\cdot+\cdots+\prod_{\beta=0}^{t}(\wedge^{-\beta}G')$$

$$=I+G'+\sum_{t=2}^{t}\prod_{\beta=0}^{t}(\wedge^{-\beta}G') \qquad (2-3-13)$$

上式说明，当把系统减少量作为第 1 年末存量，且系统减少量按可变转入系数变化时，则一个单位系统减少量推算的第 1 年初存量所占比例为 G'，推算的前 1 年初存量所占比例为 $\wedge^{-1}G'\cdot G'$，……，推算的前 $t-1$ 年初存量所占比例为 $\prod_{\beta=0}^{t}(\wedge^{-\beta}G')$。若把 I 称为最终存量系数（或系统减少量系数），则 $(I-\bar{G}')^{-1}$ 等于最终存量系数 I、直接转入系数 G'、所有可变间接转入系数 $\sum_{t=2}^{t}\prod_{\beta=0}^{t}(\wedge^{-\beta}G')$ 之和。其中，平均可变转入系数 $\bar{G}'$ 为：

$$\bar{G}'=I-\left[I+G'+\sum_{t=2}^{\infty}\prod_{\beta=0}^{t}(\wedge^{-\beta}G')\right]^{-1} \qquad (2-3-14)$$

七、基于转入系数的行模型

由式 2—1—1 可知：

$$p_{1i}=\sum_{j=1}^{n}s_{ij}+b_i$$

由转入系数 $g_{ij}=\frac{s_{ij}}{p_{1i}}$（见式 2—3—1）可得 $s_{ij}=g_{ij}p_{1i}$，将 s_{ij} 代入上式得：

$$p_{1i}=\sum_{j=1}^{n}g_{ij}p_{1i}+b_i$$

整理后得：

$$(1-\sum_{j=1}^{n}g_{ij})p_{1i}=b_i$$

用矩阵形式表示为：

$$(I-\hat{\hat{G}})p_1=b \quad (2-3-15)$$

或，

$$(I-\hat{\hat{G}})^{-1}b=p_1 \quad (2-3-16)$$

其中，$\hat{\hat{G}}$ 表示由 $\sum_{j=1}^{n}g_{ij}$ 组成的对角阵。由于 $\sum_{j=1}^{n}g_{ij}$ 表示各行转入系数之和，所以 $(1-\sum_{j=1}^{n}g_{ij})$（或 $(I-\hat{\hat{G}})$）表示系统增加量系数。式 2—3—15 与式 2—3—16 说明，在已知期末存量的条件下，只要左乘系统增加量系数就可求得系统增加量；在已知系统增加量的条件下，只要左乘系统增加量系数的逆阵就可求得期末存量。式 2—3—15 与式 2—3—16 通过系统增加量系数将系统增加量与期末存量联系了起来。

第四节　分析角度与实际应用

一、存量流量表与存量流量模型的分析角度

根据存量流量表及存量流量模型可以进行多种分析，下面以人口存量流量表为例加以说明。

（一）根据转出系数分析 t 时期后人口处于各种状态的可能性

在某些情况下，人口转移符合齐次马尔可夫过程，根据马尔可夫链模型可知 t 时期后，人口处于各状态的概率 $C(t)$ 等于转移概率 C^t 与初始转移概率 $C(0)$ 之积，即：

$$C(t)=C^tC(0) \quad (2-4-1)$$

根据式 2—4—1 可以分析人口、劳动力在各行业、各地区、各职业间的转移概率，为国家制定政策、安排生产提供依据。

假设城镇和乡村人口的转移符合齐次马尔可夫链模型，则可将表 2—2—1 的转出系数视为转移概率，试求：(1)当年的城镇人口、第 2 年末仍为城镇人口或转为乡村人口的概率？(2)当年的乡村人口、第 4 年末转为城镇人口或仍为乡村人口的概率？

解(1)：

根据题意可知，初始状态概率 $C(0)$ 为：

$$C(0)=\begin{bmatrix}1\\0\end{bmatrix}$$

转移概率 C 为：

$$C=\begin{bmatrix}0.9925 & 0.0714\\0.0011 & 0.9223\end{bmatrix}$$

根据式 2—4—1 得：

$$C(2)=C^2C(0)=\begin{bmatrix}0.9925 & 0.0714\\0.0011 & 0.9223\end{bmatrix}^2\begin{bmatrix}1\\0\end{bmatrix}=\begin{bmatrix}0.985\\0.002\end{bmatrix}$$

这说明，现在的城镇人口、第 2 年末仍为城镇人口的可能性为 98.5%，转为乡村人口的可能性为 0.2%。

解(2)：

根据题意可知，初始状态概率 $C(0)$ 为：

$$C(0)=\begin{bmatrix}0\\1\end{bmatrix}$$

根据式 2—4—1 得：

$$C(4)=C^4C(0)=\begin{bmatrix}0.9925 & 0.0714\\0.0011 & 0.9223\end{bmatrix}^4\begin{bmatrix}0\\1\end{bmatrix}=\begin{bmatrix}0.15\\0.72\end{bmatrix}$$

这说明现在的乡村人口、第 4 年末仍为乡村人口的可能性为 72%，转为城镇人口的可能性为 15%。

在此基础上，还可以预测人口总规模，预测模型参见式 2—2—5 与式 2—2—6。

(二)根据转出系数矩阵分析人口的流动规律

根据存量流量表可以计算人口转移系数矩阵 C，以分析某一年份人口的转移与流动情况。将若干年份转移系统矩阵进行比较，可以分析人口流动的规律性。

例如，1981—1986 年我国城乡人口转出系数如表 2—4—1 所示。

表 2—4—1　1981—1986 年中国城乡人口转出系数表

年份	城镇到乡村的转出系数	乡村到城镇的转出系数
1981	0.001985	0.01086
1982	0.00188	0.00905
1983	0.00179	0.03517
1984	0.00157	0.11227
1985	0.00147	0.07144
1986	0.00099	0.07819

通过表2—4—1可知，(1)1981—1986年我国城镇人口转为乡村人口的比例较小，在0.099%—0.1985%之间，说明城镇人口转为乡村人口的可能性较小。(2)由乡村人口转为城镇人口的比例在0.905%—11.227%之间，远远大于由城镇人口转为乡村人口的比例，说明乡村人口转为城镇人口的可能性远远大于城镇人口转为乡村人口的可能性。(3)自1984年以来，乡村人口到城镇人口的转出系数明显增大，说明我国城镇人口的增加来源于乡村人口转移的比重加大。这与我国的实际情况相符，1984年我国建镇标准有所调整，新建镇较多，致使1984年以来城镇人口增加较快。

（三）根据转出系数计算新进入某系统的人将来占有各状态的平均时间

当转出系数解释为转出概率时，c_{ij} 就表示由状态 j 变成状态 i 的可能性。在实际工作中，用概率表示的可能性比较抽象，人们往往希望知道新进入某系统的人将来在各状态可能再呆多长时间，这就需要计算占有各状态的平均时间。

根据吸收马氏链的性质可知，进入 j 状态的人，将来连续占有该状态的平均时间是逆阵 $(I-C)^{-1}$ 中主对角线上的数字；进入 j 状态的人，将来占有其他状态的平均时间是 $(I-C)^{-1}$ 中非主对角线上的数字；$(I-C)^{-1}$ 各列之和表示进入 j 状态的人，将来在该系统中占有的总平均时间①。

例如，根据我国1985年存量流量表计算的 $(I-C)^{-1}$ 为②：

$$(I-C)^{-1}=\begin{bmatrix}55.98 & 43.40\\0.70 & 13.34\end{bmatrix}$$

$$e'(I-C)^{-1}=[56.68 \quad 56.74]$$

这说明，1985年新出生和迁入的城镇人口，将来在该系统中平均占有56.68年；其中，连续占有“城镇”状态的时间为55.98年，占有“乡村”状态的时间为0.7年。新出生和迁入的乡村人口，在该系统中占有的平均时间为56.74年；其中，连续占有“乡村”状态的时间为13.34年，占有“城镇”状态的时间为43.4年。$(I-C)^{-1}$ 中主对角线上的数字与非对角线上的数字含义是不一样的，主对角线上的数字表示进入 j 状态的人，将来连续占有该状态的平均时间。非主对角线上的数字表示，进入 j 状态的人，将来在其他状态占有的平均时间，不是将来连续占有其他状态的平均时间。例如，已转为城镇人口的乡村人口，可能过几年又转成了乡村人口，再过几年又转成了城镇人口，不管经过几次转移，他们在“城镇”状态下平

---

① 对于吸收马氏链，假设它有 r 个吸收状态，其转移概率矩阵为：$P=\begin{bmatrix}I & 0\\R & Q\end{bmatrix}$，其中，$I$ 是 r 阶单位阵。则系统自 i 出发，占有 j 的总次数的平均值 EM_{ij} 为：$EM_{ij}=(I-Q)^{-1}$。当 $i=j$ 时，EM_{ij} 表示系统自 i 出发，连续占有 j 的总次数。$(I-Q)^{-1}e$ 表示系统自 i 出发，将来可能在这个系统中占有的平均次数之和。

② 假设人口的城乡转移符合马尔可夫过程，又由于人口终究要死亡，并设迁往国外的人口不再返回国内，则可以把它近似解释为吸收马氏链。

均占有的时间是 43.4 年。而 13.34 年表示新出生和迁入的“乡村”人口将来连续占有“乡村”状态的时间。

通过连续占有某状态的时间可以分析劳动力市场和人才市场的稳定程度，为劳动力市场和人才市场的宏观控制提供依据。

(四)根据转入系数计算离开某系统的人过去在各状态的平均逗留时间

根据吸收马氏链的性质可知，离开 j 状态的人，过去在该状态的平均连续逗留时间是逆阵 $(I-G')^{-1}$ 中主对角线的数字。离开 j 状态的人，过去在其他状态的平均逗留时间是 $(I-G')^{-1}$ 中非主对角线的数字。$(I-G')^{-1}$ 中各列之和表示离开 j 状态的人，过去在该系统逗留的总平均时间。

例如，根据中国 1985 年存量流量表计算的 $(I-G')^{-1}$ 为：

$$(I-G')^{-1}=\begin{bmatrix}7.04 & 0.14\\ 33.0 & 38.23\end{bmatrix}$$

这说明，1985 年死亡和迁出国外的城镇人口平均已经在城镇人口状态呆(活)了 40.04 年；其中，在城镇状态的平均连续逗留时间为 7.04 年，在乡村状态的平均逗留时间为 33 年。1985 年死亡和迁出国外的乡村人口平均已经在乡村人口状态呆(活)了 38.37 年；其中，在乡村状态的平均连续逗留时间为 38.23 年，在城镇状态下平均逗留时间为 0.14 年。由于乡村人口转为城镇人口的比例远远大于城镇人口转为乡村人口的比例，致使各状态的平均占有时间和平均逗留时间相差较大。若城乡转移的比例接近，平均占有时间与平均逗留时间也必然接近。

(五)根据 $(I-C)^{-1}$ 进行成本(费用)预算

实际生活中常常会遇到这样一些问题：新出生的人口一生将要消费多少消费资料？新入学的学生在离开教育系统前将需要多少教育经费？新招收的工人退休前将获得多少劳动报酬？这些信息，对国家安排生产、合理分配使用资金具有重要参考价值。依据 $(I-C)^{-1}$ 可以获得这方面的信息。

1. 费用支出 R 保持不变情况下

设列向量 R 为各状态人口年费用支出水平，且今后若干年内 R 保持不变，同时人口按不变转出系数序列 I 、C 、C^2 、…、C^t 变化，则新进入某系统的人，将来在该系统中所需全部费用 K' ①为：

$$\begin{aligned}K' &= R'+R'C+R'C^2+\cdots+R'C^t\\ &= R'(I-C)^{-1}\end{aligned} \qquad (2-4-2)$$

例如，1985 年我国非农业居民消费水平为 747 元，农业居民消费水平为 323 元，假设在今后若干年内，居民消费水平保持不变，同时人口按不变转出系数变化，

① 设 K 为列向量。

则新出生人口未来一生的消费总额 K' 为①：

$$K'=R'(I-C)^{-1}$$
$$=[747\quad 323]\begin{bmatrix}55.98 & 43.4\\ 0.70 & 13.3\end{bmatrix}$$
$$=[42043\quad 36716]$$

这说明，1985 年新出生的城镇人口，将来需要消费资料 4.2043 万元。新出生的乡村人口，将来需要消费资料 3.6716 万元。只要多出生一个婴儿，国家就应多安排一份消费资料的生产，以满足居民的消费需求。

假设费用支出水平 R 保持不变，人口按可变转出系数序列 I、C、$\wedge C\cdot C$、$\wedge^2C\cdot\wedge C\cdot C$、…、$\prod_{\beta=0}^{t-1}(\wedge^{\beta}C)$ 变化，则新进入某系统的人将来在该系统所需全部费用 K' 为：

$$K'=R'+R'C+R'\wedge C\cdot C+R'\wedge^2C\cdot\wedge C\cdot C+\cdots+R'\prod_{\beta=0}^{t-1}(\wedge^{\beta}C)$$
$$=R'(I-\bar{C})^{-1} \tag{2-4-3}$$

根据 $(I-C)^{-1}$ 与 $(I-\bar{C})^{-1}$ 计算的费用总额不仅考虑了人口的当前消费需求，还考虑了人口今后的消费需求。SS 若根据列向量 K 值安排生产，就能避免供应短缺的发生。

2. 费用支出 R 按 $\wedge$ 的比例增长情况下

随着生产的发展和科技的进步，人民生活水平的提高是必然的，生活水平提高的重要表现是消费水平的提高。假设费用支出列向量 R 按 $\wedge$ 的比例增长，即各年的费用支出水平分别为：R、$\wedge R$、$\wedge^2R$、$\wedge^3R$、…、$\wedge^tR$，且人口按不变转出系数序列 I、C、C^2、…、C^t 变化，则新进入某系统的人未来消费总额 K' 为：

$$K'=R'+\wedge R'\cdot C+\wedge^2R'\cdot C^2+\wedge^3R'\cdot C^3+\cdots+\wedge^tR'\cdot C^t$$
$$=R'+R'\cdot C\cdot\wedge+R'\cdot C^2\cdot\wedge^2+R'\cdot C^3\cdot\wedge^3+\cdots+R'\cdot C^t\cdot\wedge^t$$
$$=R'(I-C\wedge)^{-1} \tag{2-4-4}$$

假设费用支出列向量 R 按 $\wedge$ 的比率增长，即 R、$\wedge R$、$\wedge^2R$、$\wedge^3R$、…、$\wedge^tR$，且人口按可变转出系数序列 I、C、$\wedge C\cdot C$、$\wedge^2C\cdot\wedge C\cdot C$、…、$\prod_{\beta=0}^{t-1}(\wedge^{\beta}C)$ 变化，则新进入某系统的人口未来消费总额 K' 为：

$$K'=R'+\wedge R'\cdot C+\wedge^2R'\cdot\wedge C\cdot C+\wedge^3R'\cdot\wedge^2C\cdot\wedge C\cdot C$$
$$+\cdots+\wedge^tR'\cdot\prod_{\beta=0}^{t-1}(\wedge^{\beta}C)$$

---

① 由于缺少城镇居民和乡村居民消费水平资料，故用农业居民与非农业居民消费水平代替。

$$=R'+R'\cdot C\cdot\wedge+R'\cdot\wedge C\cdot C\cdot\wedge^2+R'\cdot\wedge^2 C\cdot\wedge C\cdot C\cdot\wedge^3$$

$$+\cdots+R'\prod_{\beta=0}^{t-1}(\wedge^{\beta}C)\cdot\wedge^t$$

$$=R'(I-\bar{C}\wedge)^{-1} \qquad (2-4-5)$$

(六)根据 $(I-G')^{-1}$ 进行成本(费用)核算

前面讲了新进入某系统的人，将来的预期消费额，与此相反，人们也需要了解离开某系统的人已经花费的消费额。例如，已经死亡的人口一生中已经消费的消费总额，已离开教育系统的毕业学生已经花费了多少教育经费，已经退休的工人在任职期间领取了多少劳动报酬，等等。这时，就需要进行成本(费用)核算。

预期消费额依据 $(I-G')^{-1}$ 进行计算，已经花费的消费额依据 $(I-G')^{-1}$ 进行计算。

1. 费用支出 R 不变情况下

设费用支出列向量 R 为各状态人口费用支出水平，且在以前各年内 R 保持不变，同时，人口按不变转入系数序列 I 、G' 、G'^2 、…、G'^t 变化，则离开某系统的人，过去在该系统已经消费的总费用(成本) J' ①为：

$$J'=R'+R'G'+R'G'^2+R'G'^3+\cdots+R'G'^t$$

$$=R'(I-G')^{-1} \qquad (2-4-6)$$

例如，1985 年我国非农业居民消费水平为 747 元，农业居民消费水平为 323 元，假设以前各年的城乡居民消费水平与 1985 年相同，则 1985 年死亡人口一生中已经消费的消费资料总额为：

$$J'=R'(I-G')^{-1}$$

$$=[747 \quad 323]\begin{bmatrix}7.04 & 0.14\\ 33.0 & 38.23\end{bmatrix}=[15918 \quad 12453]$$

这说明，1985 年死亡的城镇人口平均每人已消费了 1.5918 万元的消费资料，死亡的乡村人口平均每人已消费了 1.2453 万元的消费资料。

假设费用支出 R 保持不变，人口按可变转入系数序列 I 、G' 、$\wedge^{-1}G'\cdot G'$、$\wedge^{-2}G'\cdot\wedge^{-1}G'\cdot G'$ 、…、$\prod_{\beta=0}^{t}(\wedge^{-\beta}G')$ 变化，则离开某系统的人，在该系统已经消费的总费用 J' 为：

$$J'=R'+R'G'+R'\cdot\wedge^{-1}G'\cdot G'+R'\cdot\wedge^{2}G'\cdot\wedge^{-1}G'\cdot G'$$

$$+\cdots+R'\prod_{\beta=0}^{t}(\wedge^{-\beta}G')$$

① 设 J 为列向量。

$$=R'(I-\bar{G}')^{-1} \quad (2-4-7)$$

2. 费用支出 R 按 $\wedge$ 的比率减少情况下

当费用支出 R 逐年提高且按 $\wedge$ 的比率变化时，以基年为起点未来年份的费用支出是按 $\wedge$ 的比率增长的。相反，以基年为起点以前年份的消费水平是按 $\wedge$ 的比率减少的，即基年及以前各年的消费水平分别为：R 、$\wedge^{-1}R$ 、$\wedge^{-2}R$ 、$\wedge^{-3}R$ 、…、$\wedge^{-(t-1)}R$ 。若人口按不变转入系数序列 I 、G' 、G'^2 、…、G'^t 变化，则离开本系统的人，过去在该系统中已经花费的总费用 J' 为：

$$\begin{aligned} J' &= R'+\wedge^{-1}R'\cdot G'+\wedge^{-2}R'\cdot G'^2+\wedge^{-3}R'\cdot G'^3+\cdots+\wedge^{-(t-1)}R'\cdot G'^t \\ &= R'+R'\cdot G'\cdot\wedge^{-1}+R'\cdot G'^2\cdot\wedge^{-2}+R'\cdot G'^3\cdot\wedge^{-3} \\ &\quad +\cdots+R'G'^t\ \wedge^{-(t-1)} \\ &= R'(I-G'\ \wedge^{-1})^{-1} \end{aligned} \quad (2-4-8)$$

假设以基年为起点以前年份的费用支出水平是按 $\wedge$ 的比率减少的（即基年及以前各年的费用支出分别为：R 、$\wedge^{-1}R$ 、$\wedge^{-2}R$ 、$\wedge^{-3}R$ 、…、$\wedge^{-(t-1)}R$ ），同时，人口按可变转入系数序列 I 、G' 、$\wedge^{-1}G'$ 、$\wedge^{-2}G'$、$\wedge^{-1}G'\cdot G'$、…、$\prod_{\beta=0}^{t}(\wedge^{-\beta}G')$ 变化，则离开某系统的人，在该系统中消费的费用总额 J' 为：

$$\begin{aligned} J' &= R'+\wedge^{-1}R'\cdot G'+\wedge^{-2}R'\cdot\wedge^{-1}G'\cdot G'+\cdots+\wedge^{-(t-1)}R\cdot\prod_{\beta=0}^{t}(\wedge^{-\beta}G') \\ &= R'+R'\cdot G'\cdot\wedge^{-1}+R'\cdot\wedge^{-1}G'\cdot G'\cdot\wedge^{-2}+\cdots+R'\cdot\prod_{\beta=0}^{t}(\wedge^{-\beta}G')\cdot\wedge^{-(t-1)} \\ &= R'(I-\bar{G}'\ \wedge^{-1})^{-1} \end{aligned} \quad (2-4-9)$$

（七）可比口径系统增加量构成或系统减少量构成分析

通过存量流量表可以计算可比的系统增加量构成或系统减少量构成。

系统增加量构成指构成期末存量的系统增加量占期末存量的比重，其计算公式为：

$$\begin{aligned} \text{系统增加量构成} &= \frac{\text{构成期末存量的系统增加量}}{\text{期末存量}} \\ &= \frac{b_i}{p_{1i}} = 1-\sum_{j=1}^{n} g_{ij} \end{aligned} \quad (2-4-10)$$

式 2－4－10 说明，系统增加量构成与转 SS 入系数有关。若转入系数大，系统增加量构成就小，反之，则大。

例如，根据表 2－1－4 计算的 1985 年城镇人口系统增加量构成为：

$$\text{城镇人口系统增加量构成} = \frac{504}{38446} = 0.013 = 1.3\%$$

这说明，活到 1985 年末的年内出生与迁入城镇人口占期末城镇人口的 1.3%。

对于封闭式人口存量流量表，由于系统增加只包括出生人口，不包括迁入人口，所以，系统增加量构成就是人口出生率。

系统减少量构成指构成期初存量的系统减少量占期初存量的比重，其计算公式为：

$$系统减少量构成=\frac{构成期初存量的系统减少量}{期初存量}$$

$$=\frac{d_j}{p_{0j}}=1-\sum_{j=1}^{n}c_{ij} \qquad (2-4-11)$$

由式 2—4—11 可以看出，系统减少量构成与转出系统有关，若转出系统大，则系统减少量构成就小，若转出系统小，则系统减少量构成就大。

例如，根据表 2—1—4 计算的 1985 年城镇人口系统减少量构成为：

$$城镇人口系统减少量构成=\frac{210}{33136}=0.006=0.6\%$$

这说明，1985 年初存活但在年内死亡与迁出的城镇人口占期初人口的比重为 0.6%。

对于封闭式人口存量流量表，由于系统减少只包括死亡人口，不包括迁出人口，所以，系统减少量构成就是人口死亡率。

根据存量流量表计算的系统增加量构成与系统减少量构成的特点是，分子不包括在本期增加又在本期减少的部分（即 α 部分），这部分流量既不构成期初存量也不构成期末存量，只有将其扣除，才能保证分子与分母来自同一统计总体，这与目前实际统计工作中采用的有关增加量构成、减少量构成指标是不同的。例如，常规统计中常用的出生率、死亡率、迁入率、迁出率等，在计算这些指标时，分子包括 α 部分，分母却不包括，分子与分母并不来自同一统计总体，无法保证分子与分母的可比性。因此，根据存量流量表计算得到的系统增加量构成与系统减少量构成更加符合统计上的可比性原则。

二、实际案例①

（一）居住状况存量流量表

表 2—4—2 是英格兰和威尔士 1960 年中至 1964 年底住户居住状况存量流量表。该表将住户的居住形式分成五种：自有住房户、地方公有房租户、私有无家俱房租户、私有有家俱房租户、其他租户。

---

① 本部分的案例引自联合国的“Torards a system of social and demographic statistics”，许成钢等译《社会和人口统计体系》，中国财政经济出版社，1985 年版。

表 2—4—2 英格兰和威尔士 1960 年中至 1964 年底住户居住状况存量流量表

单位：千人

1960 年中状况 / 1964 年底状况		新增住户	英格兰与威尔士					合计
			1	2	3	4	5	
住户终止			150	216	299	48	28	
英格兰与威尔士	自有住房户	474	5806	92	371	123	21	6887
	地方公有房租户	119	47	3130	349	51	81	3777
	私有无家俱房租户	240	62	45	2800	109	50	3306
	私有有家俱房租户	123	17	5	14	243	34	436
	其他租户	45	17	17	32	27	284	422
合计			6099	3505	3865	601	498	

根据表 2—4—2 可计算出矩阵 C 为：

$$C=\begin{bmatrix}0.9520 & 0.0262 & 0.0960 & 0.2047 & 0.0422\\ 0.0077 & 0.8930 & 0.0903 & 0.0849 & 0.1627\\ 0.0102 & 0.0128 & 0.7245 & 0.1814 & 0.1004\\ 0.0028 & 0.0014 & 0.0036 & 0.4043 & 0.0683\\ 0.0028 & 0.0049 & 0.0083 & 0.0449 & 0.5703\end{bmatrix}$$

根据矩阵 C 可以预测每隔四年半时间各类住户的数量，根据各类住户数量可计算出各类住户所占比重，表 2—4—3 就是根据表 2—4—2 计算的每隔四年半时间各类住户所占比重（由于四舍五入，各列之和不等于 100），其中极限值根据式 2—2—8计算。

根据表 2—4—3 可以分析英格兰和威尔士地区各类住户的变化。总体上看，自有住房住户不断上升，私有住房租户不断下降，地方公有房租户先升后降。

表 2—4—3 英格兰和威尔士住户居住类型变动趋势表

单位：%

	1960 年中	1964 年底	1969 年中	1973 年底	1978 年中	1982 年底	1987 年中	1991 年底	1996 年中	2000 年底	2005 年中	2009 年底	极限
自有住房户	42	46	50	53	55	57	58	60	61	62	63	63	70
地方公有房租户	24	25	26	26	26	26	25	25	25	24	24	23	19
私有无家俱房租户	27	22	19	17	15	13	12	12	11	11	10	10	8
私有有家俱房租户	4	3	2	2	2	2	2	2	2	2	2	2	1
其他租户	3	3	2	2	2	2	2	2	2	2	2	2	1

(二)医疗服务系统的治疗与转诊情况

表 2—4—4 是 1965 年病人进入、滞留和离开苏格兰东北地区精神病治疗服务系统的治疗与转诊情况表,该服务系统共有 9 个部门:门诊部、住院部、白天治疗部、住所出诊、住所治疗、医院会诊、其他急诊、住院病人定期复查、其他精神病治疗。

表 2—4—4　1965 年病人进入、滞留和离开苏格兰东北地区精神病治疗服务系统的情况表

来自 转去		进入本系统	本医疗系统内									合计
			1	2	3	4	5	6	7	8	9	
离开本系统			1628	1486	38	115	123	256	19	491	1	
本医疗系统内	1. 门诊部	1989	20	7	89	46	10	87	1	2	9	2260
	2. 住院部	1159	453	136	44	248	20	197	17	113	23	2410
	3. 白天治疗部	7	72	63	3	7	0	4	0	10	1	167
	4. 住所出诊	405	0	0	0	0	1	0	0	0	0	406
	5. 住所治疗	9	39	83	3	7	0	6	0	35	1	183
	6. 医院会诊	565	1	0	0	1	0	1	0	1	0	569
	7. 其他急诊	61	0	0	0	0	0	0	0	0	0	61
	8. 住院病人定期复查	4	0	729	0	0	0	0	0	0	1	734
	9. 其他精神病治疗	0	0	1	0	0	0	0	0	0	0	1
合　计			2213	2387	177	424	154	551	37	652	36	

从表 2—4—4 可以看出,若一个病人进入该医疗系统,意味着他进入了 9 个部门中的一个,进入后或者转到其他部门(也可能接连转几个部门),或者离开该系统。所以,S 阵的纵列表示“来自”,横行表示“转去”。

例如第 1 列的合计 2213 表示,来自“门诊部”的治疗对象为 2213,其中治疗后离开本系统的是 1628,转去“门诊部”的是 20,转去“住院部”的是 453,转去“白天治疗部”的是 7,转去“住所出诊”的是 0,转去“住所治疗”的是 39,转去“医院会诊”的是 1,转去“其他急诊”的是 0,转去“住院病人定期复查”的是 0,转去“其他精神病治疗”的是 0。

再如第 1 行的合计 2260 表示,转去“门诊部”的治疗对象为 2260,其中,新进入本系统门诊部的为 1989,来自“门诊部”的是 20,来自“住院部”的是 7,来自“白天治疗部”的是 89,来自“住所出诊”的是 46,来自“住所治疗”的是 10,来自“医院会诊”的是 87,来自“其他急诊”的是 1,来自“住院病人定期复查”的是 2,来自“其他精神病治疗”的是 9。

将 9 个部门的数据除以列总和可以得到矩阵 C,由此可以得到 $1000(I-C)^{-1}$ 为:

$$
1000\,(I-C)^{-1}=\begin{bmatrix}
1033 & 27 & 537 & 138 & 72 & 178 & 40 & 20 & 293\\
254 & 1149 & 423 & 711 & 170 & 456 & 534 & 216 & 819\\
42 & 37 & 1048 & 44 & 8 & 27 & 18 & 23 & 64\\
0 & 0 & 0 & 1000 & 6 & 0 & 0 & 0 & 0\\
32 & 60 & 49 & 57 & 1010 & 38 & 29 & 66 & 78\\
0 & 0 & 0 & 2 & 0 & 1002 & 0 & 1 & 0\\
0 & 0 & 0 & 0 & 0 & 0 & 1000 & 0 & 0\\
78 & 350 & 129 & 217 & 52 & 139 & 163 & 1066 & 278\\
0 & 0 & 0 & 0 & 0 & 0 & 0 & 0 & 1000
\end{bmatrix}
$$

$$
e'1000\,(I-C)^{-1}=[1440\quad 1624\quad 2186\quad 2169\quad 1318\quad 1841\quad 1784\quad 1391\quad 2533]
$$

假设可以将矩阵 C 解释成概率矩阵，则可以将 $(I-C)^{-1}$ 分解为三项：$I+C+\sum_{t=2}^{\infty}C^t$ ①，这三项分别表示该医疗系统的 1000 名治疗对象产生的直接和间接结果。

例如，$1000\,(I-C)^{-1}$ 中第 1 行和第 1 列交叉项的 1033 可以分解为 1000＋9＋24，这说明新进入“门诊部”的 1000 名病人直接转到“门诊部”的为 9，间接转到“门诊部”的为 24。第 2 行和第 1 列交叉项的 254 可以分解为 0＋205＋49，这说明新进入“门诊部”的 1000 名病人直接转到“住院部”的为 205，间接转到“住院部”的为 49。

$1000\,(I-C)^{-1}$ 中第 1 列之和为 1440，这说明若新进入“门诊部”的病人为 1000 的话，则在这些病人全部离开该医疗系统前，将产生 440 个额外治疗对象。

(三)就业状态变化存量流量表

表 2—4—5 是日本根据就业状态调查数据编制的 1970—1971 年 14 岁及以上人口就业状态变化存量流量表。该调查将 14 岁及以上人口分为“有工作”和“无工作”，有工作按行业分为“农业和林业”和“非农业”，每个行业按职业分为“个体经营者”“家庭工人”“雇员”“未报告”。无工作分为“家务”“学生”“其他”(如退休工人、丧失工作能力、失业)②。

从表 2—4—5 可以看出 1970 年到 1971 年间日本劳动力就业状态的变化。从纵列看表示 1970 年中的就业状态，从横行看表示 1971 年中的就业状态。

① 参见式 2—2—12。

② 该存量流量表未提供新增劳动力和减少劳动力的数据。原表如此。

表 2—4—5 日本 1970—1971 年 14 岁及以上人口就业状态存量流量表

单位:千人

1971 年中状态 \ 1970 年中状态			有工作								无工作			合计
			农业和林业				非农业				未能分类			
			1	2	3	4	5	6	7	8	9	10	11	12	
有工作	农业和林业	1.个体经营者	3762	0	0	0	1	0	17	0	0	3	1	5	3790
		2.家庭工人	0	4134	1	0	1	1	25	0	0	7	28	6	4202
		3.雇员	1	1	273	0	0	1	6	0	0	3	2	3	288
		4.未报告	0	0	0	1	0	0	0	0	0	0	0	0	1
	非农业	5.个体经营者	2	2	1	0	5852	6	214	0	0	107	15	26	6108
		6.家庭工人	0	1	0	0	3	2740	47	0	0	42	31	9	2874
		7.雇员	21	29	10	0	62	43	31341	1	1	418	1228	207	33360
		8.未报告	0	0	0	0	0	0	0	2	0	0	0	0	3
	9.未能分类		0	0	0	0	0	0	1	0	4	0	0	0	5
无工作		10.家务	12	50	4	0	157	67	932	1	1	14594	144	347	16308
		11.学生	0	0	0	0	3	1	52	0	0	60	6842	36	6994
		12.其他	32	51	7	0	58	21	457	1	0	283	146	4431	5487
合计			3830	4267	295	1	6108	2879	33002	6	6	15518	8438	5069	79419

思考与练习

1.“存量流量综合表各象限与存量流量分解表对应象限存在数量对等关系”指什么?

2. 已知A地区2014年城镇人口和乡村人口的流动情况如附表2—1。请将附表2—1的空缺部分补充完整,并完成3—4题。

附表2—1 A地区2014年人口流动

单位:万人

	2014年期初人口	系统新增	系统减少	城镇转为乡村	乡村转为城镇	2014年期末人口
城镇	500	20	10	6	—	
乡村	200	10	8	—	12	
全部	700			—	—	

3. 又知A地区本期增加又在本期减少的人数为4万人(其中本期增加又在本期减少的城镇人口为3万人,本期增加又在本期减少的乡村人口为1万人)。请将A地区的人口存量流量综合表(附表2—2)和人口存量流量分解表(附表2—3)补充完整。

附表2—2 A地区2014年人口存量流量综合表

单位:万人

	系统新增	期初状态	2014年末人口
系统减少			—
期末状态			
2014年初人口	—		—

附表2—3 A地区2014年人口存量流量分解表

单位:万人

		系统新增	期初状态		2014年末人口
			城镇人口	乡村人口	
系统减少					—
期末状态	城镇人口				
	乡村人口				
2014年初人口		—			—

4. 根据附表 2—3 的数据，计算 A 地区的转出系数矩阵和转入系数矩阵。
5. 简述直接转出（转入）系数矩阵与间接转出（转入）系数矩阵的区别。
6. 试述 $(I-C)^{-1}$ 与 $(I-G')^{-1}$ 的经济含义。
7. 根据人口存量流量表可以进行哪些分析？

第三章　按年龄别和年龄组(等级)分组的存量流量核算

第二章讨论了存量流量核算的基本原理，包括存量流量基本表式、数学模型与主要作用等。从研究对象来看，存量流量核算不仅适用于人口核算，还适用于教育等有关社会领域的核算，从分组方式来看，不仅可以按城乡分组，还可以根据研究问题的角度进行各种分组，当存量流量表以人口为研究对象、并按年龄别或年龄组分组时，其表式和各指标的经济含义具有特殊性。本章分别讨论按年龄别和年龄组(或等级)分组的存量流量表式及各指标经济含义。

第一节　按年龄别分组的人口存量流量核算

由于人的年龄随着自然年度的更替自然增长，年初 t 岁的人口到年底必然成长为 $t+1$ 岁人口，因此，按年龄别分组的存量流量表中第Ⅳ象限只有主次对角线有数字，其余全为零；转入系数矩阵 G 只有主对角线有数字且全为 1；同时，$(I-C)^{-1}$ 、$(I-G')^{-1}$ 的表达式也具有特殊性。

一、封闭式年龄别人口存量流量表及其平衡关系

(一)基本表式

封闭式年龄别人口存量流量表指系统增加只包括自然增长(即出生)、系统减少只包括自然减少(即死亡)的、按年龄别编制的人口存量流量表。封闭式人口存量流量表式如表 3—1—1 所示。

表 3—1—1 中各符号的含义为：

α ：当年出生当年死亡人口。从纵列看表示出生，从横行看表示死亡，它既不构成年初人口，也不构成年末人口。

b ：当年出生且生存到年末的人口。即存活到年末的零岁人口，它不构成年初人口，只构成年末人口。

B ：当年出生人口，即系统增加。它由两部分组成，一部分是当年出生且生存到年末的人口 b ，一部分是当年出生当年死亡的人口 α 。将 B 分成 b 与 α 的统计意义在于：在计算存活率等相对指标时，有利于保证分子与分母统计总体的一致性。

表 3—1—1 封闭式年龄别人口存量流量表

		出生人口	年初年龄						年末人口
			0	1	2	…	$n-1$	n	
死亡人口		α（Ⅰ）	d_0	d_1	d_2	（Ⅱ）	d_{n-1}	d_n	D
年末年龄	0	b							p_{10}
	1		s_{10}						p_{11}
	2			s_{21}					p_{12}
	3				s_{32}				p_{13}
	⋮	（Ⅲ）				（Ⅳ）			
	n						$s_{n,n-1}$		p_{1n}
年初人口		B	p_{00}	p_{01}	p_{02}	…	$p_{0,n-1}$	$p_{0,n}$	

$d_j(j=0,1,2,\cdots,n)$：年初 j 岁年内死亡的人口，只计入年初人口，不计入年末人口。j 指的是年初年龄，不是年内其他时点年龄。如果年初是 j 岁，年内成长到 $j+1$ 岁后再死亡，也包括在 d_j 内，不包括在 d_{j+1} 内。因此，d_j 与死亡年龄可能一致，也可能不一致，年初 j 岁年内 $j+1$ 岁前死亡的，d_j 与死亡年龄相同。年初 j 岁年内 $j+1$ 岁死亡的，d_j 与死亡年龄不一致。例如，d_5 表示年初 5 岁年内死亡的人口，若死亡时未满 6 岁，则 d_j 与死亡年龄相同；若死亡时已满 6 岁，则 d_j 与死亡年龄不同。

D：年内所有年龄死亡人口之和，即系统减少。它既包括当年出生当年死亡人口，也包括以前各年出生当年死亡人口，即：$D=\alpha+\sum_{j=0}^{n}d_j$。将 D 分成 α 与 $\sum_{j=0}^{n}d_j$ 两部分的统计意义在于：在计算死亡率等相对指标时，有利于保证分子与分母统计总体的一致性。

$s_{j+1,j}(j=0,1,\cdots,n-1)$ 或 $s_{i,i-1}(i=1,2,\cdots,n)$：年初存活年末仍存活的人口。它既可以从纵列来理解，也可以从横行来理解。从纵列来看是 $s_{j+1,j}(j=0,1,\cdots,n-1)$，表示年初 j 岁年末成长为 $j+1$ 岁的人口。从横行来看是 $s_{i,i-1}(i=1,2,\cdots,n)$，表示年末 i 岁年初 $i-1$ 岁的人口。如 s_{21}，从纵列看表示年初 1 岁成长为年末 2 岁的人口，从横行看表示年末 2 岁人口年初是 1 岁的人口。

$p_{0j}(j=0,1,2,\cdots,n)$：j 岁年初人口。在未来的一年中，年初人口分为两部分：一部分在年内死亡；一部分生存到年末，构成年末人口。即：$p_{0j}=s_{j+1,j}+d_j$。由于人口的年龄上限是 n，第 n 年的年初人口必定在第 n 年死亡，所以，第 n 年年初人口 $p_{0n}=d_n$。

$p_{1i}(i=0,1,2,\cdots,n)$：i 岁年末人口。年底 0 岁人口必定是当年新出生人口，所以，第 1 年年末 0 岁人口 p_{10} 等于 b 。其余各年龄的年末人口 p_{1i} 为 $s_{i,i-1}$ 。

(二)平衡关系

根据封闭式年龄别人口存量流量表，可以分别从横行与纵列反映其平衡关系，并建立数学模型。

从横行来看，表 3－1－1 反映的人口存量与人口流量平衡关系可表示为：

年末 0 岁人口＝当年出生并生存到年末的人口

0 岁以外各年龄年末人口＝年初 $i-1$ 岁成长为年末 i 岁人口

将该关系式用代数公式表示为：

$$\begin{cases} p_{10}=b \\ p_{11}=s_{10} \\ p_{12}=s_{21} \\ \quad\vdots \\ p_{1n}=s_{n,n-1} \end{cases}$$

简写为：

$$p_{1i}=\begin{cases} b & (i=0) \\ s_{i,i-1} & (i=1,2,3,\cdots,n) \end{cases}$$

从纵列来看，表 3－1－1 反映的人口存量与人口流量平衡关系可表示为：

n 岁以外各年龄年初人口＝年末 $j+1$ 岁年初 j 岁人口＋年内 j 岁死亡人口

年初 n 岁人口＝n 岁死亡人口

将该关系式用代数公式表示为：

$$\begin{cases} p_{00}=s_{10}+d_0 \\ p_{01}=s_{21}+d_1 \\ \quad\vdots \\ p_{0n-1}=s_{n,n-1}+d_{n-1} \\ p_{0n}=d_n \end{cases}$$

简写为：

$$p_{0j}=\begin{cases} s_{j+1,j}+d_j & (j=0,1,2,\cdots,n-1) \\ d_n & (j=n) \end{cases}$$

(三)分析指标的经济含义

当人口总体处于封闭状态时，根据年龄别人口存量流量表计算的分析指标具有特殊的经济含义。

1. 转出系数 $c_{j+1,j}$ 或矩阵 C 表示年龄别存活率或年龄别存活率矩阵

由表 3－1－1 可知，当人口总体处于封闭状态时，年龄别人口存量流量表只有

主次对角线有数字，据此计算的转出系数矩阵也只有主次对角线有数字。

根据转出系数计算公式（见式 2－2－1）可计算出表 3－1－1 的转出系数 $c_{j+1,j}$ 为：

$$c_{j+1,j}=s_{j+1,j}/p_{0j} \qquad (j=0,1,2,\cdots,n-1)$$

用矩阵形式表示的转出系数矩阵 C 为：

$$C=S\hat{P}_0^{-1}$$

其中，

$$C=\begin{bmatrix} 0 & 0 & \cdots & 0 & 0 \\ c_{10} & 0 & \cdots & 0 & 0 \\ 0 & c_{21} & \cdots & 0 & 0 \\ \vdots & & & & \\ 0 & 0 & \cdots & c_{n,n-1} & 0 \end{bmatrix}$$

$$S=\begin{bmatrix} 0 & 0 & \cdots & 0 & 0 \\ s_{10} & 0 & \cdots & 0 & 0 \\ 0 & s_{21} & \cdots & 0 & 0 \\ \vdots & & & & \\ 0 & 0 & \cdots & s_{n,n-1} & 0 \end{bmatrix}$$

$$\hat{P}_0^{-1}=\begin{bmatrix} p_{00} & 0 & 0 & \cdots & 0 \\ 0 & p_{01} & 0 & \cdots & 0 \\ 0 & 0 & p_{02} & \cdots & 0 \\ \vdots & & & & \\ 0 & 0 & 0 & \cdots & p_{0n} \end{bmatrix}^{-1}$$

$$=\begin{bmatrix} \frac{1}{p_{00}} & 0 & 0 & \cdots & 0 \\ 0 & \frac{1}{p_{01}} & 0 & \cdots & 0 \\ 0 & 0 & \frac{1}{p_{02}} & \cdots & 0 \\ \vdots & & & & \\ 0 & 0 & 0 & \cdots & \frac{1}{p_{0n}} \end{bmatrix}$$

根据封闭式年龄别人口存量流量表计算的转出系数 $c_{j+1,j}$ 表示年龄别存活率。例如，c_{21} 表示年初 1 岁人口存活到年末成长为 2 岁人口的比例。它与常规统计中计算的年龄别存活率不完全一样。常规统计中计算的年龄别存活率指活到年末的

人口占年平均人口的比重,即:

$$年龄别存活率=\frac{该年龄年末人口}{该年龄年平均人口}=\frac{该年龄年末人口}{\frac{1}{2}\times(年初人口+年末人口)}$$

从可比性的角度看,该式存在两个重要问题:1. 分母中的年初人口与年末人口不是严格意义上的同一统计总体,不具有统计意义上的可加性。常规统计中的年初人口包括当年死亡人口,年末人口不包括当年死亡人口,所以年初人口与年末人口的统计总体不同,将不同统计总体的存量指标汇总到一起并计算平均人口,违背了统计上的可比性原则。2. 分子与分母不是严格意义上的同一统计总体,弱化了根据该公式计算的年龄别存活率的统计意义。分子"年末人口"不包括当年死亡人口,分母中的"年初人口"包括当年死亡人口,所以,分子与分母并不来自同一统计总体。用不同的统计总体分别作分子与分母,不能保证分子与分母的可比性。

相反,根据年龄别人口存量流量表计算的年龄别存活率 $c_{j+1,j}$ 指活到年末的人口 $s_{j+1,j}$ 占年初人口 p_{0j} 的比重,分子与分母的统计总体相同,符合统计上的可比性原则。

2.$(1-c_{j+1,j})$或$(I-C)$表示年龄别死亡率或年龄别死亡率矩阵

由于 $c_{j+1,j}$ 表示年龄别存活率,C 表示年龄别存活率矩阵,所以,$(1-c_{j+1,j})$表示年龄别死亡率,$(I-C)$表示年龄别死亡率矩阵。

根据年龄别人口存量流量表计算的年龄别死亡率$(1-c_{j+1,j})$与常规统计中计算的死亡率 m 不完全一样。m 指各年龄死亡人口与各年龄平均人口之比,$(1-c_{j+1,j})$指各年龄死亡人口与该年龄年初人口之比。由于死亡人口只构成年初人口,不构成年末人口,因此,用平均人口作分母无法保证分子与分母来自同一统计总体,只有用年初人口作分母才能保证分子与分母的可比性。从这个意义上说,用$(1-c_{j+1,j})$表示的年龄别死亡率比常规统计中用 m 计算的年龄别死亡率更具有统计意义。

3.$(I-C)^{-1}$ 中各列之和表示各年龄人口的平均预期寿命

根据吸收马氏链的性质可知,$(I-C)^{-1}$ 各列之和表示进入 j 状态的人,将来在该系统中占有的总平均时间。当人口按年龄别分组时[①],$(I-C)^{-1}$ 中各列之和表示各年龄人口的平均预期寿命。

例如,$(I-C)^{-1}$ 中第 1 列(0 岁列)之和表示新出生的婴儿将来能活多少年;第 2 列(1 岁列)之和表示已满 1 岁的人口将来能活多少年;第 3 列(2 岁列)之和表示已满 2 岁的人口将来能活多少年;……;第 n 列($n-1$ 岁列)之和表示已满 $n-1$ 岁的人口将来能活多少年。由于人口最终要死亡,所以,第 $n+1$ 列(n 岁列)之和

① 当人口按年龄别分组时,年初 i 岁人口年末必成长为 $i+1$ 岁人口,而且人口终究要死亡,所以可以认为人口的成长过程符合吸收马氏链过程。

为 1，它表示已满 n 岁的人将在年内全部死亡。

平均预期寿命也可以根据寿命表计算。根据 $(I-C)^{-1}$ 计算的预期寿命与根据寿命表计算的预期寿命是不一样的。寿命表中的预期寿命是根据死亡概率计算的，依据存量流量表计算的平均预期寿命是根据实际死亡率推算的。由于死亡率总是大于死亡概率①，因此，根据寿命表计算的平均预期寿命大于根据存量流量表计算的平均预期寿命。

4. 转入系数 $g_{i,i-1}$ 为 1，矩阵 G 只有主次对角线有数字，且全为 1

根据转入系数公式（见式 2－3－1）可计算出表 3－1－1 的转入系数为：

$$g_{i,i-1}=\frac{s_{i,i-1}}{p_{1i}} \qquad (i=1,2,\cdots,n)$$

又因为封闭式年龄别人口存量流量表的年末人口（0 岁年末人口除外），$p_{1i}=s_{i,i-1}(i=1,2,\cdots,n)$，所以

$$g_{i,i-1}=\frac{s_{i,i-1}}{p_{1i}}=\frac{s_{i,i-1}}{s_{i,i-1}}=1 \qquad (i=1,2,\cdots,n)$$

这说明，根据年末 $i+1$ 岁人口推算的年初 i 岁人口占年初 i 岁人口的比例为 100%。换句话说，年末 $i+1$ 岁人口年初必定是 i 岁人口。

用矩阵形式表示的转入系数为：

$$G=\begin{bmatrix} 0 & 0 & \cdots & 0 & 0 \\ 1 & 0 & \cdots & 0 & 0 \\ 0 & 1 & \cdots & 0 & 0 \\ \vdots & & & & \\ 0 & 0 & \cdots & 1 & 0 \end{bmatrix}$$

这说明，由于年末 $i+1$ 岁人口年初必定是 i 岁人口，所以，用矩阵形式表示的 G 只有主次对角线有数字，且为 1，其余全为零。

5. $(I-G')^{-1}$ 中各列之和等于 j，表示各年龄死亡人口的平均生存年限

根据吸收马氏链的性质可知，$(I-G')^{-1}$ 中各列之和表示离开 j 状态的人，过去在该系统逗留的总平均时间。当人口按年龄别分组时，$(I-G')^{-1}$ 各列之和等于 j，j 表示死亡人口的平均生存年限，或平均死亡年龄。

当人口按年龄别分组时，G 只有主次对角线有数字，且全为 1，其余全为零，这时，根据 G 计算的 $(I-G')^{-1}$ 为：

① 由于死亡概率 $q_x=\frac{2m_x}{2+m_x}$，所以，当 $m_x=0$ 时，$q_x=0$；当 $m_x=1$ 时，$q_x=\frac{2}{3}$。又由于 m_x 的取值大于零，小于 1，∴ $q_x<m_x$ 且 $0<q_x<\frac{2}{3}$。其中，m_x 表示实际人口年龄别死亡率。

$$(I-G')^{-1}=\left[\begin{bmatrix}1&0&0&\cdots&0\\0&1&0&\cdots&0\\0&0&1&\cdots&0\\\vdots\\0&0&0&\cdots&1\end{bmatrix}-\begin{bmatrix}0&1&0&\cdots&0\\0&0&1&\cdots&0\\\vdots\\0&0&0&\cdots&1\\0&0&0&\cdots&0\end{bmatrix}\right]^{-1}$$

$$=\begin{bmatrix}1&-1&0&\cdots&0\\0&1&-1&\cdots&0\\0&0&1&\cdots&0\\\vdots\\0&0&0&\cdots&1\end{bmatrix}^{-1}=\begin{bmatrix}1&1&1&\cdots&1\\0&1&1&\cdots&1\\0&0&1&\cdots&1\\\vdots\\0&0&0&\cdots&1\end{bmatrix}$$

$(I-G')^{-1}$ 各列之和为：

$$e(I-G')^{-1}=[1\quad 2\quad \cdots\quad n]$$

由此可见，$(I-G')^{-1}$ 中各列之和等于 $j(j=1,2,\cdots,n)$ 。这说明，年内死亡的 j 岁人口已经生存了 j 年。例如第 1 列数字之和为 1 说明，年内死亡人口已经存活了 1 年；第 2 列之和为 2 说明，年内死亡人口已经存活了 2 年；……；第 n 列之和为 n 说明，年内死亡人口已经存活了 n 年。

二、开放式年龄别人口存量流量表式及其平衡关系

开放式年龄别人口存量流量表指系统增加不仅包括出生人口还包括迁入人口、系统减少不仅包括死亡人口还包括迁出人口、按年龄别编制的存量流量表。开放式年龄别人口存量流量表式如表 3－1－2 所示。

表 3－1－2　开放式年龄别人口存量流量表

		出生与迁入	年初年龄						年末人口
			0	1	2	…	$n-1$	n	
死亡与迁出		α (Ⅰ)	d_0	d_1	d_2	(Ⅱ)	d_{n-1}	d_n	D
年末年龄	0	b_0							p_{10}
	1	b_1	s_{10}						p_{11}
	2	b_2		s_{21}					p_{12}
	3	b_3			s_{32}				p_{13}
	⋮	(Ⅲ)				(Ⅳ)			
	n	b_n					$s_{n,n-1}$		p_{1n}
年初人口		B	p_{00}	p_{01}	p_{02}	…	$p_{0,n-1}$	$p_{0,n}$	

表 3—1—2 是开放式年龄别人口存量流量表，初看起来，表 3—1—2 各符号含义与表 3—1—1 类似，仔细分析还是有一定差异。

1. 表 3—1—2 中第Ⅰ象限的 α 不仅包括当年出生当年死亡的婴儿，也包括当年出生当年迁出、当年迁入当年迁出的人口；表 3—1—1 的第Ⅰ象限只包括当年出生当年死亡人口。

2. 表 3—1—2 第Ⅱ象限的 $d_0, d_1, d_2, \cdots, d_n$ 不仅包括各年龄的死亡人口，还包括各年龄的迁出人口；表 3—1—1 只包括各年龄死亡人口。

3. 表 3—1—2 第Ⅲ象限不仅包括活到年末的出生人口，还包括构成年末人口的所有年龄迁入人口，所以，表 3—1—2 的第Ⅲ象限由 $b_0, b_1, b_2, \cdots, b_n$ 构成；表 3—1—1 的第Ⅲ象限只包括构成期末人口的本年出生人口，不包括迁入人口，所以，第Ⅲ象限只有 b_0 有数字。

4. 表 3—1—2 的系统增加 B 既包括出生人口也包括迁入人口，表 3—1—1 的系统增加 B 只包括出生人口。

5. 表 3—1—2 的系统减少 D 既包括死亡人口也包括迁出人口，表 3—1—1 的系统减少 D 只包括死亡人口。

根据表 3—1—2 反映的行平衡关系为：

年末 0 岁人口＝当年出生与 0 岁迁入人口中存活到年末的人口

0 岁以外各年龄年末人口＝年初 $i-1$ 岁成长为年末 i 岁的人口

＋构成年末人口的 i 岁迁入人口

用公式表示为：

$$p_{1i}=\begin{cases} b_0 & (i=0) \\ s_{i,i-1}+b_i & (i=1,2,\cdots,n) \end{cases}$$

该行平衡关系与根据表 3—1—1 建立的行平衡关系有所不同，原因在于系统增加的要素不同。表 3—1—1 的系统增加仅是出生人口，表 3—1—2 的系统增加不仅包括出生人口，还包括迁入人口。

根据表 3—1—2 建立的列平衡关系为：

n 岁以外各年龄年初人口＝年末 $j+1$ 岁年初 j 岁人口

＋年内 j 岁死亡与迁出人口

年初 n 岁人口＝ n 岁死亡与迁出人口

用公式表示为：

$$p_{0j}=\begin{cases} s_{j+1,j}+d_j & (j=0,1,2,\cdots,n-1) \\ d_n & (j=n) \end{cases}$$

三、按年龄别分组时矩阵 $(I-C)^{-1}$ 的形式①

根据式 2—2—12 可知，逆阵 $(I-C)^{-1}=I+C+\cdots+C^t$ 也就是说 $(I-C)^{-1}$ 等于 $t+1$ 个矩阵之和，从计算过程上看，比较繁琐。当人口总体按年龄别分组、且状态个数较少时②，矩阵形式比较简单，因此，有必要讨论这种简便的表达形式，以简化计算过程。

根据年龄别人口存量流量表计算的转出系数矩阵 C 只有主次对角线上有数字，其余全为零。即：

$$C=\begin{bmatrix}0 & 0 & \cdots & 0 & 0\\ c_{10} & 0 & \cdots & 0 & 0\\ 0 & c_{21} & \cdots & 0 & 0\\ \vdots & & & & \\ 0 & 0 & \cdots & c_{n,n-1} & 0\end{bmatrix}$$

当状态个数为 2 时，C^t 及 $(I-C)^{-1}$ 分别为：

$$C=\begin{bmatrix}0 & 0\\ c_{10} & 0\end{bmatrix}$$

$$C^2=C^3=\cdots=C^t=0$$

$$\therefore (I-C)^{-1}=I+C=\begin{bmatrix}1 & 0\\ c_{10} & 1\end{bmatrix} \qquad (3—1—1)$$

当状态个数为 3 时，C^t 及 $(I-C)^{-1}$ 分别为：

$$C=\begin{bmatrix}0 & 0 & 0\\ c_{10} & 0 & 0\\ 0 & c_{21} & 0\end{bmatrix}$$

$$C^2=\begin{bmatrix}0 & 0 & 0\\ 0 & 0 & 0\\ c_{10}c_{21} & 0 & 0\end{bmatrix}$$

$$C^3=C^4=\cdots=C^t=0$$

$$\therefore (I-C)^{-1}=I+C+C^2=\begin{bmatrix}1 & 0 & 0\\ c_{10} & 1 & 0\\ c_{10}c_{21} & c_{21} & 1\end{bmatrix} \qquad (3—1—2)$$

依此类推，当状态个数为 n 时，

---

① 包括年龄组组距等于期末与期初时间间隔的情况。

② 例如，对学龄前儿童出生、死亡、迁移的核算。对士兵按年龄别编制的存量流量表等。

$$(I-C)^{-1}=I+\sum_{t=1}^{n-1}C^t \qquad (3-1-3)$$

由此可见，当状态数目较少时，可以根据式 3—1—3 计算 $(I-C)^{-1}$ 。

式 3—1—3 也适用于期末期初时间间隔与年龄组组距相等的情况。例如，当两次人口普查的时间间隔为 10 年，且人口按 10 岁年龄组分组时，可根据上式进行计算。但当状态个数较多时，$(I-C)^{-1}$ 也很复杂，这时可将矩阵 C 分成若干子阵，然后再进行分析。

四、按年龄别分组时矩阵 $(I-G')^{-1}$ 的形式①

由式 2—3—12 可知，$(I-G')^{-1}=I+G'+G'^2+\cdots+G'^t$，也就是说 $(I-G')^{-1}$ 等于 $t+1$ 个矩阵之和，从计算过程上看，比较繁琐。当人口总体按年龄别分组，且状态个数较少时，矩阵形式比较简单。

当人口总体按年龄别分组时，根据年龄别人口存量流量表计算的转入系数矩阵 G 只有主次对角线上有数字，其余全为零。即：

$$G=\begin{bmatrix}0 & 0 & \cdots & 0 & 0\\ g_{21} & 0 & \cdots & 0 & 0\\ 0 & g_{32} & \cdots & 0 & 0\\ \vdots & & & & \\ 0 & 0 & \cdots & g_{n+1,n} & 0\end{bmatrix}$$

当状态个数为 2 时，G、G'、G'^2、…、G'^t 及 $(I-G')^{-1}$ 分别为：

$$G=\begin{bmatrix}0 & 0\\ g_{21} & 0\end{bmatrix}$$

$$G'=\begin{bmatrix}0 & g_{21}\\ 0 & 0\end{bmatrix}$$

$$G'^2=G'^3=\cdots=G'^t=0$$

$$\therefore (I-G')^{-1}=I+G'=\begin{bmatrix}1 & g_{21}\\ 0 & 1\end{bmatrix}$$

当状态个数为 3 时，G、G'、G'^2、…、G'^t 及 $(I-G')^{-1}$ 分别为：

$$G=\begin{bmatrix}0 & 0 & 0\\ g_{21} & 0 & 0\\ 0 & g_{32} & 0\end{bmatrix}$$

---

① 包括年龄组组距等于期末与期初时间间隔的情况。

$$G'=\begin{bmatrix}0 & g_{21} & 0\\0 & 0 & g_{32}\\0 & 0 & 0\end{bmatrix}$$

$$G'^2=\begin{bmatrix}0 & 0 & g_{21}g_{32}\\0 & 0 & 0\\0 & 0 & 0\end{bmatrix}$$

$$G'^3=G'^4=\cdots=0$$

$$\therefore (I-G')^{-1}=I+G'+G'^2$$

$$=\begin{bmatrix}1 & g_{21} & g_{21}g_{32}\\0 & 1 & g_{32}\\0 & 0 & 1\end{bmatrix}$$

依此类推，当状态个数为 n 时，

$$(I-G')^{-1}=I+\sum_{t=1}^{n-1}G'^t \qquad (3-1-4)$$

由此可见，当状态数目较少时，可以根据式 3－1－4 计算 $(I-G')^{-1}$ 。$(I-G')^{-1}$ 与 $(I-C)^{-1}$ 不同的是：$(I-C)^{-1}$ 只有下三角有数值，上三角全为零。$(I-G')^{-1}$ 只有上三角有数值，下三角全为零。

式 3－1－4 也适用于期末期初时间间隔与年龄组组距相等的情况。例如，当两次人口普查的时间间隔为 10 年，且人口按 10 岁年龄组分组时，可根据式 3－1－4 进行计算。当状态个数较多时，为简化计算过程，可将矩阵 G 分成若干子阵，然后再进行分析。

五、按年龄别分组的社会劳动者存量流量表式

若以国内社会劳动者为统计总体，则新增加的劳动力包括两部分，一部分是新成长的国内劳动力，如新毕业学生、复转退军人、待业人员等；另一部分是由国外迁入国内的劳动力。减少的劳动力包括两部分，一部分是退出劳动力系统的国内社会劳动力，如服役、离退休、升学、死亡等；另一部分是迁出国外的劳动力。中国目前的劳动年龄人口范围是男 15－59 岁，女 15－54 岁，按年龄别分组的社会劳动者存量流量表式如表 3－1－3 所示。

根据表 3－1－3 计算的 $(I-C)^{-1}$ 中各列之和表示新成长和迁入的社会劳动者预计能以在业者的身份平均呆多少年，$(I-G')^{-1}$ 中各列之和表示离开劳动力系统的人过去已就业了多少年，这种信息有助于分析在业人员的社会贡献。

除此之外，还可以编制按年龄分组的学生人数存量流量表、按年龄分组的犯罪人员存量流量表、按年龄分组的已婚妇女存量流量表、按年龄分组的科技人员存量

流量表等。

表 3—1—3　按年龄别分组的社会劳动者存量流量表

单位:人

		新成长的劳动力				迁入国内	年初年龄						年末劳动力
		新毕业学生	复转退军人	待业人员	…		15—	15	16	…	60	60+	
退出劳动力系统	服役												
	离退休												
	升学	(Ⅰ)					(Ⅱ)						
	死亡												
	⋮												
迁往国外													
年末年龄	15—												
	15												
	16												
	⋮	(Ⅲ)					(Ⅳ)						
	60												
	60+												
年初劳动力													

第二节　按年龄组或等级分组的存量流量核算

一、封闭式年龄组人口存量流量表及其平衡关系

由于人的年龄随着自然年度的更替自然增长,年初 t 岁的人口到下一年初(或年底)必然成长为 $t+1$ 岁人口,因此,按年龄组分组的存量流量表中第Ⅳ象限只有主对角线和主次对角线有数字,其余全为零。

值得一提的是,本节所说的按年龄组分组的人口存量流量表是指年龄组组距大于期初期末间隔的情况。例如,年龄组组距为 10 年,期初期末相差 1 年。如果

年龄组组距与期初期末间隔一样,其表式与表 3—1—1 是一样的。例如,年龄组组距为 10 年,期初期末也相差 10 年(如以 10 年为一次的两次人口普查为时点)。

(一)基本表式

封闭式年龄组人口存量流量表指系统增加只包括自然增加(即出生)、系统减少只包括自然减少(即死亡)的、以年龄组为分组标志编制的人口存量流量表。例如,当人口总体按 10 岁年龄组分组时,其存量流量表如表 3—2—1 所示。

表 3—2—1　按 10 岁年龄组分组的封闭式人口存量流量表

		出生人口	年初年龄组						年末人口
			0—9	10—19	20—29	…	60—69	70+①	
死亡人口		α (Ⅰ)	d_0	d_1	d_2	(Ⅱ)	d_6	d_7	D
年末年龄组	0—9	b	s_{00}						p_{10}
	10—19		s_{10}	s_{11}					p_{11}
	20—29			s_{21}	s_{22}				p_{12}
	30—39				s_{32}				p_{13}
	⋮	(Ⅲ)				(Ⅳ)			
	70+						s_{76}		p_{17}
年初人口		B	p_{00}	p_{01}	p_{02}	…	p_{06}	p_{07}	

除第Ⅳ象限外,表 3—2—1 中各符号的含义与表 3—1—1 中各符号的含义完全相同。表 3—2—1 第Ⅳ象限主对角线及主次对角线都有数字,表 3—1—1 第Ⅳ象限只有主对角线有数字。

表 3—2—1 第Ⅳ象限的 s_{ij} 表示年初存活年末仍存活的人口。它可以从纵列理解,也可以从横行理解。从纵列看是 s_{jj} 或 $s_{j+1,j}$,s_{jj} 表示年初 j 年龄组年末仍为 j 年龄组的人口;$s_{j+1,j}$ 表示年初 j 年龄组年末成长为 $j+1$ 年龄组的人口。从横行看是 s_{ii} 或 $s_{i,i-1}$,s_{ii} 表示年末是 i 年龄组年初也是 i 年龄组的人口;或 $s_{i,i-1}$ 表示年末是 i 年龄组,年初是 $i-1$ 年龄组的人口。

(二)平衡关系

根据封闭式年龄组人口存量流量表可以分别从横行与纵列反映其平衡关系,并建立数学模型。

从横行来看,表 3—2—1 反映的人口存量与人口流量平衡关系为:

0—9 岁年末人口=当年出生并存活到年末的人口

① 上限年龄组参照的是平均预期寿命。

+年初 0—9 岁年末仍为 0—9 岁的人口

各年龄组年末人口(0—9 与 70+除外)

=年初 i −1 年龄组年末 i 年龄组人口+年初 i 年龄组年末仍为 i 年龄组人口

70+岁年龄组年末人口=年初 60—69 岁年末成长为 70+年龄组人口

用公式表示为:

$$\begin{cases} p_{10}=b+s_{00} \\ p_{11}=s_{10}+s_{11} \\ p_{12}=s_{21}+s_{22} \\ \vdots \\ p_{16}=s_{65}+s_{66} \\ p_{17}=s_{76} \end{cases}$$

简写为:

$$p_{1i}=\begin{cases} b+s_{00} & (i=0) \\ s_{i,i-1}+s_{ii} & (i=1,2,3,\cdots,6) \\ s_{i,i-1} & (i=7) \end{cases}$$

从纵列来看,表 3—2—1 反映的人口存量与人口流量平衡关系为:

各年龄组年初人口(70+除外)

=年末该年龄组年初也是该年龄组人口+年末高一年龄组人口年初该年龄组人口+该年龄组死亡人口

70+年龄组年初人口=该年龄组死亡人口

将该关系式用公式表示为:

$$\begin{cases} p_{00}=s_{00}+s_{10}+d_0 \\ p_{01}=s_{11}+s_{21}+d_1 \\ \vdots \\ p_{06}=s_{66}+s_{76}+d_6 \\ p_{07}=d_7 \end{cases}$$

简写为:

$$p_{0j}=\begin{cases} s_{jj}+s_{j+1,j}+d_j & (j=0,1,2,\cdots,6) \\ d_j & (j=7) \end{cases}$$

二、按年龄组(或等级)分组时 $(I-C)^{-1}$ 的形式

人的年龄随着时间推移一岁一岁地增长,当人口按年龄组分组、且期末与期初的间隔小于年龄组组距时,转出系数矩阵只有主对角线及主次对角线上有数字,其余全为零。即:

$$C=\begin{bmatrix} c_{11} & 0 & 0 & \cdots & 0 & 0 \\ c_{21} & c_{22} & 0 & \cdots & 0 & 0 \\ 0 & c_{32} & c_{33} & \cdots & 0 & 0 \\ \vdots \\ 0 & 0 & 0 & \cdots & c_{n,n-1} & c_{nn} \end{bmatrix}$$

这时,逆阵 $(I-C)^{-1}$ 可采取简化的形式。

例如,当状态个数为 2 时,C 与 $(I-C)$ 分别为:

$$C=\begin{bmatrix} c_{11} & 0 \\ c_{21} & c_{22} \end{bmatrix}$$

$$I-C=\begin{bmatrix} 1-c_{11} & 0 \\ -c_{21} & 1-c_{22} \end{bmatrix}$$

根据初等变换法可计算出 $(I-C)^{-1}$ 为:

$$(I-C)^{-1}=\begin{bmatrix} \dfrac{1}{1-c_{11}} & 0 \\ \dfrac{c_{21}}{(1-c_{11})(1-c_{22})} & \dfrac{1}{(1-c_{22})} \end{bmatrix} \qquad (3-2-1)$$

当状态个数为 3 时,C 与 $(I-C)$ 分别为:

$$C=\begin{bmatrix} c_{11} & 0 & 0 \\ c_{21} & c_{22} & 0 \\ 0 & c_{32} & c_{33} \end{bmatrix}$$

$$I-C=\begin{bmatrix} 1-c_{11} & 0 & 0 \\ -c_{21} & 1-c_{22} & 0 \\ 0 & -c_{32} & 1-c_{33} \end{bmatrix}$$

根据初等变换法可计算出 $(I-C)^{-1}$ 为:

$$(I-C)^{-1}=\begin{bmatrix} \dfrac{1}{1-c_{11}} & 0 & 0 \\ \dfrac{c_{21}}{(1-c_{22})(1-c_{11})} & \dfrac{1}{1-c_{22}} & 0 \\ \dfrac{c_{32}c_{21}}{(1-c_{33})(1-c_{22})(1-c_{11})} & \dfrac{c_{32}}{(1-c_{33})(1-c_{22})} & \dfrac{1}{1-c_{33}} \end{bmatrix}$$

同理,当状态个数为 n 时,$(I-C)^{-1}$ 为:

$$(I-C)^{-1}=\begin{bmatrix} \dfrac{\prod\limits_{n=j}^{i-1} c_{n+1,n}}{\prod\limits_{n=j}^{i}(I-c_{nn})} \end{bmatrix}_{ij} \qquad (3-2-2)$$

其中，$i<j$ 的各元素为零(即上三角为零)，$i=j$ 时各元素的分子为1(即主对角线元素中的分子为1)。

当状态个数较多时，$(I-C)^{-1}$ 的形式也很复杂，这时，可将矩阵 C 分成若干个子阵，然后再进行计算。

式3—2—2不仅适用于按年龄组分组的情况，还适用于按等级序列分组的情况。例如，按技术职称或等级分组等，这说明期初处于各等级的人，期末可能晋升为更高层次的职称，也可能继续留在本等级。

三、按年龄组(或等级)分组时 $(I-G')^{-1}$ 的形式

当人口按年龄组分组且期初与期末间隔小于年龄组组距时，转入系数矩阵只有主对角线及主次对角线有数字，其余全为零，即：

$$G=\begin{bmatrix} g_{11} & 0 & \cdots & 0 & 0 \\ g_{21} & g_{22} & \cdots & 0 & 0 \\ 0 & g_{32} & \cdots & 0 & 0 \\ \vdots & & & & \\ 0 & 0 & \cdots & g_{n,n-1} & g_{nn} \end{bmatrix}$$

这时，可根据简化的逆阵 $(I-G')^{-1}$ 进行计算。

例如，当状态个数为2时，矩阵 G、G' 及 $(I-G')$ 分别为：

$$G=\begin{bmatrix} g_{11} & 0 \\ g_{21} & g_{22} \end{bmatrix}$$

$$G'=\begin{bmatrix} g_{11} & g_{21} \\ 0 & g_{22} \end{bmatrix}$$

$$I-G'=\begin{bmatrix} 1-g_{11} & -g_{21} \\ 0 & 1-g_{22} \end{bmatrix}$$

根据初等变换可以计算出 $(I-G')^{-1}$ 为：

$$(I-G')^{-1}=\begin{bmatrix} \dfrac{1}{1-g_{11}} & \dfrac{g_{21}}{(1-g_{21})(1-g_{22})} \\ 0 & \dfrac{1}{1-g_{22}} \end{bmatrix}$$

当状态个数为3时，矩阵 G、G' 及 $(I-G')$ 分别为：

$$G=\begin{bmatrix} g_{11} & 0 & 0 \\ g_{21} & g_{22} & 0 \\ 0 & g_{32} & g_{33} \end{bmatrix}$$

$$G'=\begin{bmatrix} g_{11} & g_{21} & 0 \\ 0 & g_{22} & g_{32} \\ 0 & 0 & g_{33} \end{bmatrix}$$

$$I-G'=\begin{bmatrix} 1-g_{11} & -g_{21} & 0 \\ 0 & 1-g_{22} & -g_{32} \\ 0 & 0 & 1-g_{33} \end{bmatrix}$$

根据初等变换得 $(I-G')^{-1}$ 为：

$$(I-G')^{-1}=\begin{bmatrix} \dfrac{1}{1-g_{11}} & \dfrac{g_{21}}{(1-g_{21})(1-g_{22})} & \dfrac{g_{32}g_{21}}{(1-g_{33})(1-g_{22})(1-g_{11})} \\ 0 & \dfrac{1}{1-g_{22}} & \dfrac{g_{32}}{(1-g_{33})(1-g_{22})} \\ 0 & 0 & \dfrac{1}{(1-g_{33})} \end{bmatrix} \qquad (3-2-3)$$

依此类推，当状态个数为 n 时，$(I-G')^{-1}$ 为：

$$(I-G')^{-1}=\left[\frac{\prod_{n=i}^{j-1} g_{n+1,n}}{\prod_{n=i}^{j}(1-g_{nn})}\right] \qquad (3-2-4)$$

其中，$i>j$ 时的各元素为零，$i=j$ 时各元素的分子为 1。

第三节　应用与分析

一、中国学生人数存量流量表及其分析

(一)基本表式

若以在校生为统计总体，并将在校生分为幼儿园、小学、初中、高中、中等专业、高等教育、研究生六大类，每一大类又按年级分成不同的学年等级，则根据各年级学生人数编制的存量流量表如表 3—3—1 所示。

表 3—3—1 中“进入教育系统”指从非教育系统进入教育系统，包括新入幼儿园人数、从社会上新招收的小学生等。从幼儿园升入小学、从小学升入初中、从初中升入高中等视为教育系统内转移。离开教育系统指离开学校进入社会的学生，包括毕业未升学(就业、待业等)和未毕业便离校(退学、死亡等)的学生。

正常情况下，各年级的学生通过一学年的学习都会升入高一年级，不会继续在本学年学习，因此，由表 3—3—1 形成的 S 阵中只有主次对角线有数字，主对线不应该有数字。如果主对角线有数字，则表明留级人数。

表 3－3－1 按大类和年级分组的在校生存量流量表

单位:人

		进入教育系统	幼儿园	小学	初中	高中	中等专业	大学本科	研究生	学年末在校生
			1…4①	1…6	1 2 3	1 2 3	1…4	1…5	1…6	
离开教育系统		α(Ⅰ)				d(Ⅱ)				
幼儿园	1 ⋮ 4									
小学	1 ⋮ 6									
初中	1									
	2									
	3									
高中	1									
	2	b(Ⅲ)				S(Ⅳ)				
	3									
中等专业	1 ⋮ 4									
大学本科	1 ⋮ 5									
研究生	1 ⋮ 6									
学年初在校生										

表 3－3－1 是按年级编制的,即幼儿园包括 4 个年级,小学包括 6 个年级,初中包括 3 个年级,高中包括 3 个年级,中等专业包括 4 个年级,大学本科包括 5 个年级,研究生包括 6 个年级,汇总起来共有 31 行与 31 列,由此形成的存量流量表比较大。为简化起见,还可以按大类编制。即将在校生人数分为幼儿园、小学、初中、高中、中等专业、大学本科、研究生六大类,每一大类中的学生人数不再按年级进行细分组,由此形成的学生人数存量流量表如表 3－3－2 所示。

与表 3－3－1 不同的是,由表 3－3－2 形成的 S 阵中主对角线数字不仅包括留级人数,还包括已经升了一年级但仍在本大类学习的学生,例如,从小学一年级升入到小学二年级,由于并未升入初中,所以,仍包括在 S 阵的主对角线中。S 阵中主次对角线数字表示升入高一类别学校的人数。如从小学毕业升入初中,从初中毕业升入高中等。

① 表中 1,2,…,指 1 年级,2 年级,……。

表 3—3—2　按大类分组的在校生存量流量表

单位：人

	进入教育系统	幼儿园	小学	初中	高中	中等专业	大学本科	研究生	学年末在校生
离开教育系统	α(Ⅰ)				d(Ⅱ)				
幼儿园									
小学									
初中									
高中	b(Ⅲ)				S(Ⅳ)				
中等专业									
大学本科									
研究生									
学年初在校生									

(二)实例解读

表 3—3—3 是按大类分组的中国 1985—1986 学年在校生存量流量表。

表 3—3—3　按大类分组的 1985—1986 学年中国在校生存量流量表①

单位：万人

	小学招生②	小学	初中③	高中③	中等专业	高等学校④	1986 年在校生
毕业未升学未毕业		614.1 429.8	666.7 187.0	196.5 20.4	49.6 —0.5	34.5 0.5	
小学	2258.2	10924.3					13182.5
初中		1402.0⑤	2756.3				4158.3
高中			354.7⑤	632.9			987.6
中等专业			45.3⑤	22.4⑤	108.0		175.7
高等学校				53.3		121.0	174.3
1985 年在校生⑥		13370.2	4010.0	925.5	157.1	156.0	

① 本表根据《中国统计年鉴》(1988)、《中国教育统计年鉴》(1987)整理并推算。由于缺少相关资料故未包括幼儿园及研究生的情况。

② 本例未包括幼儿园，故只将小学招生人数视为教育系统增加。

③ 初中和高中包括普通中学及农业、职业中学和技工学校。

④ 大学招生人数、毕业生数、在校生数未包括干部专修科、教师本专科人数。

⑤ 由于缺少按来源分组的招生数，故假设初中、高中、中等专业招生数全部来自教育系统。

⑥ 在校生数指学年初开学以后，具有学籍的全部在校学习的学生总数。

通过表 3—3—3 可以反映各类在校生的情况。

1. 小学

从纵列来看，1985 年我国小学在校生数为 13370.2 万人，1985 年在小学、1986 年仍然在小学的有 10924.3 万人；1986 年毕业了 2016.1 万人(614.1＋1402)，其中，614.1 万人毕业未升学，它只构成 1985 年小学在校生人数，不构成 1986 年小学在校生人数；1402 万人小学毕业并于 1986 年升入初中，它既构成 1985 年小学在校生人数，也构成 1986 年初中在校生人数。另有 429.8 万小学生中途退学、休学或死亡等，它只构成 1985 年小学在校生人数，不构成 1986 年小学在校生人数。

从横行来看，1985 年在小学读书、且 1986 年仍在小学读书的学生有 10924.3 万人，1986 年新招收了 2258.2 万名小学生，1986 年的在校小学生数为 13182.5 万人。

2. 初中

从纵列来看，1985 年初中在校生数为 4010 万人，1985 年在初中、1986 年仍在初中的有 2756.3 万人；1986 年毕业了 1066.7 万人(666.7＋354.7＋45.3)，其中，666.7 万人初中毕业未升学，它只构成 1985 年初中在校生人数，不构成 1986 年初中在校生人数。354.7 万人初中毕业并于 1986 年升入高中，它既构成 1985 年初中在校生人数，也构成 1986 年高中在校生人数；45.3 万人初中毕业并于 1986 年升入中等专业，它既构成 1985 年初中在校生人数，也构成 1986 年中等专业在校生人数。另有 187 万初中生中途退学、休学或死亡等，它只构成 1985 年初中在校生人数，不构成 1986 年初中在校生人数。

从横行来看，1985 年在初中读书、1986 年仍在初中读书的学生有 2756.3 万人，1986 年从小学生升入初中的有 1402 万人，1986 年在校初中生数为 4158.3 万人。从初中的角度看，1402 万人是新招收的学生，但从整个教育系统看，它只是教育系统内不同类别学生的转移，不属于整个教育系统人数增加，所以，其性质与小学的新招生人数 2258.2 万人是不同的。

3. 高中

从纵列来看，1985 年我国高中在校生数为 925.5 万人，1985 年读高中、1986 年仍在高中读书的有 632.9 万人；1986 年毕业了 272.2 万人(196.5＋22.4＋53.3)，其中，196.5 万人高中毕业未升学，它只构成 1985 年高中在校生人数，不构成 1986 年高中在校生人数；22.4 万人高中毕业并于 1986 年升入中等专业，它既构成 1985 年高中在校生人数，也构成 1986 年中等专业在校生人数；53.3 万高中毕业并于 1986 年升入高等学校，它既构成 1985 年高中在校生人数，也构成 1986 年高等学校在校生人数。另有 20.4 万高中生中途退学、休学或死亡等，它只构成 1985 年高中在校生人数，不构成 1986 年高中在校生人数。

从横行来看,1985年在高中读书、且1986年仍在高中读书的学生有632.9万人,1986年从初中升入高中的有354.7万人,1986年在校高中生数为987.6万人。从高中的角度看,354.7万人是新招收的学生,但从整个教育系统看,它只是教育系统内不同类别学生的转移,不属于整个教育系统人数增加,所以,其性质与小学的新招生人数2258.2万人是不同的。

4. 中等专业

从纵列来看,1985年我国中等专业在校生数为157.1万人,1985年读中专、1986年仍在中专读书的为108万人;1986年毕业了49.6万人且未升学[①],它只构成1985年中等专业在校生人数,不构成1986年中等专业在校生人数。另有-0.5万中等专业学生中途退学、休学或死亡等,它只构成1985年中等专业在校生人数,不构成1986年中等专业在校生人数。

从横行来看,1985年在中等专业读书、且1986年仍在中等专业读书的学生有108万人,1986年从初中升入中等专业的有45.3万人,从高中升入中等专业的有22.4万人,1986年在校中等专业人数为175.7万人。

5. 高等学校

从纵列来看,1985年我国高等学校在校生数为156万人,1986年毕业34.5万人[②],它只构成1985年高等学校在校生人数,不构成1986年高等学校在校生人数。另有0.5万高等学校学生中途退学、休学或死亡等,它只构成1985年高等学校在校生人数,不构成1986年高等学校在校生人数。

从横行来看,1985年在高等学校读书、且1986年仍在高等学校读书的学生有121万人,1986年从高中升入高等学校的有53.3万人[③],1986年在校高等学校人数为174.3万人。其中53.3万人是高等学校的招生人数,从高等学校来看,属于新增加的学生人数,但从整个教育系统看,属于教育系统内不同类别学生的转移,不属于整个教育系统人数的增加。

(三)分析性指标

根据学生人数存量流量表可以计算很多指标,以分析学生的在学状况。下面以表3—3—3为例加以具体说明。

1. 计算升学率

升学率指高一年级学校招生数占低一年级学校毕业生的比例。例如,小学毕业生升学率指小学毕业生升入初中的人数占小学毕业生的比率。

---

① 根据当时相关规定,普通高等教育主要招收普通高中毕业生,故本文假设中等专业毕业生全部离开教育系统。所以,49.6万人指中等专业毕业生人数。

② 本例不包括研究生,所以,大学毕业生视为离开教育系统。

③ 当时一般规定,中等专业毕业不可直接考入普通高等学校,故假设高校招生数全部来自高中毕业生。

1986年我国小学、初中、高中毕业生升学率分别为：

$$小学升学率=\frac{小学毕业生升入初中人数}{小学毕业生人数}$$

$$=\frac{小学毕业生升入初中人数}{小学毕业升入初中人数+小学毕业未升学人数}$$

$$=\frac{1402}{1402+614.1}=69.5\%$$

$$初中升学率=\frac{初中毕业生升学人数}{初中毕业生人数}$$

$$=\frac{升入高中人数+升入中等专业人数}{升入高中人数+升入中等专业人数+毕业未升学人数}$$

$$=\frac{354.7+45.3}{354.7+45.3+666.7}=37.5\%$$

$$高中升学率=\frac{高中毕业生升学人数}{高中毕业生人数}$$

$$=\frac{升入中等专业人数+升入高等学校人数}{升入中等专业人数+升入高等学校人数+毕业未升学人数}$$

$$=\frac{22.4+53.3}{22.4+53.3+196.5}=27.8\%$$

2. 计算未毕业比率及学生巩固率

未毕业比率指某一学年内未读完一个学年的学生占学年初在校生的比重。学生巩固率指某一学年内读完一个学年的学生与学年初在校生的比率。未毕业比率与学生巩固率之和为1。

1985－1986学年，我国各级学校未毕业比率分别为：

$$小学未毕业比率=\frac{小学未毕业人数}{小学在校生人数}=\frac{429.8}{13370.2}=3.2\%$$

$$初中未毕业比率=\frac{初中未毕业人数}{初中在校生人数}=\frac{187}{4010}=4.7\%$$

$$高中未毕业比率=\frac{高中未毕业人数}{高中在校生人数}=\frac{187}{4010}=4.7\%$$

$$中等专业未毕业比率=\frac{中等专业未毕业人数}{中等专业在校生人数}=\frac{-0.5}{157.1}=-0.3\%$$

$$高等学校未毕业比率=\frac{高等学校未毕业}{高等学校在校生人数}=\frac{0.5}{156}=0.3\%$$

1985－1986学年，我国各级学校学生巩固率分别为：

小学巩固率＝1－小学未毕业比率＝1－3.2%＝96.8%

初中巩固率＝1－初中未毕业比率＝1－4.7%＝95.3%

高中巩固率＝1－高中未毕业比率＝1－2.2％＝97.38％

中等专业巩固率＝1－中等专业未毕业比率＝1－(－0.3)％＝100.3％

高等学校巩固率＝1－高等学校未毕业比率＝1－0.3％＝97％

3. 根据 $(I-C)^{-1}$ 分析进入各级学校的学生预期能在教育系统呆多长时间

进入各级学校的学生预期能在教育系统呆多长时间可根据 $(I-C)^{-1}$ 计算，其中，$(I-C)^{-1}$ 中主对角线数字表示进入 j 状态的学生将在该状态呆多长时间，$(I-C)^{-1}$ 各列之和表示进入 j 状态的学生能在教育系统呆多长时间。

例如，根据表 3—3—2 计算的 $(I-C)^{-1}$ 为①：

$$(I-C)^{-1}=\begin{bmatrix}5.4 & 0 & 0 & 0 & 0\\ 1.8 & 3.2 & 0 & 0 & 0\\ 0.5 & 0.9 & 3.2 & 0 & 0\\ 0.1 & 0.2 & 0.2 & 3.2 & 0\\ 0.1 & 0.2 & 0.8 & 0 & 4.3\end{bmatrix}$$

$(I-C)^{-1}$ 各列之和为：

$$e'(I-C)^{-1}=[7.9\quad 4.5\quad 4.2\quad 3.2\quad 4.3]$$

这说明，1985 年新入学的小学生平均预期能当 7.9 年学生，其中，在小学将呆 5.4 年，在初中将呆 1.8 年，在高中将呆 0.5 年，在中等专业将呆 0.1 年，在高等学校将呆 0.1 年。新升入初中的学生，预期还能再当 4.5 年的学生，其中，在初中将呆 3.2 年，在高中将呆 0.9 年，在中等专业将呆 0.2 年，在高等学校将呆 0.2 年，……。$(I-C)^{-1}$ 阵中主对角线之和为 19，这说明，新入学的小学生，若要完成大学学业，预期平均要花费 19 年的时间。

根据表 3—3—3 计算的 $(I-C)^{-1}$ 与根据表 3—1—4 计算的 $(I-C)^{-1}$ 经济含义略有不同。由于进入高一级学校的学生不可能返回到低一级学校读书，因此，根据表 3—3—3 计算的 $(I-C)^{-1}$ 表示进入 j 状态的学生将来连续占有 j 状态的时间。

4. 根据 $(I-C)^{-1}$ 计算升学概率

从 $(I-C)^{-1}$ 的各横行我们发现，其数值逐渐增大，这说明，升入高一级学校的学生在各状态呆的时间要长于低一级学校的学生。例如，从 $(I-C)^{-1}$ 中第五行可以看出，新入小学的学生预计在高等院校将呆 0.1 年，已升入初中的学生预计在高等院校将呆 0.2 年，已升入高中的学生预计在高等院校将呆 0.8 年，已升入高等院校的学生预计在高等院校将呆 4.3 年，这是从绝对数上反映已达到某状态的学生在各状态将呆多长时间，那么如何从相对数上反映已达到某状态的学生升入

① 一般来说，小学 5—6 年、初中 2—4 年、高中 2—3 年、中等专业 2—4 年、大学 4—6 年，故取 $t=20$。

高一级学校的概率呢？根据吸收马氏链的性质可推导出，已达到某状态的学生升学概率是将 $(I-C)^{-1}$ 中各行数字除以该行对角线元素的数值①，这样，我们就可以得出1986年升入 j 类学校的学生升入其他学校的概率 P 为：

$$P=\begin{bmatrix}1.00 & & & & \\ 0.554 & 1.00 & & & \\ 0.150 & 0.282 & 1.00 & & \\ 0.030 & 0.057 & 0.076 & 1.00 & \\ 0.025 & 0.053 & 0.194 & 0 & 1.00\end{bmatrix}$$

这说明，新入小学的学生升入初中的概率为55.4%，升入高中的概率为15%，升入中等专业的概率为3%，升入高等学校的概率为2.5%。而已升入高中的学生，升入中等专业的概率上升为7.6%，升入高等学校的概率上升为19.4%。

升学概率与我们前面讲的升学率是不同的。升学率指高一级学校招生数占低一级学校毕业生的比例，它反映已毕业的低一级学校的学生升入高一级学校的可能性。升学概率指刚进入某一级学校的学生，将来升入各级学校的可能性。例如，1986年小学毕业生升入中学的比率为69.5%，1986年刚入小学的学生将来升入初中的概率为55.4%。

5. 根据 $(I-G')^{-1}$ 计算离开教育系统的人，过去在教育系统的平均逗留时间

已离开教育系统的人在教育系统的平均逗留时间可根据 $(I-G')^{-1}$ 计算，根据吸收马氏链的性质可知，离开 j 状态的人，过去在该状态的平均连续逗留时间是逆阵 $(I-G')^{-1}$ 中主对角线的数字。离开 j 状态的人，过去在其他状态的平均逗留时间是 $(I-G')^{-1}$ 中非主对角线的数字。$(I-G')^{-1}$ 中各列之和表示离开 j 状态的人，过去在该系统逗留的总平均时间。

例如，根据表3—3—3计算的 $(I-G')^{-1}$ 为：

$$(I-G')^{-1}=\begin{bmatrix}5.8 & 5.8 & 5.8 & 5.8 & 5.8\\ 0 & 3.0 & 3.0 & 3.0 & 3.0\\ 0 & 0 & 2.8 & 0.9 & 2.8\\ 0 & 0 & 0 & 2.6 & 0\\ 0 & 0 & 0 & 0 & 3.3\end{bmatrix}$$

① 据吸收马氏链的性质，可推导出系统自 i 出发达到 j 的概率 h_{ij} 为：

$$h_{i,i+1}=\begin{cases}p_{ij}\Big/(1-p_{ii}) & (j=i+1)\\ \dfrac{p_{i,i+1}p_{i+1,j}}{(1-p_{ii})(1-p_{i+1,i+1})} & (j=i+2)\end{cases}$$

$h_{i,i+2}=h_{i,i+1}\times h_{i+1,i+2}$

…

其中 p_{ij} 表示转移概率。

$(I-G')^{-1}$ 各列之和为:

$$e'(I-G')^{-1}=[5.8 \quad 8.8 \quad 11.6 \quad 12.3 \quad 14.9]$$

这说明,1985—1986年已离开"小学"状态的学生,过去在小学平均呆了5.8年;已离开"初中"状态的学生,过去在初中平均呆了3年,在教育系统呆了8.8年;已离开"高中"状态的学生,过去在该状态平均呆了2.8年,在教育系统呆了11.6年;已离开"中等专业"的学生,过去在该状态平均呆了2.6年,在教育系统呆了12.3年;已离开"高等学校"的学生,过去在该状态平均呆了3.3年,在教育系统平均呆了14.9年。

6. 分析升入各级学校的学生预期需要多少教育经费或教师

根据式2—4—2、式2—4—3、式2—4—4和式2—4—5可知,在已知小学、初中、高中、中等专业、高等院校人均教育经费的情况下,只要右乘矩阵 $(I-C)^{-1}$、$(I-\bar{C})^{-1}$、$(I-C\wedge)^{-1}$、$(I-\bar{C}\wedge)^{-1}$ 就可得出已升入小学、初中、高中、中等专业、高等院校的学生,预期需要多少教育经费。这种信息有助于根据国情国力安排招生计划。

同理,在已知小学、初中、高中、中等专业、高等院校师生比的情况下,只要右乘 $(I-C)^{-1}$、$(I-\bar{C})^{-1}$、$(I-C\wedge)^{-1}$、$(I-\bar{C}\wedge)^{-1}$ 就可得出为培养已升入各级学校的学生,将来需要多少各级教师。

7. 分析已毕业的各级学校学生已经花费多少教育经费

根据式2—4—6、2—4—7、2—4—8、2—4—9可知,在已知小学、初中、高中、中等专业、高等院校人均教育经费的情况下,只要右乘矩阵 $(I-G')^{-1}$、$(I-\bar{G}')^{-1}$、$(I-G'\wedge^{-1})^{-1}$、$(I-G'\wedge^{-1})^{-1}$ 就可得出已毕业的小学、初中、高中、中等专业、高等院校的学生已经花费多少教育经费。该信息有助于分析教育经费的使用情况。

二、国外的实际案例[①]

(一)婚姻状态存量流量表

表3—3—4是1963—1964年英格兰和威尔士女性人口婚姻状态存量流量表。该表将女性人口的婚姻状态分为四类:15岁以下未婚、15岁及以上未婚、已婚、寡居和离婚。

① 本部分的案例引自联合国的"Torards a system of social and demographic statistics",许成钢等译《社会和人口统计系统》,中国财政经济出版社,1985年版。

表 3—3—4 英格兰和威尔士 1963—1964 年女性婚姻状态存量流量表

单位:万人

时间 θ 的状态 / 时间 $\theta+1$ 的状态		国外	国内				时间 $\theta+1$ 的存量
			未婚		已婚	寡居与离婚	
			<15	15+			
国外		7	2	26	93	142	
国内 未婚	<15	424	4821	0	0	0	5245
国内 未婚	15+	−19	365	3876	0	0	4222
国内 已婚		37	0	318	11692	37	12084
国内 寡居与离婚		−15	0	0	225	2598	2808
时间 θ 的存量			5188	4220	12010	2777	

根据表 3—3—4 可以计算出矩阵 C ,并得到 $(I-C)^{-1}$ 为:

$$(I-C)^{-1}=\begin{bmatrix}14.1 & 0 & 0 & 0\\ 12.1 & 12.1 & 0 & 0\\ 40.2 & 40.4 & 44.2 & 9.1\\ 11.7 & 11.7 & 12.8 & 18.1\end{bmatrix}$$

从 $(I-C)^{-1}$ 的第一列可知,新出生的女婴平均经过 14.1 年达到 15 岁(或新出生的女婴在该年龄组将呆 14.1 年),平均再过 12.1 年能够结婚,再过 51.9 年(40.2+11.7)会死亡。第一列之和是 78.1,说明新生女婴的平均预期寿命是 78.1 岁。

这是根据存量流量表计算的结果,可将该结果与实际统计数据比较,以分析其差异与原因。

(二)英国皇家海军女性服务队军官系统存量流量表

表 3—3—5 是 1961 年英国皇家海军女性服务队军官系统(WRNS/O 系统)存量流量表。该系统将军官等级分为四级:第 1 级、第 2 级、第 3 级和第 4 级。新入伍者为第 1 级,每级有三种可能(第 4 级除外):保留原级别、提升、离开该系统。第 4 级只有两种可能:保留在原级别、离开该系统。

表 3—3—5 是 1961 年的 WRNS/O 系统存量流量表,作者将 1960—1967 共 8 年的 WRNS/O 系统存量流量表合并到一起,并以此计算出矩阵 C 和矩阵 $(I-C)^{-1}$ 为:

表 3-3-5　961 年 WRNS/O 系统存量流量表

单位:人

1960 年末状态 / 1961 年末状态		系统增加	WRNS/O 系统				期末存量
			第 1 级	第 2 级	第 3 级	第 4 级	
系统减少		1	15	13	3	1	
WRNS/O 系统	第 1 级	41	85				126
	第 2 级		14	63			77
	第 3 级			4	23		27
	第 4 级				0	11	11
期初存量			114	80	26	12	

$$C=\begin{bmatrix}0.729 & 0 & 0 & 0\\ 0.101 & 0.830 & 0 & 0\\ 0 & 0.046 & 0.867 & 0\\ 0 & 0 & 0.033 & 0.902\end{bmatrix}$$

$$(I-C)^{-1}=\begin{bmatrix}3.690 & 0 & 0 & 0\\ 2.171 & 5.882 & 0 & 0\\ 0.751 & 2.035 & 7.519 & 0\\ 0.251 & 0.682 & 2.532 & 10.204\end{bmatrix}$$

这说明,新进入 WRNS/O 系统的军人,预期在第 1 级别平均留任 3.69 年,在第 2 级别平均留任 2.171 年,在第 3 级别平均留任 0.751 年,在第 4 级别平均留任 0.251 年。升入第 2 级别的军人,预期在该级别平均留任 5.882 年,在第 3 级别平均留任 2.035 年,在第 4 级别平均留任 0.682 年。升入第 3 级别的军人,预期在该级别平均留任 7.519 年,在第 4 级别平均留任 2.532 年。升入第 4 级别的军人,预期在该级别平均留任 10.204 年。

$e(I-C)^{-1}$ 为:

$$e(I-C)^{-1}=[6.863\quad 8.599\quad 10.051\quad 10.204]$$

$(I-C)^{-1}$ 说明新进入 WRNS/O 系统的军人,预期在该系统平均留任 6.863 年,升入第 2 级别的军人,预期在该系统平均留任 8.599 年,升入第 3 级别的军人,预期在该系统平均留任 10.051 年,升入第 4 级别的军人,预期在该系统平均留任 10.204 年。

将 $(I-C)^{-1}$ 中各行数字除以该行对角线元素的数值,可得到晋升概率 P 为:

$$P=\begin{bmatrix}1.00 & & & \\ 0.37 & 1.00 & & \\ 0.10 & 0.27 & 1.00 & \\ 0.02 & 0.07 & 0.25 & 1.00\end{bmatrix}$$

根据 1960—1967 年 WRNS/O 系统合并存量流量表，还可计算出矩阵 $(I-G')^{-1}$：

$$(I-G')^{-1}=\begin{bmatrix}3.480 & 3.480 & 3.480 & 3.480 \\ 0 & 6.207 & 6.207 & 6.207 \\ 0 & 0 & 7.310 & 7.310 \\ 0 & 0 & 0 & 12.854\end{bmatrix}$$

$(I-G')^{-1}$ 表示离开 WRNS/O 系统的军人，过去在该系统的平均逗留时间。

三、按收入水平分组的住户存量流量表式

存量流量表不仅可以以“人数”为计算单位进行编制，还可以按其他实物单位进行编制。例如，按生活费收入水平分组的以“户数”为计算单位的存量流量表式如表 3—3—6 所示。

表 3—3—6　按年生活费收入水平分组的住户存量流量表

单位：户

		新立户	生活费收入（元）						期末户数
			1000—	1000—1500	1500—2000	2000—2500	2500—3000	3000＋	
注销户数		（Ⅰ）			（Ⅱ）				
生活费收（元）	1000—								
	1000—1500								
	1500—2000								
	2000—2500	（Ⅲ）			（Ⅳ）				
	2500—3000								
	3000＋								
期初户数①									

表 3—3—6 也是按等级分组的存量流量表，它与表 3—2—1 不同的是，期初处于某一等级的住户期末所处等级可能不变，也可能提高，还有可能下降。例如，期

① 表 3—3—6 中“期初”与“期末”的时间间隔可以是一年，也可以是若干年。

初为“1000－2000”元的收入组，期末可能提高到“2000－2500”元收入组，可能还在本收入组，还有可能下降为“1000－1500”元收入组。而表 3－2－1 不存在年龄减小的情况。

思考与练习

1. 按年龄别和按年龄组分组的人口存量流量表的第Ⅳ象限的数据有何特点？

2. 封闭式年龄别(年龄组)人口存量流量表与开放式年龄别(年龄组)人口存量流量表有何区别？

3. 写出按年龄别分组时，矩阵 $(I-C)^{-1}$ 与 $(I-G')^{-1}$ 的简化形式。

第四章　总流量核算

总流量核算是研究社会系统中以实物单位为计算单位的、各状态表现为总流入量与总流出量相互依存关系的数量分析方法。它是根据“统计总体流入量＝统计总体流出量”或“状态总流入量＝状态总流出量”平衡关系建立的，并通过不同状态流入量与流出量所占比重揭示社会生活现象、结构及其相互关系。

第一节　总流量表与结构

总流量表按是否细分组分为总流量综合表和总流量分解表。总流量分解表按分组标志的不同分为按年龄标志分组的总流量表与按非年龄标志分组的总流量表。

一、总流量综合表

(一)基本表式

总流量综合表是以不分组的统计总体为研究对象、根据“统计总体流入量＝统计总体流出量”平衡关系编制的、反映统计总体流入量来源与统计总体流出量去向的矩阵平衡表，其基本表式如表 4－1－1 所示。

表 4－1－1　总流量综合表(统计总体未分组)

<table>
<tr><td colspan="3" rowspan="3"></td><td rowspan="3">系统减少</td><td colspan="2">中间流入</td><td rowspan="3">统计总体流出</td></tr>
<tr><td colspan="2">年份</td></tr>
<tr><td>1</td><td>2</td></tr>
<tr><td colspan="3">系统增加</td><td>(Ⅰ)</td><td>B_1(Ⅱ)</td><td></td><td></td></tr>
<tr><td rowspan="2">中间流出</td><td rowspan="2">年份</td><td>0</td><td></td><td>S_0(Ⅵ)</td><td></td><td></td></tr>
<tr><td>1</td><td>D_1(Ⅲ)</td><td></td><td>S_1</td><td>N_1</td></tr>
<tr><td colspan="3">统计总体流入</td><td></td><td>N_1</td><td></td><td></td></tr>
</table>

表 4－1－1 中各符号的含义为：

B_1：系统增加量，指期内由系统外进入本系统引起的增加量，既包括构成期末存量的本期新增量，也包括期内进入本系统并在当期离开本系统的增加量，它相当于存量流量综合表2—1—1中b与α之和。以人口为例，B_1既包括期内出生并存活到期末的新增人口，也包括当年出生当年死亡的新增人口。表4—1—1与表2—1—1的另一个区别是：B_1在表4—1—1的第Ⅱ象限，b在表2—1—1的第Ⅲ象限。

D_1：系统减少量，指期内离开本系统的减少量，既包括期初存量中的本期减少量，也包括期内新进入本系统又于当期离开本系统的减少量，它相当于存量流量综合表2—1—1中d与α之和。以人口为例，D_1既包括以前各年份出生且于当年死亡的减少人口，也包括当年出生又于当年死亡的减少人口。表4—1—1与表2—1—1的另一个区别是：D_1在表4—1—1的第Ⅲ象限，d在表2—1—1的第Ⅱ象限。

$S_i(i=0,1)$：中间流量，S_0要从纵列理解，S_1要从横行理解。从纵列来看，S_0表示第1年的流入量，从纵列来看，S_1表示第1年的流出量。

N_1：统计总体流入量或统计总体流出量，从纵列来看，表示统计总体第1年的流入量，从横行来看，表示统计总体第1年的流出量。

总流量综合表的目的是反映统计总体流入量与统计总体流出量的平衡关系，从这个意义上说，也可以将“总流量综合表”称为“统计总体流入量与统计总体流出量平衡关系表”。

（二）实例解读

根据实际数据编制的1985年中国人口总流量综合表如表4—1—2所示。

表4—1—2　1985年中国总人口流量表

单位：万人

	死亡与迁出	1985年	1986年	1985年总人口流出量
出生与迁入		1860.6		
1984年		103876		
1985年	692.6		105044	105737
1985年总人口流入量		105737		

从表4—1—2纵列看，1985年总人口流入量为105737万人，其中，1860.6万人在当年出生或迁入，形成1985年流入人口；103876万人从1984年流出，进入1985年，形成1985年流入人口。

从表4—1—2横行看，1985年总人口流出量为105737万人，其中，692.6万人在当年死亡或迁出，形成1985年流出人口；105044万人从1985年流出，它既是

1985 年流出人口，也是 1986 年流入人口。

用公式表示的 1985 年总人口流入量为：

1985 年总人口流入量＝从 1984 年流出成为 1985 年的流入人口＋出生与迁入人口

＝103876＋1860.6＝105737(万人)

上式中"从 1984 年流出成为 1985 年的流入人口 103876"相当于 1985 年初人口，为此，上式还可写成：

1985 年总人口流入量＝年初人口＋出生与迁入人口

用公式表示的 1985 年总人口流出量为：

1985 年总人口流出量＝从 1985 年流出成为 1986 年的流入人口＋死亡与迁出人口

＝105044＋692.6＝105737(万人)

上式中"从 1985 年流出成为 1986 年的流入人口 105044"相当于 1985 年末人口，为此，上式还可写成：

1985 年总人口流出量＝年末人口＋死亡与迁出人口

1985 年总人口流入量与 1985 年总人口流出量平衡关系为：

1985 年总人口流入量＝1985 年总人口流出量＝105737(万人)

(三)总流量综合表与存量流量综合表的比较

为便于理解，总流量综合表与存量流量综合表的比较通过表 4－1－2 与表 2－1－2的比较来进行。通过比较可以发现，表 4－1－2 与表 2－1－2 存在以下区别：

1. 核算目的不同

表 4－1－2 的目的是核算 1985 年总人口流入量与 1985 年总人口流出量，表 2－1－2的目的是核算 1985 年初总人口与 1985 年末总人口。1985 年总人口流入(出)量反映该年人口总规模，为 105737 万人。1985 年初人口与 1985 年末人口也是反映人口规模的指标，但它们反映的是年初与年末这两个时点的人口规模，不代表其他时点的人口规模，其中年初人口规模是 103876 万人，年末人口规模是 105044 万人。

2. 系统增加是否分组的处理方式不同

表 4－1－2 的系统增加"出生与迁入人口 1860.6"未分组，表 2－1－2 的系统增加"出生与迁入人口 1860.6"分成两部分："年内增加又在年内减少的增加人口 41.6"与"年内出生或迁入并存活到年末的增加人口 1819"，这样处理的目的在于计算相对指标时保证分子与分母统计口径的可比性。

“年内增加又在年内减少的增加人口”不构成期末人口，只有将这部分增加人口剔除，才能保证这部分增加人口不汇总到期末人口中。

相反从流入量的角度看，“年内增加又在年内减少的增加人口”是总人口流入量的一部分，只有包括这部分增加人口才能保证这部分增加人口汇总到总人口流入量中。特别是在计算相对指标时，这样处理可以保证分子与分母来自同一统计总体。以人口出生率的计算为例，分子用当年出生的所有人口（包括活到期末的当年出生人口与当年出生当年死亡的出生人口），分母用当年总人口流入量，分子是期内流入量，分母也是同一时期流入量，分子与分母来自同一统计总体，满足统计上可比性的要求。

3. 系统减少是否分组的处理方式不同

表4—1—2的系统减少“死亡与迁出人口692.6”未分组，表2—1—2的系统减少“死亡与迁出人口692.6”分成两部分：“年内增加又在年内减少的减少人口41.6”与“年初存活年内死亡或迁出人口651”，这样处理可以保证相对指标分子与分母统计口径的可比性。

“年内增加又在年内减少的减少人口”不构成期初人口，只有将这部分减少人口单独出来，才能保证这部分减少人口不汇总到期初人口中。

相反从总人口流出量的角度看，“年内增加又在年内减少的减少人口”是总人口流出量的一部分，只有包括这部分减少人口才能保证这部分减少人口汇总到总人口流出量中。特别是在计算相对指标时，这样处理能保证分子与分母的可比性。以死亡率的计算为例，分子用系统减少口径的死亡人数，分母用总人口流出量，分子是期内流出量，分母也是同一时期流出量，分子与分母来自同一统计总体，满足统计上的可比性条件。

二、总流量分解表

（一）基本表式

总流量分解表是以分组情况下的统计总体为研究对象、根据“状态总流入量＝状态总流出量”平衡关系编制的、反映各状态总流入量与各状态总流出量关系的矩阵平衡表。

总流量分解表的目的是反映状态总流入量与状态总流出量的关系，从这个意义上说，也可以将“总流量分解表”称为“状态总流入量与状态总流出量平衡关系表”。

假设社会和人口发展的某方面（某系统）由 n 种状态构成，分别称状态1、状态2，……，状态 n，则由状态总流入量与状态总流出量构成的总流量分解表如表4—

1—3 所示。

表 4—1—3 总流量分解表(统计总体分组情况下)

<table>
<tr><td colspan="4" rowspan="4"></td><td rowspan="4">系统减少</td><td colspan="2">状态中间流入</td><td rowspan="4">状态总流出</td></tr>
<tr><td>第 1 年</td><td>第 2 年</td></tr>
<tr><td>状 态</td><td>状 态</td></tr>
<tr><td>1,2…,n</td><td>1,2…,n</td></tr>
<tr><td colspan="4">系统增加</td><td>(Ⅰ)</td><td>B_1'(Ⅱ)</td><td></td><td></td></tr>
<tr><td rowspan="2">状态中间流出</td><td>第 0 年</td><td>状态</td><td>1 2 ⋮ n</td><td rowspan="2">D_1(Ⅲ)</td><td>S_0(Ⅳ)</td><td rowspan="2">S_1</td><td rowspan="2">N_1</td></tr>
<tr><td>第 1 年</td><td>状态</td><td>1 2 ⋮ n</td><td></td></tr>
<tr><td colspan="4">状态总流入</td><td></td><td>N_1'</td><td></td><td></td></tr>
</table>

表 4—1—3 中各符号的经济含义与表 4—1—1 相同,不同的是,由于进行了细分组,所以,各符号分别表示具体的子阵或列向量,不是单个元素。

B_1:系统增加量列向量,即:

$$B_1=\begin{bmatrix}b_1\\ \vdots\\ b_n\end{bmatrix}$$

D_1:系统减少量列向量,即:

$$D_1=\begin{bmatrix}d_1\\ \vdots\\ d_n\end{bmatrix}$$

S_0:第 1 年中间流入量矩阵,即:

$$S_0=\begin{bmatrix}s_{11}^0 & s_{12}^0 & \cdots & s_{1n}^0\\ s_{21}^0 & s_{22}^0 & \cdots & s_{2n}^0\\ \vdots & & & \\ s_{n1}^0 & s_{n2}^0 & \cdots & s_{nn}^0\end{bmatrix}$$

s_{ij}^0 表示从上一年流出进入本年的流入量。其中主对角线数字表示,上一年以 i 状态流出本年又以同种状态流入,形成本年 j 状态流入量(此时 $j=i$);主对角线数字也可理解为第 1 年 j 状态期初存量。非对角线数字表示,上一年以 i 状态流出进入本年后转为 j 状态，形成本年 j 状态流入量(此时 $j \neq i$)。

S_1:第 1 年中间流出量矩阵，即：

$$S_1 = \begin{bmatrix} s_{11}^1 & s_{12}^1 & \cdots & s_{1n}^1 \\ s_{21}^1 & s_{22}^1 & \cdots & s_{2n}^1 \\ \vdots & & & \\ s_{n1}^1 & s_{n2}^1 & \cdots & s_{nn}^1 \end{bmatrix}$$

s_{ij}^1 表示将成为下一年流入量的本年流出量。其中主对角线数字表示，本年以 i 状态流出，下一年又以同种状态流入，形成下一年 j 状态流入量(此时 $j = i$)；主对角线数字还可理解为本年 i 状态期末存量。非对角线数字表示本年以 i 状态流出，进入下一年后转为 j 状态，形成下一年 j 状态流入量(此时 $i \neq j$)。

N_1:第 1 年各状态流出量列向量，即：

$$N_1 = \begin{bmatrix} n_1 \\ \vdots \\ n_n \end{bmatrix}$$

N_1':第 1 年各状态流入量行向量，即：

$$N_1' = [n_1 \quad \cdots \quad n_n]$$

(二)实例解读

如果将表 4—1—2 按城乡进行分组，则按城乡分组的城镇人口总流量与乡村人口总流量表如表 4—1—4 所示。

表 4—1—4 按城乡分组的 1985 年城镇人口总流量与乡村人口总流量表

单位:万人

			死亡与迁出	中间流入				状态人口总流出
				1985 年		1986 年		
				城镇	乡村	城镇	乡村	
出生与迁入				513.8	1346.8			
中间流出	1984 年	城镇		33136	38			
		乡村		5054	70740			
	1985 年	城镇	219.8			38446	38	38703.8
		乡村	472.8			5054	66598	72124.8
状态人口总流入				38703.8	72124.8			

通过 4—1—4 可以进行以下分析。

1. 城镇人口总流入量

从纵列来看，城镇人口总流入量为38703.8万人，其中，1985年初的城镇人口为33136万人，他们以城镇人口身份从1984年流出并以城镇人口身份成为1985年流入人口。本年出生和迁入的城镇人口为513.8万人，形成1985年城镇流入人口。年内由乡村人口转为城镇的人口为5054万人，他们以乡村人口身份从1984年流出，到了1985年转成城镇人口，构成1985年城镇人口流入量。

用公式表示的1985年城镇人口总流入量为：

城镇人口总流入量＝1984年以城镇人口身份流出1985年以城镇人口身份流入的城镇人口＋出生与迁入的城镇人口＋由乡村转为城镇的人口

＝33136＋513.8＋5054

＝38703.8(万人)

由上式可以看到，“出生与迁入的城镇人口513.9”与“由乡村转为城镇的人口5054”都是年内城镇人口增加，但是二者的性质不同。前者不仅增加了城镇人口总量，也增加了全国总人口。后者只增加了城镇人口总量，没有改变全国总人口规模。从城镇人口增加的角度看，也可把上式合并成：

城镇人口总流入量＝1984年以城镇人口身份流出1985年以城镇人口身份流入的城镇人口＋城镇人口增加

该式的一般表达式见式1－2－6。

“1984年以城镇人口身份流出1985年以城镇人口身份流入的城镇人口33136”相当于1985年初城镇人口，为此，上式又可写成：

城镇人口总流入量＝1985年初城镇人口＋城镇人口增加

该式的一般表达式参见式1－2－16。

2. 城镇人口总流出量

从横行来看，1985年城镇人口总流出量是38703.8万人，其中，1985年末城镇人口为38446万人，他们以城镇人口身份从1985年流出，又以城镇人口身份成为1986年流入人口。本期死亡与迁出的人口为219.8万人，形成1985年城镇流出人口。下一年由城镇转为乡村的人口为38万人，他们以城镇人口身份从1985年流出，到了1986年转为乡村人口，构成1986年乡村人口流入量。

用公式表示的1985年城镇人口总流出量为：

城镇人口总流出量＝将成为1986年城镇人口流入量的1985年城镇人口流出量＋死亡与迁出的城镇人口＋由城镇转为乡村的人口

＝38446＋219.8＋38

＝38703.8(万人)

由上式可以看出，“死亡与迁出的城镇人口219.8”与“由城镇转为乡村的人口

38”都是年内减少的城镇人口，但是二者的性质不同。前者不仅减少了城镇人口总量（或者说，增加了城镇人口流出量），也减少了全国总人口（或者说，增加了全国总人口流出量）。后者只减少了城镇人口总量，没有改变全国总人口规模。从城镇人口减少的角度看，也可把上式合并成：

城镇人口总流出量＝将成为1986年城镇人口流入量的1985年城镇人口流出量＋城镇人口减少

该式的一般表达式参见式1－2－7。

“将成为1986年城镇人口流入量的1985年城镇人口流出量”相当于1985年末城镇人口，为此，可将上式写成：

城镇人口总流出量＝1985年末城镇人口＋城镇人口减少

该式的一般表达式参见式1－2－17。

城镇人口总流入量与城镇人口总流出量的关系可表示为：

城镇人口总流入量＝城镇人口总流出量＝38703.8（万人）

该式的一般表达式见式1－2－8。

3. 乡村人口总流入量

从纵列来看，乡村人口总流入量为72124.8万人，其中，1985年初乡村人口为70740万人，他们以乡村人口身份从1984年流出并以乡村人口身份成为1985年流入人口。出生和迁入的乡村人口为1346.8万人，他们形成当年的乡村流入人口。年内由城镇人口转为乡村的人口为38万人，他们以城镇人口身份从1984年流出，到了1985年转为乡村人口，形成1985年乡村人口流入量。

用公式表示的1985年乡村人口总流入量为：

乡村人口总流入量＝1984年以乡村人口身份流出1985年以乡村人口身份流入的乡村人口＋出生与迁入的乡村人口＋由城镇转为乡村的人口
＝70740＋1346.8＋38
＝72124.8（万人）

由上式可以看出，“出生与迁入的乡村人口1346.8”与“由城镇转为乡村的人口38”都是年内乡村人口增加，但是二者的性质不同。前者不仅增加了乡村人口总量，也增加了全国总人口。后者只增加了乡村人口总量，没有改变全国总人口规模。从乡村人口增加的角度看，也可把上式合并成：

乡村人口总流入量＝1984年以乡村人口身份流出1985年以乡村人口身份流入的乡村人口＋乡村人口增加

该式的一般表达式参见式1－2－6。

“1984年以乡村人口身份流出1985年以乡村人口身份流入的乡村人口

70740”相当于1985年初乡村人口，为此，上式又可写成：

乡村人口总流入量＝1985年初乡村人口＋乡村人口增加

该式的一般表达式见式1－2－16。

4. 乡村人口总流出量

从横行来看，1985年乡村人口总流出量是72125万人，其中，1985年末有乡村人口66598万人，他们以乡村人口身份从1985年流出，又以乡村人口身份成为1986年流入人口。本期死亡与迁出乡村人口为472.8万人，形成1985年乡村流出人口。年内由乡村人口转为城镇的人口为5054万人，他们以乡村人口身份从1985年流出，到了1986年转为城镇人口，形成1986年城镇人口流入量。

用公式表示的1985年乡村人口总流出量为：

乡村人口总流出量＝将成为1986年乡村人口流入量的1985年乡村人口流出量＋死亡与迁出的乡村人口＋由乡村转为城镇的人口

＝66598＋472.8＋5054

＝72124.8(万人)

由上式可以看出，“死亡与迁出的乡村人口472.8”与“由乡村转为城镇的人口5054”都是年内减少的乡村人口，但是二者的性质不同。前者不仅减少了乡村人口总量(或者说增加了乡村人口流出量)，也减少了全国总人口(或者说增加了全国人口流出量)。后者只减少了乡村人口总量，没有改变全国总人口规模。从乡村人口增加角度看，也可把上式合并成：

乡村人口总流出量＝将成为1986年乡村人口流入量的1985年乡村人口流出量＋乡村人口减少

上式的一般表达式参见式1－2－7。

“将成为1986年乡村人口流入量的1985年乡村人口流出量66594”相当于1985年末乡村人口，为此，可以将上式写成：

乡村人口总流出量＝1985年末乡村人口＋乡村人口减少

该式的一般表达式参见式1－2－17。

乡村人口总流入量与乡村人口总流出量的关系可表示为：

乡村人口总流入量＝乡村人口总流出量＝72124.8(万人)

该式的一般表达式参见式1－2－8。

三、总流量分解表与总流量综合表的比较

(一)对应象限数字是否存在等值关系

为便于理解，总流量分解表各象限数字与总流量综合表对应象限数字是否存在等值关系可以通过实例分析来进行，也即通过表4－1－4与表4－1－2的比较

来进行。对比表 4—1—4 与表 4—1—2 可以发现以下几个问题。

1. 表 4—1—4 中各状态人口总流入量之和不等于表 4—1—2 中总人口流入量，即：38704＋72125≠105737。其原因在于，状态总流入量不仅包括该状态系统增加量，还包括由其他状态转为本状态导致的本状态人口流入量增加。从统计总体的角度看，状态之间转移引起的增加不改变统计总体规模，如果简单地将状态总流入量相加，就会产生重复计算，所以，应该扣除。

2. 表 4—1—4 中各状态人口总流出量不等于表 4—1—2 中总人口流出量，即：38704＋72125≠105737。其原因在于，各状态人口总流出量不仅包括该状态系统减少量，还包括本状态转为其他状态引起的本状态人口流出量增加。从统计总体的角度看，只有系统减少量才构成统计总体流出量增加，状态之间转移导致的流出量增加不改变统计总体规模，不计入统计总体流出量。

3. 表 4—1—4 中第Ⅳ象限 S_0 中各元素之和与表 4—1—2 的 S_0 不一致。即：33136＋38＋5054＋70740≠103876。其中，表 4—1—2 中的 S_0 表示总人口期初存量，表 4—1—4 中 S_0 的主对角数字表示各状态人口期初存量。

4. 表 4—1—4 中第Ⅳ象限 S_1 中各元素之和与表 4—1—2 的 S_1 不一致。即 38446＋38＋5054＋66598≠10544。其中，表 4—1—2 中的 S_1 表示总人口期末存量，表 4—1—4 中 S_1 的主对角线数字表示各状态人口期末存量。

由此可以看出，总流量分解表中各状态总流入量之和不等于总流量综合表中统计总体流入量，总流量分解表中各状态总流出量之和不等于总流量综合表中统计总体流出量，总流量分解表第Ⅳ象限数值之和不等于总流量综合表第Ⅳ象限数值，因此，不能将总流量分解表各象限数值简单汇总后填到总流量综合表对应象限中。

（二）总流量综合表与总流量分解表的转换

1. S_0 的转换

先看由表 4—1—4 到表 4—1—2 的转换。由表 2—1—2 可知，表 4—1—2 中的 S_0 就是 1985 年初人口，所以，表 4—1—2 的 S_0 等于表 4—1—4 中 S_0 主对角线数字之和，即：33136＋70740＝103876。将 103876 填入表 4—1—2 的 S_0 即可。

再看由表 4—1—2 到表 4—1—4 的转换。先将表 4—1—2 的 1985 年初人口 103876 分成城镇年初人口 33136 与乡村年初人口 70740 两部分，并分别填入表 4—1—4中 S_0 的主对角线位置。再将城镇转为乡村的 38 填入 S_0 的主上对角线位置，将乡村转为城镇的 5054 填入 S_0 主下对角线位置。

2. S_1 的转换

先看由表 4—1—4 到表 4—1—2 的转换。由表 2—1—2 可知，表 4—1—2 中的 S_1 就是 1985 年末人口，所以，表 4—1—2 的 S_1 等于表 4—1—4 中 S_1 主对线数

字之和,即:38446+66598=105044,将105044填入表4—1—2的S_1即可。

再看由表4—1—2到表4—1—4的转换。先将表4—1—2的1985年末人口105044分成年末城镇人口38446与年末乡村人口66598两部分,将之分别填入表4—1—4中S_1的主对角线位置。再将城镇转为乡村的38填入S_1的主上对角线位置,将乡村转为城镇的5054填入S_1主下对角线位置。

3. 流入量N_1的转换

先看由表4—1—4到表4—1—2的转换,流入量N_1转换的依据是式1—2—12,即:

1985年总人口流入量=(城镇人口总流入—城镇转为乡村导致的城镇人口流入量重复计算)+(农村人口总流入—乡村转为城镇导致的乡村人口流入量重复计算)

=(38703.8—38)+(72123.8—5054)

=105037(万人)

将105037填入表4—1—2的流入量N_1位置即可。

再看由表4—1—2到表4—1—4的转换。先转换S_0,再依据式1—2—16计算状态流入量N_1。即:

$$\begin{bmatrix}\text{城镇人口总流入}\\ \text{乡村人口总流入}\end{bmatrix}=\begin{bmatrix}33136\\ 70740\end{bmatrix}+\begin{bmatrix}513.8\\ 1346.8\end{bmatrix}+\begin{bmatrix}5054\\ 38\end{bmatrix}=\begin{bmatrix}38703.8\\ 72124.8\end{bmatrix}$$

4. 流出量N_1的转换

先看由表4—1—4到表4—1—2的转换,流出量N_1转换的依据是式1—2—13,即:

1985年总人口流出量=(城镇人口总流出—城镇转为乡村导致的城镇人口流入量重复计算)+(乡村人口总流出—乡村转为城镇导致的乡村人口流入量重复计算)

=(38703.8—38)+(72124.8—5054)

=105037(万人)

将105037填入表4—1—2的流出量N_1位置即可。

再看由表4—1—2到表4—1—4的转换。先转换S_1,再依据式1—2—17计算状态流出量N_1,即:

$$\begin{bmatrix}\text{城镇人口总流出}\\ \text{乡村人口总流出}\end{bmatrix}=\begin{bmatrix}219.8\\ 472.8\end{bmatrix}+\begin{bmatrix}38\\ 5054\end{bmatrix}+\begin{bmatrix}38446\\ 66598\end{bmatrix}=\begin{bmatrix}38703.8\\ 72124.8\end{bmatrix}$$

四、总流量表的结构

总流量表由四部分构成,按左上、右上、左下、右下的次序,依次称第Ⅰ象限、第

Ⅱ象限、第Ⅲ象限、第Ⅳ象限。由于总流量综合表没有分组，所以各象限不是一个子阵，而是一个具体的数字。总流量分解表对统计总体进行了细分组，所以，总流量分解表中各象限是以矩阵形式或向量形式出现的。

第Ⅰ象限是系统增加栏与系统减少栏的交叉部分。由于本期增加又在本期减少的部分已分别统计在第Ⅱ象限和第Ⅲ象限，因此，第Ⅰ象限为“空”象限。

第Ⅱ象限由列向量 B_1 构成，表示系统增加量在各状态上的分布。这里所说的增加量 B_1 指从系统外进入本系统的增加量，或者说改变了统计总体流入量的部分。如果统计总体的流入量未变化，只是改变了不同状态间的分布，则不统计在第Ⅱ象限中。例如，表 4－1－4 中第Ⅱ象限仅指出生的城乡人口和由国外迁入国内的城乡人口，乡村人口转为城镇人口引起的城镇人口流入量增加、城镇人口转为乡村人口引起的乡村人口流入量增加不记录在第Ⅱ象限，应计入第Ⅳ象限。

第Ⅲ象限由列向量 D_1 构成，表示系统减少量在各状态上的分布。这里所说的期内减少量 D_1 指离开本系统，或者说改变了统计总体流出量的部分。如果统计总体的流出量未变化，只是改变了不同状态间的分布，则不统计在第Ⅲ象限中。例如，表 4－1－4 中第Ⅲ象限仅指死亡的城乡人口和迁往国外的城乡人口，城乡之间转移形成的状态流出量不计入第Ⅲ象限，应计入第Ⅳ象限。

第Ⅳ象限是表的基本部分，由子阵 S_0、S_1 构成，S_0 从纵列来理解，S_1 从横行来理解。从纵列来看，S_0 表示各状态的流入量，其中主对角线上的数字表示各状态期初存量(或者说，本期仍为该状态的流入量)，它构成状态流入量；非对角线上的数字表示本期将转为其他状态的流入量。从横行来看，S_1 表示各状态的流出量，其中主对角线上的数字表示各状态期末存量(或者说，下期仍为本状态的流出量)，它构成状态流出量；非对角线上的数字表示下期将转为其他状态的流出量。

第二节 总流量表的平衡关系

一、总流量综合表基本平衡关系

总流量综合表 4－1－1 的平衡关系既可以从横行来建立，也可以从纵列来建立。

从横行来看，

统计总体流出量＝系统减少量＋构成下期流入量的本期流出量

即：

$$N_1 = D_1 + S_1 \qquad (4-2-1)$$

从纵列来看，

统计总体流入量＝系统增加量＋从上期流出进入本期的流入量

即：

$$N_1 = B_1 + S_0 \qquad (4-2-2)$$

式4－2－1与第一章的式1－2－3完全对应，式4－2－2与第一章的式1－2－2完全对应。表4－1－2是总流量综合表的实际案例，通过该案例可以更好地理解第一章的式1－2－3与式1－2－2。

第一章还讲到，“从上期流出进入本期的流入量”相当于“统计总体期初存量”，“构成下期流入量的本期流出量”相当于“统计总体期末存量”，所以，式4－2－1与式4－2－2还可写成：

统计总体流出量＝系统减少量＋统计总体期末存量

统计总体流入量＝系统增加量＋统计总体期初存量

这两个公式与式1－2－5与式1－2－4完全对应。从1985年中国人口总流量综合表可以看出，“从上期流出进入本期的流入量103876”就是1985年初人口，“构成下期流入量的本期流出量105044”就是1985年末人口。

二、按年龄别分组的人口总流量表基本平衡关系

由于人的年龄随着时间推移自然增长，因此，按年龄别分组的人口总流量表中的 S_0 与 S_1 只有上次对角线有数字，其余全为零。即：

$$S_0 = \begin{bmatrix} 0 & s_{12}^0 & 0 & \cdots & 0 \\ 0 & 0 & s_{23}^0 & \cdots & 0 \\ \vdots & & & & \\ 0 & 0 & 0 & \cdots & s_{n-1,n}^0 \\ 0 & 0 & 0 & \cdots & 0 \end{bmatrix}$$

$$S_1 = \begin{bmatrix} 0 & s_{12}^1 & 0 & \cdots & 0 \\ 0 & 0 & s_{23}^1 & \cdots & 0 \\ \vdots & & & & \\ 0 & 0 & 0 & \cdots & s_{n-1,n}^1 \\ 0 & 0 & 0 & \cdots & 0 \end{bmatrix}$$

其中 s_{ij}^0 表示本年 j 年龄流入人口。它以 $j-1$ 岁身份从上一年流出以 j 岁身份流入本年。s_{ij}^1 表示本年 i 年龄流出人口。它以 i 岁身份从本年流出以 $i+1$ 岁身份流入下一年。

按年龄别分组情况下，总流量表反映的平衡关系可分别从横行与纵列来归纳。

从横行来看，

状态总流出量＝系统减少量＋中间流出量

用矩阵形式表示为：

$$N_1 = D_1 + S_1 e \qquad (4-2-3)$$

其中，N_1 与 D_1 为列向量。由于 S_1 只有主上次对角线有数字，所以，$S_1 e$ 是将矩阵 S_1 转换成了列向量。即：

$$S_1 e = \begin{bmatrix} s_{12}^1 \\ s_{23}^1 \\ \vdots \\ s_{n-1,n}^1 \\ 0 \end{bmatrix}$$

将式 4—2—3 变形得：

$$N_1 - D_1 = S_1 e \qquad (4-2-4)$$

式 4—2—4 中的 $(N_1 - D_1)$ 或者说 $S_1 e$ 表示期末各状态人口列向量。

根据式 4—2—4 可得期末总人口的计算公式为：

$$e'(N_1 - D_1) = e' S_1 e \qquad (4-2-5)$$

其中，$e' = [1 \quad 1 \cdots 1]$。

从纵列来看，

状态总流入量＝系统增加量＋中间流入量

用矩阵形式表示为：

$$N_1 = B_1 + S_0 e \qquad (4-2-6)$$

由于 S_0 只有主上次对角线有数字，所以，$S_0 e$ 是将矩阵 S_0 转换成了列向量。即：

$$S_0 e = \begin{bmatrix} s_{12}^0 \\ s_{23}^0 \\ \vdots \\ s_{n-1,n}^0 \\ 0 \end{bmatrix}$$

将式 4—2—6 变形得：

$$N_1 - B_1 = S_0 e \qquad (4-2-7)$$

式 4—2—7 中的 $(N_1 - B_1)$ 或者说 $S_0 e$ 表示年龄别期初人口列向量。

根据式 4—2—7 可得期初总人口的计算公式为：

$$e'(N_1 - B_1) = e' S'_0 e \qquad (4-2-8)$$

三、按非年龄标志分组的统计总体总流量表基本平衡关系

(一)行平衡关系

当统计总体按非年龄标志分组时，中间流量 $S_i (i = 0, 1)$ 中各元素都可能不为

零。例如，表 4－1－4 中的各个元素都是有意义的具体数字。其中，主对角线上的数字表示流出状态与流入状态相同，非对角线上的数字表示流出状态与流入状态不同。将中间流量矩阵 S_i 分解为 S_i^{ii} 与 S_i^{ij} 两部分，S_i^{ii} 表示子阵 S_i 中由主对角线元素组成的矩阵，S_i^{ij} 表示子阵 S_i 中由非对角线元素组成的矩阵（$i \neq j$），即：

$$S_0^{ii} = \begin{bmatrix} s_{11}^0 & 0 & \cdots & 0 \\ 0 & s_{22}^0 & \cdots & 0 \\ \vdots & & & \\ 0 & 0 & \cdots & s_{nn}^0 \end{bmatrix}$$

$$S_0^{ij} = \begin{bmatrix} 0 & s_{12}^0 & \cdots & s_{1n}^0 \\ s_{21}^0 & 0 & \cdots & s_{2n}^0 \\ \vdots & & & \\ s_{n1}^0 & s_{n2}^0 & \cdots & 0 \end{bmatrix}$$

$$S_1^{ii} = \begin{bmatrix} s_{11}^1 & 0 & \cdots & 0 \\ 0 & s_{22}^1 & \cdots & 0 \\ \vdots & & & \\ 0 & 0 & \cdots & s_{nn}^1 \end{bmatrix}$$

$$S_1^{ij} = \begin{bmatrix} 0 & s_{12}^1 & \cdots & s_{1n}^1 \\ s_{21}^1 & 0 & \cdots & s_{2n}^1 \\ \vdots & & & \\ s_{n1}^1 & s_{n1}^1 & \cdots & 0 \end{bmatrix}$$

这时，状态总流出量为：

状态总流出量＝系统减少量＋中间流出量

＝系统减少量＋（下期转为其他状态的流出量＋下期仍为本状态的流出量）

上式与式 1－2－7 是完全对应的。

将上式用矩阵形式表示为：

$$N_1 = D_1 + S_1 e = D_1 + S_1^{ij} e + S_1^{ii} e \qquad (i \neq j) \qquad (4-2-9)$$

其中，$S_1^{ij} e$ 表示矩阵 S_1^{ij} 的行总和，$S_1^{ii} e$ 表示将矩阵 S_1^{ii} 转换成列向量。

“下期仍为本状态的流出量”指本期以本状态身份流出，下期又以本状态身份流入，从存量角度看，它又是“本状态期末存量”，所以，状态总流出量可写为：

状态总流出量＝系统减少量＋下期转为其他状态的流出量＋状态期末存量

该式与式 1－2－17 相对应。由此可得到状态期末存量为：

状态期末存量＝状态总流出量－系统减少量－下期转为其他状态的流出量

用公式表示的各状态期末存量列向量为（即将式 4－2－9 变形得）：

$$S_1^{ii}e = N_1 - D_1 - S_1^{ij}e \qquad (4-2-10)$$

根据式 4—2—10 可得统计总体期末存量为：

$$e'(N_1 - D_1 - S_1^{ij}e) = e'S_1^{ii}e \qquad (4-2-11)$$

例如，根据式 4—2—9 计算的 1985 年城镇人口总流出与乡村人口总流出为：

$$\begin{bmatrix}\text{城镇人口总流出}\\ \text{乡村人口总流出}\end{bmatrix} = \begin{bmatrix}38703.8\\ 72124.8\end{bmatrix} = \begin{bmatrix}219.8\\ 472.8\end{bmatrix} + \begin{bmatrix}38\\ 5054\end{bmatrix} + \begin{bmatrix}38446\\ 66598\end{bmatrix}$$

根据式 4—2—10 计算的 1985 年末城镇人口与乡村人口为：

$$\begin{bmatrix}\text{1985 年末城镇人口}\\ \text{1985 年末乡村人口}\end{bmatrix} = \begin{bmatrix}38446\\ 66598\end{bmatrix} = \begin{bmatrix}38703.8\\ 72124.8\end{bmatrix} - \begin{bmatrix}219.8\\ 472.8\end{bmatrix} - \begin{bmatrix}38\\ 5054\end{bmatrix}$$

根据表 4—1—4 计算的 1985 年末城镇人口 38446 和乡村人口 66598 与存量流量表 2—1—4 的 1985 年末城镇人口和乡村人口完全一样。

根据式 4—2—11 计算的 1985 年末全国总人口为：

$$\text{1985 年末全国总人口} = [1 \quad 1]\begin{bmatrix}38446\\ 66598\end{bmatrix} = 105044\text{(万人)}$$

根据表 4—1—4 计算的 1985 年末总人口 105044 与存量流量表 2—1—2 反映的 1985 年末全国总人口完全一致。

（二）列平衡关系

从纵列来看，状态总流入量可表示为：

状态总流入量＝系统增加量＋中间流入量

＝系统增加量＋（上期不是本状态的流入量＋上期也是本状态的流入量）

上式与式 1—2—6 完全对应。

将上式用矩阵形式表示为：

$$N_1 = B_1 + S'_0e = B_1 + S_0^{ij\prime}e + S_0^{ii}e \qquad (4-2-12)$$

其中，$S_0^{ij\prime}e$ 表示矩阵 S_0^{ij} 的列总和，$S_0^{ii}e$ 表示将矩阵 S_0^{ii} 转换成了列向量。

“上期也是本状态的流入量”指上期以本状态身份流出，本期又以本状态身份流入，从存量角度看，它又是“本状态期初存量”，所以，状态总流入量可写成：

状态总流入量＝系统增加量＋上期不是本状态的流入量＋状态期初存量

该式与式 1—2—16 相对应。由此可推导出各状态期初存量为：

状态期初存量＝状态总流入量－系统增加量－上期不是本状态的流入量

用公式表示的各状态期初存量列向量为（即将式 4—2—12 变形得）：

$$S_0^{ii}e = N_1 - B_1 - S_0^{ij\prime}e \qquad (4-2-13)$$

根据式 4—2—13 可得统计总体期初存量为：

$$e'S_0^{ii}e = e'(N_1 - B_1 - S_0^{ij\prime}e) \qquad (4-2-14)$$

例如，根据式 4—2—12 计算的 1985 年城镇人口总流入与乡村人口总流入为：

$$\begin{bmatrix}\text{城镇人口总流入}\\\text{乡村人口总流入}\end{bmatrix}=\begin{bmatrix}38703.8\\72124.8\end{bmatrix}=\begin{bmatrix}513.8\\1346.8\end{bmatrix}+\begin{bmatrix}5054\\38\end{bmatrix}+\begin{bmatrix}33136\\70740\end{bmatrix}$$

根据式 4—2—13 计算的 1985 年初城镇人口与乡村人口为：

$$\begin{bmatrix}1985\text{ 年初城镇人口}\\1985\text{ 年初乡村人口}\end{bmatrix}=\begin{bmatrix}33136\\70740\end{bmatrix}=\begin{bmatrix}38703.8\\72124.8\end{bmatrix}-\begin{bmatrix}513.8\\1346.8\end{bmatrix}-\begin{bmatrix}5054\\38\end{bmatrix}$$

根据表 4—1—4 计算的 1985 年初城镇人口 33136 和乡村人口 70740 与存量流量表 2—1—4 的 1985 年初城镇人口和乡村人口完全一样。

根据式 4—2—14 计算的 1985 年初全国总人口为：

$$1985\text{ 年初全国总人口}=[1\quad 1]\begin{bmatrix}33136\\70740\end{bmatrix}=103876(\text{万人})$$

根据表 4—1—4 计算的 1985 年初全国总人口 103876 与存量流量表 2—1—2 反映的 1985 年初全国总人口完全一致。

第三节 总流量模型

总流量模型可以根据总流量表的横行来建立，也可以根据总流量表的纵列来建立。从横行来看，是以中间流出量比重为基础建立的，从纵列来看，是以中间流入量比重为基础建立的。

一、基于中间流入量比重的列模型

中间流入量比重指状态总流入量中中间流入量所占比重。由于中间流入量不包括系统外进入本系统引起的增加量，因此中间流入量比重又称为系统内流入量比重。用公式表示为：

$$h_{ij}=\frac{s_{ij}^{0}}{n_j} \tag{4—3—1}$$

其中，h_{ij} 表示中间流入量比重，s_{ij}^{0} 表示 S_0 阵中的中间流入量，n_j 表示第 j 种状态的总流入量。用矩阵形式表示为：

$$H=S_0\hat{N}_1^{-1} \tag{4—3—2}$$

例如，根据表 4—1—4 可计算出 1985 年的中间流入量比重，其中的 S_0、$\hat{N}_1$ 与 H 分别为：

$$S_0=\begin{bmatrix}33136 & 38\\5054 & 70740\end{bmatrix}$$

$$\hat{N}_1=\begin{bmatrix}38703.8 & 0\\0 & 72124.8\end{bmatrix}$$

$$H=\begin{bmatrix}0.85614 & 0.00053\\0.13058 & 0.98080\end{bmatrix}$$

这说明，1985年我国城镇人口总流入量中，中间流入量占98.67%，其中，1984年以城镇人口身份流出，1985年又以城镇人口身份流入的城镇人口占城镇人口总流入量的85.61%，年内由乡村人口转为城镇人口引起城镇人口增加占城镇人口总流入量的13.06%。乡村人口总流入量中，中间流入量占98.13%，其中，1984年以乡村人口身份流出，1985年又以乡村人口身份流入的乡村人口占乡村人口总流入量的98.08%，年内由城镇人口转为乡村人口引起乡村人口增加占乡村人口总流入量的0.05%。

根据中间流入量比重可以建立列模型，将式4—3—2变形得：

$$S_0=H\hat{N}_1 \tag{4—3—3}$$

根据表4—1—3建立的列模型为：

$$N_1=B_1+S'_0e$$

将式4—3—3代入上式得：

$$\begin{aligned}N_1&=B_1+\hat{N}_1H'e\\&\stackrel{\Delta}{=}B_1+\hat{N}_1\bar{H}\\&\stackrel{\Delta}{=}B_1+\hat{N}_1\hat{\bar{H}}e\\&=B_1+\hat{\bar{H}}\hat{N}_1e\\&=B_1+\hat{\bar{H}}N_1\end{aligned} \tag{4—3—4}$$

其中，$H'e$ 表示矩阵 H 的列总和，用 $\bar{H}$ 表示；$\hat{\bar{H}}$ 表示由列向量 $\bar{H}$ 组成的对角阵。将式4—3—4变形得：

$$B_1=(I-\hat{\bar{H}})N_1 \tag{4—3—5}$$

式4—3—5中的 $\hat{\bar{H}}$ 表示中间流入量比重，$(I-\hat{\bar{H}})$ 表示各状态系统增加量比重。例如，根据表4—1—4计算的矩阵 H 列总和为：

$$\bar{H}=H'e=\begin{bmatrix}0.85614 & 0.13058\\0.00053 & 0.98080\end{bmatrix}\begin{bmatrix}1\\1\end{bmatrix}=\begin{bmatrix}0.98672\\0.98133\end{bmatrix}$$

由此可得系统增加量比重 $(I-\hat{\bar{H}})$ 为：

$$I-\hat{\bar{H}}=\begin{bmatrix}1 & 0\\0 & 1\end{bmatrix}-\begin{bmatrix}0.98672 & 0\\0 & 0.98133\end{bmatrix}=\begin{bmatrix}0.0133 & 0\\0 & 0.0187\end{bmatrix}$$

这说明，1985年城镇人口系统增加量占城镇人口总流入量的1.33%，乡村人口系统增加量占乡村人口总流入量的1.87%。

值得一提的是，用式 $(I-\hat{\hat{H}})$ 计算各状态系统增加量所占比重的方法完全符合统计可比性的原则。分子是1985年城镇人口增加(或乡村人口增加)，分母是1985年城镇人口总流入量(或乡村人口总流入量)，分子是年内流量，分母也是同一时期的流量，分子与分母来自同一统计总体，符合统计上的可比性原则。而常规统计中以存量指标(或平均指标)为分母计算相对指标时，由于分子是流量，分母是存量，无法保证分子与分母来自同一统计总体，因此，不具备严格意义上统计可比性的条件。

由式4—3—5可知，如果已知各状态总流入量 N_1，只要左乘各状态系统增加量比重 $(I-\hat{\hat{H}})$，就可求得各状态系统增加量 B_1。

例如，根据表4—1—4计算的各状态人口系统增加量为：

$$\begin{bmatrix}\text{城镇人口系统增加}\\ \text{乡村人口系统增加}\end{bmatrix}=\begin{bmatrix}0.01328 & 0\\ 0 & 0.01867\end{bmatrix}\begin{bmatrix}38703.8\\ 72124.8\end{bmatrix}=\begin{bmatrix}513.8\\ 1346.8\end{bmatrix}$$

将式4—3—5等号两边同时左乘 $(I-\hat{\hat{H}})^{-1}$ 得到：

$$N_1=(I-\hat{\hat{H}})^{-1}B_1 \tag{4—3—6}$$

式4—3—6说明，如果知道系统增加量，只要除以系统增加量比重，就可求得各状态总流入量。

式4—3—4、式4—3—5、式4—3—6是基于中间流入量比重建立的总流入量列模型的三个公式，它们通过中间流入量比重将各状态总流量与各状态系统增加量联系了起来。

二、基于中间流出量比重的行模型

中间流出量比重指状态总流出量中中间流出量所占比重。中间流出量指系统内各状态的流出量，不包括离开本系统引起的减少量，所以，中间流出量比重又称系统内流出量比重。用公式表示为：

$$f_{ij}=\frac{s_{ij}^{1}}{n_i} \tag{4—3—7}$$

其中，f_{ij} 表示中间流出量比重，s_{ij}^{1} 表示 S_1 阵中的中间流出量，n_i 表示第 i 种状态的总流出量，用矩阵形式表示为：

$$F'=S'_1\hat{N}_1^{-1} \tag{4—3—8}$$

例如，根据表4—1—4可计算出1985年的中间流出量比重，其中的 S'_1、$\hat{N}_1$ 与 F' 分别为：

$$S'_1=\begin{bmatrix}38446 & 5054\\ 38 & 66598\end{bmatrix}$$

$$\hat{N}_1=\begin{bmatrix}38703.8 & 0\\ 0 & 72124.8\end{bmatrix}$$

$$F'=\begin{bmatrix}0.99334 & 0.07007\\ 0.00098 & 0.92337\end{bmatrix}$$

这说明,1985 年我国城镇人口总流出量中,中间流出量占 99.43%。其中,1985 年以城镇人口身份流出,1986 年仍以城镇人口身份流入的城镇人口(或 1985 年末城镇人口)占城镇人口总流出量的 99.33%,将于 1986 年转为乡村人口引起的城镇人口减少占城镇人口总流出量的 0.098%。乡村人口总流出量中,中间流出量占 99.34%,其中,1985 年以乡村人口身份流出,1986 年又以乡村人口身份流入的乡村人口(或 1985 年末乡村人口)占乡村人口总流出量的 92.34%,将于 1986 年转为城镇人口引起的乡村人口减少占乡村人口总流出量的 7.01%。

根据中间流出量比重可以建立行模型。将式 4—3—8 变形得:

$$S'_1=\hat{N}_1F'$$

根据表 4—1—3 建立的行模型为:

$$N_1=D_1+S_1e$$

将 $S'_1=\hat{N}_1F'$ 代入上式得:

$$\begin{aligned}N_1&=D_1+\hat{N}_1Fe\\&\overset{\Delta}{=}D_1+\hat{N}_1\bar{F}\\&\overset{\Delta}{=}D_1+\hat{N}_1\hat{\bar{F}}e\\&=D_1+\hat{\bar{F}}\hat{N}_1e\\&=D_1+\hat{\bar{F}}N_1\end{aligned}\qquad(4-3-9)$$

其中,Fe 表示矩阵 F 的行总和,用 $\bar{F}$ 表示,$\hat{\bar{F}}$ 表示由向量 $\bar{F}$ 组成的对角阵。将式 4—3—9 变形得:

$$D_1=(I-\hat{\bar{F}})N_1\qquad(4-3-10)$$

式 4—3—10 中的 $\hat{\bar{F}}$ 表示中间流出量比重,$(I-\hat{\bar{F}})$ 表示各状态系统减少量比重。例如,根据表 4—1—4 计算的矩阵 F 行总和为:

$$\bar{F}=Fe=\begin{bmatrix}0.99334 & 0.00098\\ 0.07007 & 0.92337\end{bmatrix}\begin{bmatrix}1\\1\end{bmatrix}=\begin{bmatrix}0.99432\\0.99358\end{bmatrix}$$

由此可得系统减少量比重 $(I-\hat{\bar{F}})$ 为:

$$I-\hat{\bar{F}}=\begin{bmatrix}1 & 0\\ 0 & 1\end{bmatrix}-\begin{bmatrix}0.99432 & 0\\ 0 & 0.99358\end{bmatrix}=\begin{bmatrix}0.00568 & 0\\ 0 & 0.00656\end{bmatrix}$$

这说明1985年城镇人口系统减少量占城镇人口总流出量的比重为0.57%，乡村人口系统减少量占乡村人口总流出量的比重为0.66%。

值得注意的是，用式$(I-\hat{\bar{F}})$计算各状态系统减少量所占比重的方法完全符合可比性原则。分子是1985年减少的城镇人口（或乡村人口），分母是1985年城镇人口总流出，分子是年内流量指标，分母也是同一时期的流量指标，分子与分母来自同一统计总体，符合统计上的可比性原则。而常规统计中以存量指标（或平均指标）为分母计算的相对指标，由于分子是流量，分母是存量，无法保证分子与分母来自同一统计总体，因此，不符合严格意义上的统计可比性条件。

由式4—3—10可知，如果已知各状态总流出量N_1，只要左乘系统减少量比重$(I-\hat{\bar{F}})$就可求得系统减少量D_1。

例如，根据表4—1—4计算的各状态人口系统减少量为：

$$\begin{bmatrix}\text{城镇人口系统减少量}\\ \text{乡村人口系统减少量}\end{bmatrix}=\begin{bmatrix}0.00568 & 0\\ 0 & 0.00656\end{bmatrix}\begin{bmatrix}38703.8\\ 72124.8\end{bmatrix}=\begin{bmatrix}219.8\\ 472.8\end{bmatrix}$$

将式4—3—10变形得：

$$N_1=(I-\hat{\bar{F}})^{-1}D_1 \qquad (4-3-11)$$

式4—3—11说明，如果知道系统减少量，只要除以系统减少量比重，就可求得各状态总流出量。

式4—3—9、式4—3—10、式4—3—11是基于中间流出比重建立的各状态总流入量行模型的三个公式，它们通过中间流入量比重将各状态总流入量与各状态系统减少量联系了起来。

三、系统增加量与系统减少量的关系

由式4—3—6和式4—3—11可知：

$$N_1=(I-\hat{\bar{H}})^{-1}B_1$$

$$N_1=(I-\hat{\bar{F}})^{-1}D_1$$

将上面两式合并后得：

$$(I-\hat{H})^{-1}B_1=(I-\hat{\bar{F}})^{-1}D_1$$

整理后得：

$$D_1=(I-\hat{\bar{F}})(I-\hat{\bar{H}})^{-1}B_1 \qquad (4-3-12)$$

$$B_1=(I-\hat{\bar{H}})(I-\hat{\bar{F}})^{-1}D_1 \qquad (4-3-13)$$

式4—3—12与式4—3—13反映了系统增加量与系统减少量的关系，它们通

过中间流入量比重与中间流出量比重将系统增加量与系统减少量联系了起来。

应当指出，本章所讲的系统增加量比重 $(I-\hat{\hat{H}})$ 与系统减少量比重 $(I-\hat{\hat{F}})$ 同第二章所讲的系统增加量构成 $(I-\hat{\hat{G}})$ 与系统减少量构成 $(I-\hat{\hat{C}})$ 不一样。首先，第二章讲的系统增加量（或减少量）不包括 α 部分，本章包括。其次，第二章讲的系统增加量（或减少量）构成指系统增加量（减少量）占期末（或期初）存量的比重，即流量与存量之比；本章所讲的系统增加量（或减少量）比重指系统增加量（或减少量）占状态总流入量（或状态总流出量）的比重，即流量与流量之比。

思考与练习

1. 已知 A 地区 2014 年城镇人口和乡村人口的流动情况如附表 4—1 所示，A 地区本期增加又在本期减少的人数为 4 万人（其中本期增加又在本期减少的城镇人口为 3 万人，本期增加又在本期减少的乡村人口为 1 万人）。请将 A 地区人口总流量综合表（附表 4—2）与人口总流量分解表（附表 4—3）补充完整。

附表 4—1　A 地区 2014 年人口流动

单位：万人

	2014 年期初人口	系统新增	系统减少	城镇转为乡村	乡村转为城镇	2014 年期末人口
城镇	500	20	10	6	—	
乡村	200	10	8	—	12	
全部	700			—	—	

附表 4—2　A 地区 2014 年人口总流量综合表

单位：万人

	系统减少	2014 年	2015 年	2014 年总人口流出量
系统新增	—		—	—
2013 年	—		—	—
2014 年		—		
2014 年总人口流入量	—		—	—

附表 4—3　A 地区 2014 年人口总流量分解表

单位:万人

<table>
<tr><th colspan="3" rowspan="3"></th><th rowspan="3">系统减少</th><th colspan="4">中间流入</th><th rowspan="3">状态人口总流出</th></tr>
<tr><th colspan="2">2014 年</th><th colspan="2">2015 年</th></tr>
<tr><th>城镇</th><th>乡村</th><th>城镇</th><th>乡村</th></tr>
<tr><td colspan="3">系统新增</td><td>—</td><td></td><td></td><td>—</td><td>—</td><td>—</td></tr>
<tr><td rowspan="4">中间流出</td><td rowspan="2">2013 年</td><td>城镇</td><td>—</td><td></td><td></td><td>—</td><td>—</td><td rowspan="2">—</td></tr>
<tr><td>乡村</td><td>—</td><td></td><td></td><td>—</td><td>—</td></tr>
<tr><td rowspan="2">2014 年</td><td>城镇</td><td></td><td>—</td><td>—</td><td></td><td></td><td></td></tr>
<tr><td>乡村</td><td></td><td>—</td><td>—</td><td></td><td></td><td></td></tr>
<tr><td colspan="3">状态人口总流入</td><td>—</td><td></td><td></td><td>—</td><td>—</td><td>—</td></tr>
</table>

2. 根据附表 4—3 计算 A 地区 2014 年的系统增加量比重与系统减少量比重。

3. 总流量核算中的系统增加量比重与系统减少量比重同第二章中的系统增加量构成与系统减少量构成有何区别?

第五章 净流量核算

净流量核算是研究社会系统中以实物单位为计算单位的、各状态表现为净流入量与净流出量相互依存关系的数量分析方法;它是根据“状态净流入量=状态净流出量”平衡关系建立的,并通过流出系数与流入系数建立数学模型,揭示社会生活现象、结构及其相互关系。

有人也将这种方法称为投入产出核算,例如,人口投入产出,教育投入产出等。为与经济上的投入产出相区别,我们称之净流量核算。

第一节 净流量表及其平衡关系

净流量表按是否细分组分为净流量综合表与净流量分解表,净流量综合表针对不分组的统计总体,净流量分解表针对分组的统计总体,净流量分解表各象限数值之和与净流量综合表对应象限数值相等。

一、净流量综合表

净流量综合表是以不分组的统计总体为研究对象、根据“统计总体流入量=统计总体流出量”平衡关系编制的、反映统计总体流入量来源与统计总体流出量去向的矩阵平衡表。

对比一下第四章总流量综合表的含义可以看到,净流量综合表的含义与总流量综合表的含义完全一致,都是以不分组的统计总体为研究对象、根据“统计总体流入量=统计总体流出量”关系编制的、反映统计总体流入量与统计总体流出量关系的矩阵平衡表。既然含义相同,表式也应完全相同,也就是说,净流量综合表与总流量综合表完全一致,因此,净流量综合表式就是总流量综合表4-1-1。

“不分组”指的就是“统计总体”,所以,不论是“净流量综合表”还是“总流量综合表”,只要“不分组”,其平衡表反映的就是“统计总体流入量”与“统计总体流出量”的平衡关系。换句话说,这两种平衡表都可称为“统计总体流入量与统计总体流出量平衡关系表”。之所以没有这样命名,而分别命名为“总流量综合表”和“净流量综合表”主要目的在于与“总流量分解表”和“净流量分解表”相对应,以便更好地理解总流量分解表与净流量分解表。

二、净流量分解表

(一)基本表式

净流量分解表是以分组情况下的统计总体为研究对象、根据“状态净流入量＝状态净流出量”平衡关系编制的、反映各状态净流入量与各状态净流出量关系的矩阵平衡表。

假设社会和人口发展的某方面(某系统)由 n 种状态构成,分别称状态 1,状态 2,……,状态 n,则由状态净流入量与状态净流出量构成的净流量分解表如表 5－1－1 所示。

表 5－1－1　净流量分解表

<table>
<tr><td colspan="4" rowspan="4"></td><td rowspan="4">系统减少</td><td colspan="2">中间净流入</td><td rowspan="4">状态净流出</td></tr>
<tr><td>第 1 年</td><td>第 2 年</td></tr>
<tr><td>状 态</td><td>状 态</td></tr>
<tr><td>1　2 … n</td><td>1　2 … n</td></tr>
<tr><td colspan="4">系统增加</td><td>(Ⅰ)</td><td>B'_1(Ⅱ)</td><td></td><td></td></tr>
<tr><td rowspan="2">中间净流出</td><td>第 0 年</td><td>状态</td><td>1
2
⋮
n</td><td></td><td>S_0(Ⅳ)</td><td></td><td></td></tr>
<tr><td>第 1 年</td><td>状态</td><td>1
2
⋮
n</td><td>D_1(Ⅲ)</td><td></td><td>S_1</td><td>N_1</td></tr>
<tr><td colspan="4">状态净流入</td><td></td><td>N'_1</td><td></td><td></td></tr>
</table>

表 5－1－1 各符号的含义为:

B_1:系统增加量列向量。指年内由系统外进入本系统引起的增加量,既包括构成年末存量的本期新增量,也包括年内进入本系统并在当年离开本系统的增加量。以人口为例,B_1 既包括年内出生并存活到年末的人口,也包括当年出生当年死亡的新增人口。净流量分解表 5－1－1 中的 B_1 与总流量分解表 4－1－3 中的 B_1 完全一致。净流量分解表 5－1－1 中的 B_1 相当于存量流量分解表 2－1－3 中 a 与 b 之和。

D_1:系统减少量列向量。指年内离开本系统的减少量,它既包括年初存量中的本期减少量，也包括年内新进入本系统又于当年离开本系统的减少量。以人口为例，D_1 既包括以前各年份出生于当年死亡的减少人口，也包括当年出生当年死亡的减少人口。净流量分解表5—1—1中的 D_1 与总流量分解表4—1—3中的 D_1 完全一致，净流量分解表5—1—1中的 D_1 相当于存量流量分解表2—1—3中 α 与 d 之和。

S_0、S_1：第0年和第1年中间净流量矩阵。即：

$$S_0=\begin{bmatrix} s_{11}^0 & s_{12}^0 & \cdots & s_{1n}^0 \\ s_{21}^0 & s_{22}^0 & \cdots & s_{2n}^0 \\ \vdots & & & \\ s_{n1}^0 & s_{n2}^0 & \cdots & s_{nn}^0 \end{bmatrix}$$

$$S_1=\begin{bmatrix} s_{11}^1 & s_{12}^1 & \cdots & s_{1n}^1 \\ s_{21}^1 & s_{22}^1 & \cdots & s_{2n}^1 \\ \vdots & & & \\ s_{n1}^1 & s_{n2}^1 & \cdots & s_{nn}^1 \end{bmatrix}$$

S_0：各状态第1年（本年）中间净流入量矩阵。矩阵 S_0 中每个元素都可以分别从横行和纵列来理解，从横行来看表示第0年（前1年）i 状态流出量，从纵列来看表示第1年（本年）j 状态流入量，其中，主对角线数字表示上一年以 i 状态流出，形成上一年 i 状态流出量，本年又以同种状态 j 状态流入（此时 $j=i$），形成本年同种状态流入量。非对角线数字表示上一年以 i 状态流出，形成上一年 i 状态流出量，进入本年后转为 j 状态，形成 j 状态流入量（此时 $j\neq i$）。这部分转移流量年初时也是以 i 状态流入的，只是在年内转成了 j 状态，在净流量分解表中，这部分转移流量不包括在主对角线数值中，如果包括，从净流量的角度看属于重复计算。

S_1：各状态第1年（本年）中间净流出量矩阵。矩阵 S_1 中每个元素 s_{ij}^1 都可以分别从横行和纵列来理解，从横行来看表示第1年（本年）i 状态流出量，从纵列来看表示第2年（下一年）j 状态流入量。其中，主对角线数字表示本年以 i 状态流出，形成本年 i 状态流出量，下一年又以同种状态 j 状态流入（此时 $j=i$），形成下一年同种状态流入量。非对角线数字表示本年以 i 状态流出，形成本年 i 状态流出量，进入下一后转为 j 状态，形成下一年 j 状态流入量（此时 $j\neq i$）。这部分流入量在下一年初时也是以 i 状态流入的，只是在下一年转成了 j 状态，在净流量分解表中，这部分转移流入量不包括在主对角线中，如果包括，从净流量的角度看属于重复计算。

表5—1—1的 S_0 和 S_1 与总流量分解表4—1—3不一样。总流量分解表4—1—3中的 S_0 是从流入量来理解的，S_1 是从流出量来理解的。另外，总流量分解表

是从状态总流量角度设置的，净流量分解表是从状态净流量角度设置的，因此，净流量分解表 5－1－1 中 S_i（$i=0,1$）主对角线上的数字不包括期初（末）处于本状态期内转为其他状态的部分，总流量分解表 4－1－3 则包括。

N'_1：状态净流入量行向量。表示第 1 年 j 状态净流入量，这与总流量分解表 4－1－3不一样，总流量分解表4－1－3中的 N'_1 表示第 1 年 j 状态总流入量。

N_1：状态净流出量列向量。表示第 1 年 i 状态净流入量，这与总流量分解表 4－1－3不一样，总流量分解表 4－1－3 中的 N_1 表示第 1 年 i 状态总流出量。

净流量分解表的目的在于反映状态净流入量与状态净流出量的平衡关系。从这个意义上说，可将净流量分解表称为状态净流入量与状态净流出量平衡关系表。

由以上分析可以看到，总流量分解表 4－1－3 与净流量分解表 5－1－1 粗看起来很类似，但区别还很大，主要的区别体现在对 S_0、S_1 与 N_1 的理解上。

（二）实例解读

以人口为例，根据实际数据编制的按城乡分组的中国人口净流量表如表 5－1－2 所示。

表 5－1－2　1985 年按城乡分组的中国人口净流量表

单位：万人

		死亡与迁出	1985 年		1986 年		各状态人口净流出量
			城镇	乡村	城镇	乡村	
出生与迁入			513.8	1346.8			
1984 年	城镇		33098	38			
	乡村		5054	65686			
1985 年	城镇	219.8			38408	38	38666
	乡村	472.8			5207	61391	67071
各状态人口净流入量			38666	67071			

通过表 5－1－2 可以进行如下分析。

1. 城镇人口净流入量

从纵列来看，1985 年城镇人口净流入量为 38666 万人。其中，以城镇人口身份离开 1984 年，又以城镇人口身份进入 1985 年的为 33098 万人；以乡村人口身份离开 1984 年，又以城镇人口身份进入 1985 年的为 5054 万人，1985 年出生与迁入的城镇人口为 513.8 万人。用公式表示的 1985 年城镇人口净流入量为：

城镇人口净流入量＝从 1984 年流出成为 1985 年净流入的城镇人口
＋出生与迁入的城镇人口＋乡村转为城镇的人口
＝33098＋513.8＋5054

=38666(万人)

由上式可以看出,33098是“从1984年流出成为1985年净流入的城镇人口”,不是从1984年流出的全部城镇人口。从1984年流出的全部城镇人口是33316(33098+38),其中的38万人虽然也以城镇人口身份进入1985年(从1984年流出意味着流入1985年),但后来转为乡村人口。从状态净流入角度看,应该扣除,它相当于只计入1984年城镇人口流出量,不计入1985年城镇人口流入量。从状态总流量的角度看不扣除(见表4—1—4),它相当于既计入1984年城镇人口流出量,也计入1985年城镇人口流入量。

2. 城镇人口净流出量

从横行来看,1985年城镇人口净流出量为38666万人。其中,以城镇人口身份离开1985年,又以城镇人口身份进入1986年的为38408万人;以城镇人口身份离开1985年,又以乡村人口身份进入1986年的为38万人;1985年死亡和迁出的城镇人口为219.8万人。用公式表示的1985年城镇人口净流出量为:

城镇人口净流出量=从1985年流出成为1986年净流入的城镇人口
+死亡与迁出的城镇人口+城镇转为乡村人口
=38408+219.8+38
=38666(万人)

上式中的38408是“从1985年流出成为1986年净流入的城镇人口”,不是从1985年流出进入1986年的全部城镇人口。从1985年流出的全部城镇人口是38446(38408+38),其中的38万人虽然也以城镇人口身份进入到1986年,但在年内又转为乡村人口。从状态净流出量角度看,应该扣除,从状态总流出量的角度看,不扣除(见表4—1—4)。

城镇人口净流入量等于城镇人口净流出量,即:

33098+513.8+5054=38408+219.8+38=38666(万人)

3. 乡村人口净流入量

从纵列看,1985年乡村人口净流入量为67071万人。其中,以乡村人口身份离开1984年,又以乡村人口身份进入1985年的为65686万人;以城镇人口身份离开1984年,又以乡村人口身份进入1985年的为38万人,1985年出生与迁入的乡村人口为1346.8万人。用公式表示的1985年乡村人口净流入量为:

乡村人口净流入量=从1984年流出成为1985年净流入的乡村人口
+出生与迁入的乡村人口+城镇转为乡村人口
=65686+1346.8+38
=67071(万人)

上式65686是“从1984年流出成为1985年净流入的乡村人口”,不是从1984

年流出的全部乡村人口。从1984年流出的全部乡村人口是70740(65686+5054),其中的5054万人虽然是以乡村人口身份进入1986年(从1984年流出意味着流入1985年),但在年内又转成了城镇人口。从状态净流入量角度看,应该扣除(它相当于只计入1984年乡村人口流出量,不计入1985年乡村人口流入量)。从状态总流量角度看,不扣除(见表4—1—4),它相当于既计入1984年乡村人口流出量,也计入1985年乡村人口流入量。

4. 乡村人口净流出量

从横行来看,1985年乡村人口净流出量为67071万人。其中,以乡村人口身份离开1985年,又以乡村人口身份进入1986年的是61391万人;以乡村人口身份离开1985年,又以城镇人口身份进入1986年的为5207万人;1985年死亡和迁出的乡村人口为472.8万人。用公式表示的1985年乡村人口净流出量为:

乡村人口净流出量=从1985年流出成为1986年净流入的乡村人口
+死亡与迁出的乡村人口+乡村转为城镇人口
=61391+472.8+5207
=38666(万人)

上式中的61391是"从1985年流出成为1986年净流入的乡村人口",不是从1985年流出进入1986年的全部乡村人口。从1985年流出的全部乡村人口是66598(61391+5207),其中的5207万人虽然也以乡村人口身份进入到1986年,但在年内又转为城镇人口。从状态净流出量角度看,如果不扣除就会产生重复计算,从状态总流出量的角度看,不扣除(见表4—1—4)。

乡村人口净流入量等于乡村人口净流出量,即:

65686+1346.8+38=61391+472.8+5207=67071

5. 全国人口流入量与全国人口流出量

由式1—2—14与式1—2—15可知,统计总体流入量等于各状态净流入量之和,统计总体流出量等于各状态净流出量之和,所以,根据表5—1—2计算的1985年全国人口流入量与流出量为:

全国人口流入量=城镇人口净流入量+乡村人口净流入量
=38666+67071=105737(万人)

全国人口流出量=城镇人口净流出量+乡村人口净流出量
=38666+67071=105737(万人)

(三)净流量分解表与净流量综合表的对比

通过表5—1—2还可以看出,1985年各状态净流入量(或流出量)之和为105737万人(38666+67071),等于表4—1—2中1985的中国总人口流入量(或流出量)105737;1985年中间净流入量S_0之和为103876(33098+38+5054+

65686)，等于表 4—1—2 中第Ⅳ象限的 1985 年中间流入量 103876；1985 年中间净流出量 S_1 之和为 105044(38408＋38＋5207＋61391)，等于表 4—1—2 中第Ⅳ象限的 1985 年中间流出量 105044[①]，因此，净流量分解表各象限数字之和与净流量综合表对应象限数字相等。这与总流量表不同，总流量综合表各象限数字与总流量分解表对应象限数字之和不存在对等关系。

三、净流量表基本平衡关系

根据净流量表可以分别从横行与纵列反映其平衡关系。

(一)行平衡关系

从横行来看，表 5—1—1 反映的各状态净流出量、系统减少量、中间净流出量的关系为：

状态净流出量＝系统减少量＋中间净流出量

将该平衡关系式用矩阵形式表示为：

$$N_1 = D_1 + S_1 e \qquad (5-1-1)$$

其中，$S_1 e$ 表示矩阵 S_1 的行总和，$S_1 e$ 是将矩阵 S_1 转换成列向量，式 5—1—1 是净流量分解表的行模型，它反映了状态净流出量、状态系统减少量及中间净流出量的平衡关系。

根据式 5—1—1 可计算各状态净流出量。例如，根据表 5—1—2 计算的 1985 年城镇人口净流出量与农村人口净流出量为：

$$\begin{bmatrix}\text{城镇人口净流出}\\\text{乡村人口净流出}\end{bmatrix}=\begin{bmatrix}38666\\67071\end{bmatrix}=\begin{bmatrix}219.8\\472.8\end{bmatrix}+\begin{bmatrix}38408 & 38\\5207 & 61391\end{bmatrix}\begin{bmatrix}1\\1\end{bmatrix}$$

将式 5—1—1 变形得：

$$S_1 e = N_1 - D_1 \qquad (5-1-2)$$

式 5—1—2 是各状态期末存量的计算公式。例如，根据表 5—1—2 计算的 1985 年末城镇人口与乡村人口为：

$$\begin{bmatrix}\text{1985 年末城镇人口}\\\text{1985 年末乡村人口}\end{bmatrix}=\begin{bmatrix}38408 & 38\\5207 & 61391\end{bmatrix}\begin{bmatrix}1\\1\end{bmatrix}=\begin{bmatrix}38666\\67071\end{bmatrix}-\begin{bmatrix}219.8\\472.8\end{bmatrix}=\begin{bmatrix}38446\\66598\end{bmatrix}$$

式 5—1—2 与式 4—2—10 是不一样的，式 5—1—2 是在已知状态净流出量情况下，如何得到状态期末存量；式 4—2—10 是在已知状态总流出量情况下，如何得到状态期末存量。

根据式 5—1—1 还可得到统计总体流出量为：

$$e'N_1 = e'D_1 + e'S_1 e \qquad (5-1-3)$$

---

① 由于净流量综合表与总流量综合表是一样的，所以，可参见表 4—1—2。

例如，根据表 5—1—2 计算得到的 1985 年总人口流出量为：

$$总人口流出量=\begin{bmatrix}1\\1\end{bmatrix}\begin{bmatrix}38666\\67071\end{bmatrix}$$

$$=[1\quad 1]\begin{bmatrix}219.8\\472.8\end{bmatrix}+[1\quad 1]\begin{bmatrix}38408 & 38\\5207 & 61391\end{bmatrix}\begin{bmatrix}1\\1\end{bmatrix}$$

$$=105737(万人)$$

根据式 5—1—1 还可得到统计总体期末存量的计算公式为：

$$e'(N_1-D_1)=e'S_1e \qquad (5—1—4)$$

例如，根据表 5—1—2 计算得到的 1985 年末总人口为：

$$年末总人口=[1\quad 1]\begin{bmatrix}38666\\67071\end{bmatrix}-[1\quad 1]\begin{bmatrix}219.8\\472.8\end{bmatrix}$$

$$=[1\quad 1]\begin{bmatrix}38408 & 38\\5207 & 61391\end{bmatrix}\begin{bmatrix}1\\1\end{bmatrix}$$

$$=105044(万人)$$

（二）列平衡关系

从纵列来看，表 5—1—1 反映的各状态净流入量与系统增加量和中间净流入量的关系为：

状态净流入量＝系统增加量＋中间净流入量

将该平衡关系用矩阵形式表示为：

$$N_1=B_1+S'_0e \qquad (5—1—5)$$

其中，S'_0e 表示矩阵 S_0 的列总和，S'_0e 将矩阵 S'_0 转换成列向量，式 5—1—5 是净流量分解表的列模型，它反映了状态净流入量、各状态系统增加量、中间净流入量的平衡关系。

根据式 5—1—5 可计算各状态净流入量。例如，根据表 5—1—2 计算的城镇人口净流入量与农村人口净流入量为：

$$\begin{bmatrix}城镇人口净流入\\乡村人口净流入\end{bmatrix}=\begin{bmatrix}38666\\67071\end{bmatrix}=\begin{bmatrix}513.8\\1346.8\end{bmatrix}+\begin{bmatrix}33098 & 5054\\38 & 65686\end{bmatrix}\begin{bmatrix}1\\1\end{bmatrix}$$

将式 5—1—5 变形得：

$$S_0e=N_1-B_1$$

该式是各状态期初存量的计算公式。例如，根据表 5—1—2 计算的 1985 年初城镇人口与乡村人口为：

$$\begin{bmatrix}1985年初城镇人口\\1985年初乡村人口\end{bmatrix}=\begin{bmatrix}33098 & 38\\5054 & 65686\end{bmatrix}\begin{bmatrix}1\\1\end{bmatrix}=\begin{bmatrix}38666\\67071\end{bmatrix}-\begin{bmatrix}513.8\\1346.8\end{bmatrix}=\begin{bmatrix}33136\\70740\end{bmatrix}$$

将式 5—1—5 整理得到统计总体流入量的计算公式为：

$$e'N_1 = e'B_1 + e'S'_0 e \qquad (5-1-6)$$

例如,根据表 5—1—2 计算的 1985 年总人口流入量为:

$$总人口流入量 = [1 \quad 1]\begin{bmatrix}38666\\67071\end{bmatrix}$$

$$= [1 \quad 1]\begin{bmatrix}513.8\\1346.8\end{bmatrix} + [1 \quad 1]\begin{bmatrix}33098 & 5054\\38 & 65686\end{bmatrix}\begin{bmatrix}1\\1\end{bmatrix}$$

$$= 105737(万人)$$

将式 $S_0 e = N_1 - B_1$ 变形可得统计总体期初存量的计算公式为:

$$e'(N_1 - B_1) = e'S_0 e \qquad (5-1-7)$$

例如,根据表 5—1—2 得到的 1985 年初人口为:

$$1985年初总人口 = [1 \quad 1]\begin{bmatrix}38666\\67071\end{bmatrix} - [1 \quad 1]\begin{bmatrix}513.8\\1346.8\end{bmatrix}$$

$$= [1 \quad 1]\begin{bmatrix}33098 & 5054\\38 & 65686\end{bmatrix}[1 \quad 1]$$

$$= 103876(万人)$$

四、分年度净流量表的整合

表 4—1—1 是针对某一年净流入量与净流出量编制的净流量综合表,表5—1—1是针对某一年的净流入量与净流出量编制的净流量分解表,按照表 4—1—1 和表 5—1—1的原理,每一年可以编制一张净流量综合表(或分解表),有多少年就需要编制多少张净流量表。由于净流量表中的 S_0 与 S_1 阵既可以从横行来理解,也可以从纵列来理解,同时,分组情况下所有状态净流量之和等于统计总体流量,因此,可以将若干年份的净流量表整合成一张表,这样既可以简化净流量表的形式,又可以清晰地再现研究对象的动态变化过程。

表 5—1—3 是将 t 个年度净流量综合表整合到一起形成的净流量综合表的整合表,表 5—1—4 是将 t 个年度净流量分解表整合到一起形成的净流量分解表的整合表。由于表 5—1—3 是未分组情况下对统计总体流量进行的反映,所以,表 5—1—3 中各符号只代表一个具体的数字。表 5—1—4 是分组情况下对净流量分解表的整合,所以,表 5—1—4 中各符号代表一个矩阵或一个向量。

从经济含义上看,表 5—1—3 中各符号的含义与表 5—1—4 中各符号的含义一样,下面以表 5—1—4 为例加以解释。

表 5—1—3　t 个年度净流量综合表的整合表

		系统减少	中间流入 第1年	中间流入 第2年	中间流入 …	中间流入 第 t 年	中间流入 第 $t+1$ 年	统计总体流出
系统增加		(Ⅰ)	B_1	B_2	(Ⅱ)	B_t		
中间流出	第0年		S_0					
	第1年	D_1		S_1				N_1
	⋮	(Ⅲ)			(Ⅳ)			⋮
	第 $t-1$ 年	D_{t-1}				S_{t-1}		N_{t-1}
	第 t 年	D_t					S_t	N_t
统计总体流入			N_1	N_2	…	N_t		

表 5—1—4　t 个年度净流量分解表的整合表

				系统减少	中间净流入 第1年 状态 1 2…n	中间净流入 第2年 状态 1 2…n	中间净流入 …	中间净流入 第 t 年 状态 1 2 …n	中间净流入 第 $t+1$ 年 状态 1 2 …n	状态净流出
系统增加				(Ⅰ)	B'_1	B'_2	(Ⅱ)	B'_t		
中间净流出	第0年	状态	1 2 ⋮ n		S_0					
	第1年	状态	1 2 ⋮ n	D_1		S_1				N_1
	⋮	⋮	⋮	(Ⅲ)			(Ⅳ)			⋮
	第 $t-1$ 年	状态	1 2 ⋮ n	D_{t-1}				S_{t-1}		N_{t-1}
	第 t 年	状态	1 2 ⋮ n	D_t					S_t	N_t
状态净流入					N'_1	N'_2	…	N'_t		

$S_i(i=0,1,\cdots,t)$：中间净流量矩阵。从横行来看，是第 t 年中间净流出量矩

阵,从纵列来看,第 $t+1$ 年中间净流入量矩阵。

$N_i(i=1,2,\cdots,t)$:第 t 年各状态净流出量列向量。

$N'_i(i=1,2,\cdots,t)$:第 t 年各状态净流入量行向量。

$B_i(i=1,2,\cdots,t)$:第 t 年系统增加量列向量。

$D_i(i=1,2,\cdots,t)$:第 t 年系统减少量列向量。

表 5－1－5 是将 1982、1983、1984、1985 年四个年份中国总人口净流量综合表整合在一起形成的净流量整合表。表 5－1－6 是将按城乡分组的 1982、1983、1984、1985 年四个年份中国人口净流量分解表整合在一起形成的净流量整合表。

表 5－1－5 1982－1985 年中国总人口净流量综合表的整合表

单位:万人

	死亡与迁出	1982	1983	1984	1985		总人口流出量
出生与迁入		2127	1862	1808	1861		
		100072					
1982	609		101590				102199
1983	689			102764			103453
1984	696				103876		104572
1985	692					105044	105737
总人口流入量		102199	103453	104572	105737		

表 5－1－6 按城乡分组的 1982－1985 年中国人口净流量分解表的整合表

单位:万人

		死亡与迁出	1982		1983		1984		1985				城乡净流出量
			城镇	乡村	城镇	乡村	城镇	乡村	城镇	乡村	城镇	乡村	
出生与迁入			375.1	1752.4	346.6	1515.8	371.1	1437	513.8	1346.8			
	城镇		20133	38									
	乡村		723	79178									
1982	城镇	100.1			21093	38							21231
	乡村	509.4			2830	77629							80968
1983	城镇	119.6					24112	38					24270
	乡村	568.8					8826	69788					79183
1984	城镇	173.1							33098	38			33309
	乡村	523							5054	65686			71263
1985	城镇	219.8									38408	38	38666
	乡村	472.8									5207	61391	67071
城乡净流入量			21231	80968	24270	79183	33309	71263	38666	67071			

由于分组情况下所有状态总流入量之和(或所有状态总流出量之和)不等于统计总体流入量(或统计总体流出量),所以,不同年份的总流量分解表无法整合成一张表。

第二节　基于流出系数的净流量列模型

净流量模型可以从纵列来建立,也可以从横行来建立。从纵列角度建立的模型依据的是流出系数,从横行角度建立的模型依据的是流入系数。流出系数指当年流出量中有多少转为下一年流入量,依据流出系数可以预测未来社会和人口发展的变化情况。

一、按 $\wedge$ 变化的 t 个年度预测型净流量分解表

表 5－1－4 中的 N_1、N_2、…、N_t ,B'_1、B'_2、…、B'_t,D_1、D_2、…、D_t 和 S_1、S_2、…、S_t 代表不同的具体数据,为了建立一般性的数学表达式,需要对具体的数据加以抽象和归纳。

假设各状态的净流量及系统增减量按 $\wedge$ 的比率变化[①],并设第 1 年的净流出(入)量 $N_1=N$,第 1 年的系统增加量 $B_1=B$,第 1 年的系统减少量 $D_1=D$,第 2 年的中间净流入量(或第 1 年的中间净流出量) $S_1=S$,则:

从纵列看,

第 1 年的净流入量、系统增加量、中间净流入量分别为:

$$N_1=N\ ,\ B_1=B\ ,\ S_{-1}=\wedge^{-1}S$$

第 2 年的净流入量、系统增加量、中间净流入量分别为:

$$N_2=\wedge N\ ,\ B_2=\wedge B\ ,\ S_1=S$$

第 3 年的净流入量、系统增加量、中间净流入量分别为:

$$N_3=\wedge^2 N\ ,\ B_3=\wedge^2 B\ ,\ S_2=\wedge S$$

……

第 $t+1$ 年的净流入量、系统增加量、中间净流入量分别为:

$$N_{t+1}=\wedge^t N\ ,\ B_{t+1}=\wedge^t B\ ,\ S_t=\wedge^{t-1}S$$

从横行看,

---

① $\wedge$ 指当年各状态净流量与上年各状态净流量之比,即 $\wedge=\hat{N}_1 N_0^{-1}$,或,

$$\wedge=\begin{bmatrix}\lambda_1 & \cdots & 0\\ \vdots & & \\ 0 & \cdots & \lambda_n\end{bmatrix}$$

下同。

前 1 年净流出量、系统减少量、中间净流出量分别为：

$$N_{-1}=\wedge^{-1}N\,,\;D_{-1}=\wedge^{-1}D\,,\;S_{-1}=\wedge^{-1}S$$

第 1 年净流出量、系统减少量、中间净流出量分别为：

$$N_1=N\,,\;D_1=D\,,\;S_1=S$$

第 2 年净流出量、系统减少量、中间净流出量分别为：

$$N_2=\wedge\,N\,,\;D_2=\wedge\,D\,,\;S_2=\wedge\,S$$

……

第 t 年净流出量、系统减少量、中间净流出量分别为：

$$N_t=\wedge^{t-1}N\,,\;D_t=\wedge^{t-1}D\,,\;S_t=\wedge^{t-1}S$$

这时，表 5－1－4 可写成表 5－2－1。

表 5－2－1　按 ∧ 变化的 t 个年度预测型净流量分解表

				系统减少	中间净流入				状态净流出
					第 1 年①	第 2 年	…	第 t +1 年	
					状态	状态	…	状态	
					1 2… t	1 2… t	…	1 2… t	
系统增加				(Ⅰ)	B'	$\wedge B'$	(Ⅱ)	$\wedge^t B'$	
中间净流出	前 1 年②	状态	1 2 ⋮ t	$\wedge^{-1}D$	$\wedge^{-1}S$				$\wedge^{-1}N$
	第 1 年	状态	1 2 ⋮ t	D		S			N
	⋮	⋮	⋮	(Ⅲ)			(Ⅳ)		⋮
	第 t 年	状态	1 2 ⋮ t	$\wedge^{t-1}D$				$\wedge^{t-1}S$	$\wedge^{t-1}N$
状态净流入					N'	$\wedge N'$	…	$\wedge^t N'$	

① “第 1 年”可理解为“基年”。下同。

② “前 1 年”相当于表 5－1－1、表 5－1－3 与表 5－1－4 中的“第 0 年”。

表5—2—1说明，当各状态的净流量及统计总体增减量按 $\wedge$ 的比率变化时，第1年的状态净流入(出)量为 N ，第2年的状态净流入(出)量为 $\wedge N$ ，……，第 $t+1$ 年的状态净流入(出)量为 $\wedge^{t}N$ 。第1年的系统减少量为 D ，第2年的系统减少量为 $\wedge D$ ，……，第 t 年的系统减少量为 $\wedge^{t-1}D$ 。第1年的系统增加量为 B ，第2年的系统增加量为 $\wedge B$ ，……，第 $t+1$ 年的系统增加量为 $\wedge^{t}B'$ 。前1年的中间净流出量(或第1年的中间净流入量)为 $\wedge^{-1}S$ ，第1年的中间净流出量(或第2年的中间净流入量)为 S ，……，第 t 年的中间净流出量(或第 $t+1$ 年中间净流入量)为 $\wedge^{t-1}S$ 。

二、基于流出系数的稳定型列模型

(一)流出系数

流出系数指某年第 i 种状态中间净流出量转为下一年的第 j 种状态中间净流入量占本年第 i 种状态净流出量的比例，反映由本年流出量到下一年流入量的流出关系。用公式表示为：

$$e_{ij}=\frac{s_{ij}}{n_i} \qquad (5-2-1)$$

其中，s_{ij} 表示本年以第 i 种状态中间净流出量转为下一年第 j 种状态流入量的数量；n_i 表示当年第 i 种状态的净流出量；e_{ij} 表示流出系数，当 $i=j$ 时，表示本年第 i 种状态净流出量成为下一年同种状态净流入量所占比例，反映状态 i 到状态 i 的流出关系。当 $i<j$ 时(下三角数字)，表示本年 i 状态流出量成为下一年 j 状态流入量所占的比例，它反映由状态 i 到状态 j 的流出关系。当 $i>j$ 时(上三角数字)，表示本年 j 状态流出量转为下一年 i 状态流入量所占比例，它反映状态 j 到状态 i 的流出关系。

将式5—2—1用矩阵形式表示为：

$$E'=S'\hat{N}^{-1} \qquad (5-2-2)$$

其中，E' 表示流出系数矩阵，即：

$$E'=\begin{bmatrix} e_{11} & e_{21} & \cdots & e_{n1} \\ e_{12} & e_{22} & \cdots & e_{n2} \\ \vdots & & & \\ e_{1n} & e_{2n} & \cdots & e_{nn} \end{bmatrix}$$

S' 是 S 的转置矩阵，表示中间净流出量，即：

$$S'=\begin{bmatrix} s_{11} & s_{21} & \cdots & s_{n1} \\ s_{12} & s_{22} & \cdots & s_{n2} \\ \vdots & & & \\ s_{1n} & s_{2n} & \cdots & s_{nn} \end{bmatrix}$$

$\hat{N}^{-1}$ 表示由向量 N 组成对角阵的逆矩阵，即：

$$\hat{N}^{-1}=\begin{bmatrix} n_1 & 0 & \cdots & 0 \\ 0 & n_2 & \cdots & 0 \\ \vdots & & & \\ 0 & 0 & \cdots & n_n \end{bmatrix}^{-1}=\begin{bmatrix} \frac{1}{n_1} & 0 & \cdots & 0 \\ 0 & \frac{1}{n_2} & \cdots & 0 \\ \vdots & & & \\ 0 & 0 & \cdots & \frac{1}{n_n} \end{bmatrix}$$

根据不同年份净流出量与中间净流量可以计算不同年份的流出系数。由表5—2—1可知，根据式5—2—1与式5—2—2计算的 e_{ij} 与 E 是第1年流出系数。

例如，根据表5—1—2计算的1985年我国城乡人口流出系数 E' 为：

$$\begin{aligned} E' &= S'\hat{N}^{-1} \\ &= \begin{bmatrix} 38408 & 5207 \\ 38 & 61391 \end{bmatrix}\begin{bmatrix} 38666 & 0 \\ 0 & 67071 \end{bmatrix}^{-1} \\ &= \begin{bmatrix} 0.99333 & 0.07763 \\ 0.00098 & 0.91531 \end{bmatrix} \end{aligned}$$

将 E' 转置得到 E 为：

$$E=\begin{bmatrix} 0.99333 & 0.00098 \\ 0.07763 & 0.91531 \end{bmatrix}$$

这说明，1985年我国城镇人口净流出量中，以城镇人口身份离开本年度又以城镇人口身份进入1986年的占99.333%，以城镇人口身份离开本年度又以乡村人口身份进入1986年的占0.098%；1985年乡村人口净流出量中，以乡村人口身份离开本年度又以乡村人口身份进入1986年的占91.531%，以乡村人口身份离开本年度又以城镇人口身份进入1986年的占7.763%。

流出系数的大小可以反映流入量对流出量的依存关系，当流出系数 e_{ij} 较大时说明，下一年第 j 种状态中间净流入量对本年第 i 种状态中间净流出量的依存关系较大。当流出系数 e_{ij} 较小时说明，下一年第 j 种状态中间净流入量对当年第 i 种状态中间净流出量的依存关系较小。

流出系数具有动态性，它反映本年流出量转为下一年流入量所占比例，换句话说，流出系数反映本年流出量对下一年流入量的预测关系。因此，根据流出系数建立的模型属于预测型模型，目的在于预测未来流入量。

流出系数与第二章讲述的转出系数是不同的。首先，流出系数反映的是本年流出量与下一年流入量间的关系，转出系数反映的是期初存量与期末存量间的关系。其次,流出系数是根据净流量表的横行计算的,转出系数是根据存量流量表的纵列计算的。

流出系数与第四章讲述的中间总流入量比重也不一样。流出系数反映本年流出量与下一年流入量的关系,从时间上看具有动态性。中间总流入量比重指当年中间总流入量占当年状态总流入量的比重,从时间上看不具有动态性。

（二）基于不变流出系数的稳定型列模型

1. 不变流出系数的通用表达式

不变流出系数指随着时间的变化,流出系数不变。假设第 1 年的流出系数为 E ,则第 2 年、第 3 年、……、第 t 年的流出系数均为 E 。

根据式 5—2—2 可知: $E'=S'\hat{N}^{-1}$,从表 5—2—1 可以看出,该公式是根据第 1 年净流出量 N 与第 2 年中间净流入量 S (或第 1 年中间净流出量)计算的,这是第 1 年的流出系数。由此可以推导出前 1 年的流出系数 E' 为:

$$E'=\wedge^{-1}S'\cdot(\wedge^{-1}\hat{N})^{-1}$$

它是根据前 1 年净流出量 $\wedge^{-1}N$ 与第 1 年中间净流入量 $\wedge^{-1}S$ (或第 1 年中间净流出量)计算的。

第 1 年的流出系数 E' 为:

$$E'=S'\hat{N}^{-1}$$

第 2 年的流出系数 E' 为:

$$E'=\wedge S'(\wedge\hat{N})^{-1}$$

它是根据第 2 年净流出量 $\wedge N$ 与第 3 年中间净流入量 $\wedge S$ (或第 2 年中间净流出量)计算的。

第 3 年的流出系数 E' 为:

$$E'=\wedge^{2}S'(\wedge^{2}\hat{N})^{-1}$$

它是根据第 3 年净流出量 $\wedge^{2}N$ 与第 4 年中间净流入量 $\wedge^{2}S$ (或第 3 年中间净流出量)计算的。

第 4 年的流出系数 E' 为:

$$E'=\wedge^{3}S'(\wedge^{3}\hat{N})^{-1}$$

它是第 4 年净流出量 $\wedge^{3}N$ 与第 5 年中间净流入量 $\wedge^{3}S$ (或第 4 年中间净流出量)计算的。

依此类推,第 t 年流出系数 E' 为:

$$E'=\wedge^{t-1}S'(\wedge^{t-1}\hat{N})^{-1}$$

该式是第 t 年不变流出系数的通用表达式,它根据第 t 年净流出量 $\wedge^{t-1}\hat{N}$ 与 $t+1$年中间净流入量 $\wedge^{t-1}S'$ 计算。

2. 基于不变流出系数的中间净流入量通用表达式

在已知各年流出系数 E' 和净流出量 $\wedge^{t}N$ 的情况下，可以得到各年的中间净流入量 $\wedge^{t}S$，即：

第 1 年的中间净流入量 $\wedge^{-1}S'$ 为：

$$\wedge^{-1}S' = E' \cdot \wedge^{-1}\hat{N}$$

第 2 年的中间净流入量 S' 为：

$$S' = E' \cdot \hat{N}$$

第 3 年的中间净流入量 $\wedge\ S'$ 为：

$$\wedge\ S' = E' \cdot \wedge\ \hat{N}$$

第 4 年的中间净流入量 $\wedge^{2}S'$ 为：

$$\wedge^{2}S' = E' \cdot \wedge^{2}\hat{N}$$

第 5 年的中间净流入量 $\wedge^{3}S'$ 为：

$$\wedge^{3}S' = E' \cdot \wedge^{3}\hat{N}$$

依此类推，第 $t+1$ 年中间净流入量 $\wedge^{t-1}S'$ 为：

$$\wedge^{t-1}S' = E' \cdot \wedge^{t-1}\hat{N}$$

该式是基于不变流出系数的中间净流入量通用表达式。

3. 基于不变流出系数的净流入量通用表达式

求出中间净流入量 $\wedge^{t}S'$ 后，就可以建立列模型。

由表 5－2－1 可以看出，第 1 年的净流入量列向量 N 为：

$$N = \wedge^{-1}S'e + B$$

其中，$\wedge^{-1}S'e$ 表示矩阵 $\wedge^{-1}S$ 。

将式 $\wedge^{-1}S' = E' \cdot \wedge^{-1}\hat{N}$ 代入上式得：

$$\begin{aligned} N &= \wedge^{-1}S' \cdot e + B \\ &= E' \cdot \wedge^{-1}\hat{N} \cdot e + B \\ &= E' \cdot \wedge^{-1}N + B \end{aligned} \tag{5-2-3}$$

式 5－2－3 说明，第 1 年净流入量 N 等于前 1 年净流出量 $\wedge^{-1}N$ 转为第 1 年流入量 $E'(\wedge^{-1}N)$ 与第 1 年系统增加量 B 之和。

第 2 年的净流入量列向量 $\wedge\ N$ 为：

$$\wedge\ N = S'e + \wedge\ B$$

其中 $S'e$ 表示矩阵 S 的列总和。

将式 $S' = E'\hat{N}$ 代入上式得：

$$\wedge\ N = S'e + \wedge\ B = E'\hat{N}e + \wedge\ B$$

$$=E'N+\wedge B$$

上式说明，第 2 年的净流入量等于第 1 年净流出量 N 转为第 2 年的流入量 $E'N$ 与第 2 年的系统增加量 $\wedge B$ 之和。

第 3 年的净流入量列向量 $\wedge^2 N$ 为：

$$\wedge^2 N=\wedge S'\cdot e+\wedge^2 B$$

将式 $\wedge S'=E'\cdot\wedge\hat{N}$ 代入上式得：

$$\begin{aligned}\wedge^2 N&=\wedge S'\cdot e+\wedge^2 B\\&=E'\cdot\wedge N+\wedge^2 B\\&=E'\cdot(\wedge B+E'N)+\wedge^2 B\\&=E'^2 N+E'\cdot\wedge B+\wedge^2 B\end{aligned}$$

上式说明，第 1 年净流出量 N 转为第 3 年流入量的为 $E'^2 N$，由第 2 年系统增加量 $\wedge B$ 变为第 3 年流入量的为 $E'\wedge B$，第 3 年的系统增加量为 $\wedge^2 B$，以上三项之和即为第 3 年净流入量 $\wedge^2 N$。

依此类推，第 $t+1$ 年净流入量 $\wedge^t N$ 为：

$$\begin{aligned}\wedge^t N&=E'^t N+\sum_{k=0}^{t-1}E'^k(\wedge^{t-k}B)\\&=E'^t N+\sum_{k=1}^{t-1}E'^k(\wedge^{t-k}B)+\wedge^t B\end{aligned}\quad(5-2-4)$$

式 5—2—4 说明，当统计总体按不变流出系数变化且系统增加量 B 按 $\wedge$ 的比率变化时，第 $t+1$ 年净流入量 $\wedge N$ 等于第 1 年净流出量 N 转为第 $t+1$ 年的流入量 $E'^t N$、第 2 年到第 t 年系统增加量转为第 $t+1$ 年的流入量 $\sum_{k=1}^{t-1}E'^k(\wedge^{t-k}B)$ 及第 $t+1$ 年系统增加量 $\wedge^t B$ 之和。

式 5—2—4 是以不变流出系数为基础的稳定型净流量列模型，它通过不变流出系数将第 1 年净流出量与第 $t+1$ 年净流入量联系了起来。

(三)基于可变流出系数的稳定型列模型

1. 可变流出系数的通用表达式

可变流出系数指随着时间的推移，流出系数 E 按 $\wedge$ 的比率增长。设第 1 年的流出系数为 E，则第 2 年的流出系数为 $\wedge E$，第 3 年的流出系数为 $\wedge^2 E$，第 4 年的流出系数为 $\wedge^3 E$，……，第 $t+1$ 年的流出系数为 $\wedge^t E$。

根据式 5—2—2 可知：$E'=S'\hat{N}^{-1}$，从表 5—2—1 可以看出，该公式是根据第 1 年净流出量 N 与第 2 年中间流入量 S' 计算的，这是第 1 年的流出系数。由此可以推导出前 1 年的流出系数 $\wedge^{-1}E'$ 为：

$$\wedge^{-1}E'=\wedge^{-1}S'\cdot(\wedge^{-1}\hat{N})^{-1}$$

$\wedge^{-1}E'$ 根据前 1 年流出量 $\wedge^{-1}N$ 和第 1 年中间净流入量 $\wedge^{-1}S$（或前 1 年中间净流出量）计算。

第 1 年的流出系数 E' 为：

$$E'=S'\hat{N}^{-1}$$

第 2 年的流出系数 $\wedge E'$ 为：

$$\wedge E'=\wedge S'(\wedge \hat{N})^{-1}$$

$\wedge E'$ 根据第 2 年净流出量 $\wedge N$ 和第 3 年中间净流入量 $\wedge S$（或第 2 年中间净流出量）计算。

第 3 年的流出系数 $\wedge^2E'$ 为：

$$\wedge^2E'=\wedge^2S'(\wedge^2\hat{N})^{-1}$$

$\wedge^2E'$ 根据第 3 年净流出量 $\wedge^2N$ 和第 4 年中间净流入量 $\wedge^2S$（或第 3 年中间净流出量）计算。

第 4 年的流出系数 $\wedge^3E'$ 为：

$$\wedge^3E'=\wedge^3S'(\wedge^3\hat{N})^{-1}$$

$\wedge^3E'$ 根据第 4 年净流出量 $\wedge^3N$ 和第 5 年中间净流入量 $\wedge^3S$（或第 4 年中间净流出量）计算。

依此类推，第 t 年流出系数 $\wedge^{t-1}E'$ 为：

$$\wedge^{t-1}E'=\wedge^{t-1}S'(\wedge^{t-1}\hat{N})^{-1}$$

该式是可变流出系数的通用表达式，它根据 t 年净流出量 $\wedge^{t-1}N$ 和 $t+1$ 年中间净流入量 $\wedge^{t-1}S$ 计算。

2. 基于可变流出系数的中间净流入量通用表达式

在已知各年流出系数 $\wedge^tE'$ 和净流出量 $\wedge^tN$ 的情况下，可以得到各年的中间净流入量 $\wedge^tS$，即：

第 1 年中间净流入量 $\wedge^{-1}S'$ 为：

$$\wedge^{-1}S'=\wedge^{-1}E'\cdot\wedge^{-1}\hat{N}$$

第 2 年中间净流入量 S' 为：

$$S'=E'\hat{N}$$

第 3 年中间净流入量 $\wedge S'$ 为：

$$\wedge S'=\wedge E'\cdot\wedge \hat{N}$$

第 4 年中间净流入量 $\wedge^2S'$ 为：

$$\wedge^2S'=\wedge^2E'\cdot\wedge^2\hat{N}$$

第 5 年中间净流入量 $\wedge^3S'$ 为：

$$\wedge^{3}S'=\wedge^{3}E'\cdot\wedge^{3}\hat{N}$$

依此类推，第 $t+1$ 年中间净流入量 $\wedge^{t-1}S'$ 为：

$$\wedge^{t-1}S'=\wedge^{t-1}E'\cdot\wedge^{t-1}\hat{N}$$

该式是基于可变流出系数的中间净流入量通用表达式。

3. 基于可变流出系数的净流入量通用表达式

求出中间净流入量 $\wedge^{t}S'$ 后，就可以建立列模型。

由表 5—2—1 可以看出，第 1 年的净流入量列向量 N 为：

$$N=\wedge^{-1}S'\cdot e+B$$

将式 $\wedge^{-1}S'=\wedge^{-1}E'\cdot\wedge^{-1}\hat{N}$ 代入上式得：

$$\begin{aligned}N&=\wedge^{-1}S'\cdot e+B\\&=\wedge^{-1}E'\cdot\wedge^{-1}\hat{N}\cdot e+B\\&=\wedge^{-1}E'\cdot\wedge^{-1}N+B\end{aligned}$$

上式说明，第 1 年净流入量 N 等于前 1 年净流出量 $\wedge^{-1}N$ 转为第 1 年流入量 $\wedge^{-1}E'\cdot\wedge^{-1}N$ 与第 1 年系统增加量 B 之和。

第 2 年的净流入量列向量 $\wedge N$ 为：

$$\wedge N=S'e+\wedge B$$

将式 $S'=E'\hat{N}$ 代入上式得：

$$\wedge N=E'\hat{N}e+\wedge B=E'N+\wedge B$$

这说明，第 2 年的净流入量 $\wedge N$ 等于第 1 年净流出量 N 转为第 2 年流入量的 $E'N$ 与第 2 年系统增加量 $\wedge B$ 之和。

第 3 年的净流入量列向量 $\wedge^{2}N$ 为：

$$\wedge^{2}N=\wedge S'\cdot e+\wedge^{2}B$$

将式 $\wedge S'=\wedge E'\cdot\wedge\hat{N}$ 代入上式得：

$$\begin{aligned}\wedge^{2}N&=\wedge E'\cdot\wedge\hat{N}\cdot e+\wedge^{2}B\\&=\wedge E'\cdot\wedge N+\wedge^{2}B\\&=\wedge E'(E'N+\wedge B)+\wedge^{2}B\\&=\wedge E'\cdot E'N+\wedge E'\cdot\wedge B+\wedge^{2}B\end{aligned}$$

这说明，第 3 年净流入量 $\wedge^{2}N$ 等于下列三项之和：第 1 年净流出量 N 转为第 3 年的流入量 $\wedge E'E'N$、第 2 年系统增加量 $\wedge B$ 转为第 3 年流入量 $\wedge E'\cdot\wedge B$，第 3 年系统增加量 $\wedge^{2}B$。

第 4 年净流入量列向量 $\wedge^{3}N$ 为：

$$\wedge^{3}N=\wedge^{2}S'\cdot e+\wedge^{3}B$$

将式 $\wedge^2 S' = \wedge^2 E \cdot \wedge^2 \hat{N}$ 代入上式得：

$$\begin{aligned}\wedge^3 N &= \wedge^2 E' \cdot \wedge^2 \hat{N} \cdot e + \wedge^3 B \\ &= \wedge^2 E' \cdot \wedge^2 N + \wedge^3 B \\ &= \wedge^2 E'(\wedge E' \cdot E' \cdot N + \wedge E' \cdot \wedge B + \wedge^2 B) + \wedge^3 B \\ &= \wedge^2 E' \cdot \wedge E' \cdot E' \cdot N + \wedge^2 E' \cdot \wedge E' \cdot \wedge B + \wedge^2 E' \cdot \wedge^2 B + \wedge^3 B\end{aligned}$$

这说明，第 4 年净流入量 $\wedge^3 N$ 等于以下四项之和：第 1 年净流出量 N 转为第 4 年的流入量 $\wedge^2 E' \cdot \wedge E' \cdot E' \cdot N$、第 2 年系统增加量 $\wedge B$ 转为第 4 年的流入量 $\wedge^2 E' \cdot \wedge E' \cdot \wedge B$、第 3 年系统增加量 $\wedge^2 B$ 转为第 4 年的流入量 $\wedge^2 E' \cdot \wedge^2 B$、第 4 年系统增加量 $\wedge^3 B$。

依此类推，第 $t+1$ 年净流入量 $\wedge^t N$ 为：

$$\wedge^t N = \prod_{k=0}^{t-1}(\wedge^k E')N + \sum_{k=1}^{t-1}\left[\prod_{\beta=t-k}^{t-1}(\wedge^\beta E')\right](\wedge^{t-k}B) + \wedge^t B \qquad (5-2-5)$$

上式说明，当系统（统计总体）按可变流出系数变化且系统增加量按 $\wedge$ 的比率变化时，第 $t+1$ 年净流入量 $\wedge^t N$ 等于第 1 年净流出量 N 转为第 $t+1$ 年流入量 $\prod_{k=0}^{t-1}(\wedge^k E')N$、第 2 年到第 t 年系统增加量转为第 $t+1$ 年流入量 $\sum_{k=1}^{t-1}\left[\prod_{\beta=t-k}^{t-1}(\wedge^\beta E')\right](\wedge^{t-k}B)$ 与第 $t+1$ 年系统增加量 $\wedge^t B$ 之和。

式 5—2—5 是以可变流出系数为基础的稳定型净流量列模型，它通过可变流出系数将第 1 年净流出量与第 $t+1$ 年净流入量联系了起来。

三、基于流出系数的静止型列模型

当系统处于静止状态时，各年的统计总体流入量相等，即：

$$N_1 = N_2 = \cdots = N$$

各年的系统增加量相等，即：

$$B_1 = B_2 = \cdots = B$$

这时，可将式 5—2—3：

$$N = E' \cdot \wedge^{-1} N + B$$

写成：$N = E'N + B$

整理后得：

$$N = (I - E')^{-1} B \qquad (5-2-6)$$

式 5—2—6 是以流出系数为基础的静止型净流量列模型，它通过流出系数 E 将净流入量 N 与系统增加量 B 联系了起来。

四、直接流出系数与间接流出系数

流出系数分为直接流出系数与间接流出系数。根据实际数据 s_{ij} 与 n_i 直接求得的称直接流出系数。根据直接流出系数推算的称间接流出系数。

对于人口统计总体而言，在已知直接流出系数的条件下，可以根据基年流出人口推算以后各年流入人口是多少。由于基年流出人口是由不同年龄的人口构成，不同年龄人口的预期寿命不同，这样就无法根据基年流出人口考察人口的生命过程。又由于现实的人口总体是由一系列出生于同时期的人口组成，出生于同一时期的人口预期寿命是相同的，若把出生于同一时期的人口看作一个人口群体，则只要考察了出生于同一时期人口的生命全过程，就可以反映出人口总体的生命过程。基于这种考虑，我们将同期出生的一批人作为基期流出人口，然后，根据实际人口计算的流出系数，考察同期出生的这批人按怎样的比例转为以后各年流入人口。

（一）直接流出系数与不变间接流出系数

假设新增出生人口为 B，将 B 视为基年（第 1 年）流出人口，同时新增出生人口 B 按不变流出系数变化，则由基年出生人口转为第 3 年的流入人口为 $E'B$，由基年新增人口转为第 2 年的流入人口为 E'^2B，……，由基年新增人口转为第 $t+1$ 年的流入人口为 E'^tB。这样，B、$E'B$、E'^2B、…、E'^tB 就组成了由出生人口转为以后各年流入人口的递减序列。

将这个序列的系数提出，得到 I、E'、E'^2、…、E'^t。这个序列说明，假设有一个单位的新增出生人口，则由基年出生人口转为第 2 年的流入人口占第 1 年净流出人口的比例为 E'，由基年出生人口转为第 3 年的流入人口占第 1 年净流出人口的比例为 E'^2，……，由基年出生人口转为第 $t+1$ 年的流入人口占第 1 年净流出人口的比例为 E'^t。E' 表示由基年出生人口转为第 2 年流入人口的流出系数，E'^2 表示由出生人口转为第 3 年流入人口的流出系数、……、E'^t 表示由出生人口转为第 $t+1$ 年流入人口的流出系数。

由于 E' 是根据实际数据“由出生人口成为第 2 年流入人口 S”与“第 1 年净流出人口 N”直接求得的，所以称 E' 为直接流出系数。由于由出生人口转为第 3 年流入人口的流出系数 E'^2 不是根据实际数据直接求得的，而是根据直接流出系数 E' 间接求得的，因此，称 E'^2 为间接流出系数。同理，由于出生人口转为第 $t+1$ 年人口的流出系数 E'^t 不是根据实际数据“由出生人口成为第 $t+1$ 年的流入人口”与“第 1 年流出人口”直接求得的，而是根据各年不变流出系数 E' 间接求得的，所以，称 E'^t（$t=2,3,\cdots,t$）为不变间接流出系数。其中，E'^2 为一次不变间接流出系数，E'^3 为二次不变间接流出系数，……，E'^t 为 $t-1$ 次不变间接流出系数。

（二）直接流出系数与可变间接流出系数

假设新增出生人口为 B，将 B 视为基年（第 1 年）流出人口，同时出生人口 B

按可变流出系数 $\wedge^{t-1}E$ 变化，则由基年出生人口转为第 2 年的流入人口为 $E'B$，由基年出生人口转为第 3 年的流入人口为 $\wedge E' \cdot E'B$，由基年出生人口转为第 4 年的流入人口为 $\wedge^2 E' \cdot \wedge E' \cdot E'B$，……，由基年出生人口转为第 $t+1$ 年的流入人口为 $\prod_{\beta=0}^{t-1}(\wedge^{\beta}E')B$。这样，$B$、$E'B$、$\wedge E' \cdot E'B$、…、$\prod_{\beta=0}^{t-1}(\wedge^{\beta}E')B$ 就构成了由出生人口转为以后各年流入人口的序列。

将这个序列的系数提出得到：I、E'、$\wedge E' \cdot E'$、$\wedge^2 E' \cdot \wedge E' \cdot E'$、…、$\prod_{\beta=0}^{t-1}(\wedge^{\beta}E')$。这个序列说明，假设有一个单位的新增人口，则由新增人口转为第 2 年的流入人口占第 1 年净流出人口的比例为 E'，由新增人口转为第 3 年的流入人口占第 1 年流出人口的比例为 $\wedge E' \cdot E'$，……，由新增人口转为第 $t+1$ 年的流入人口占第 1 年净流出人口的比例为 $\prod_{\beta=0}^{t-1}(\wedge^{\beta}E')$。我们称 E' 为由基年新增人口转为第 2 年流入人口的流出系数，$\wedge E' \cdot E'$ 为由基年新增人口转为第 3 年流入人口的流出系数，…，$\prod_{\beta=0}^{t-1}(\wedge^{\beta}E')$ 为由基年新增人口转为第 $t+1$ 年流入人口的流出系数。

由于 E' 是根据实际数据“由出生人口转为第 2 年的流入人口 S”与“第 1 年流出人口 N”直接求得的，所以称 E' 为直接流出系数。由于 $\prod_{\beta=0}^{t-1}(\wedge^{\beta}E')(t=2,3,\cdots,\infty)$ 不是根据实际数据“由出生人口转为第 $t+1$ 年的流入人口”与“第 1 年净流出人口”直接求得的，而是根据各年可变流出系数 $\wedge^{t-1}E'$ 推算的，所以称 $\prod_{\beta=0}^{t-1}(\wedge^{\beta}E')(t=2,3,\cdots,\infty)$ 为可变间接流出系数。其中 $\wedge E' \cdot E'$ 为一次可变间接流出系数，$\wedge^2 E' \cdot \wedge E' \cdot E'$ 为二次可变间接流出系数，……，$\prod_{\beta=0}^{t-1}(\wedge^{\beta}E')$ 为 $t-1$次可变间接流出系数。

同理，当基年新增人口为 B，且新增人口按可变流出系数 $\wedge^{-(t-1)}E'$ 变化时，直接流出系数与可变间接流出系数分别为 E' 和 $\wedge^{-1}E' \cdot E'$、$\wedge^{-2}E' \cdot \wedge^{-1}E' \cdot E'$、…、$\prod_{\beta=0}^{t-1}(\wedge^{-\beta}E')$。

五、$(I-E')^{-1}$ 与 $(I-\bar{E}')^{-1}$ 的经济含义

(一)系统增加量按不变流出系数变化

已知不变流出系数序列为：I、E'、E'^2、…、E'^t，设不变流出系数序列之和为 W，即：

$$W = I + E' + E'^2 + \cdots + E'^t \qquad (t \to \infty) \qquad (5-2-7)$$

将上式分别左乘矩阵 E' 得：

$$E'W = E' + E'^2 + E'^3 + \cdots + E'^{t+1} \qquad (5-2-8)$$

用式 5—2—7 减式 5—2—8 得：

$$(I - E')W = I - E'^{t+1} \qquad (5-2-9)$$

又 $\because \sum_{j=1}^{n} e_{ij} < 1$ ①，

$\therefore$ 当 $t \to \infty$时，$E^{t+1} \to 0$。

为此，式 5—2—9 变为：

$$(I - E')W = I$$

或，

$$(I - E')^{-1} = W$$

将式 5—2—7 代入上式得：

$$(I - E')^{-1} = I + E' + E'^2 + \cdots + E'^t$$

$$= I + E' + \sum_{t=2}^{\infty} E'^t \qquad (5-2-10)$$

上式说明，当把系统增加量作为第 1 年净流出量，且系统增加量按不变流出系数变化时，一个单位的系统增加量转为第 2 年流入量的比例是 E'，转为第 3 年流入量的比例是 E'^2，……，转为第 $t-1$ 年流入量的比例是 E'^t。若把 I 称为初始流量系数（或系统增加量系数），则矩阵 $(I - E')^{-1}$ 等于初始流量系数 I、直接流出系数 E' 和所有不变间接流出系数 $\sum_{t=2}^{\infty} E'^t$ 之和。由于 $\sum_{j=1}^{n} e_{ij} < 1$，所以，由 E'、E'^2、…、E'^t 组成的流出系数序列是逐渐减小的。当 $t \to \infty$时，$E^t \to 0$。

以人口为例，由于死亡、退休等原因，流出本系统的人口逐年增多，转为下一年的流入人口逐渐减少。当 $t \to \infty$时，$E'^t \to 0$，这说明，基年的新增人口将全部离开本系统。

关于 E'^t 中 t 的上限取值，应根据研究对象的特性来决定。当以人口为研究对象时，只要大于平均预期寿命，E'^t 就为 0。

例如，根据表 5—1—2 计算的 1985 年 $(I - E')^{-1}$ 为：

$$(I - E')^{-1} = I + E' + E'^2 + \cdots + 69$$

$$= \begin{bmatrix} 57.947 & 45.503 \\ 0.576 & 12.221 \end{bmatrix} \text{②}$$

---

① 各状态中间净流出量之和小于 i 状态净流出量。

② 中国 1985 年人口平均预期寿命为 68.9，故取 $t = 69$。

将该结果按式5－2－10分解为：

$$(I-E')^{-1}=I+E'+\sum_{t=2}^{69}E'^{t}=\begin{bmatrix}1 & 0\\0 & 1\end{bmatrix}+\begin{bmatrix}0.993 & 0.078\\0.001 & 0.915\end{bmatrix}+\begin{bmatrix}55.954 & 45.425\\0.575 & 10.306\end{bmatrix}$$

假设1985年出生和迁入的城镇人口和乡村人口分别为1000人，则由新增人口转为当年和以后各年流入人口总和为：

$$\begin{aligned}(I-E')^{-1}B&=\begin{bmatrix}1 & 0\\0 & 1\end{bmatrix}\begin{bmatrix}1000\\1000\end{bmatrix}+\begin{bmatrix}0.993 & 0.078\\0.001 & 0.915\end{bmatrix}\begin{bmatrix}1000\\1000\end{bmatrix}\\&\quad+\begin{bmatrix}55.954 & 45.425\\0.575 & 10.306\end{bmatrix}\begin{bmatrix}1000\\1000\end{bmatrix}\\&=\begin{bmatrix}1000\\1000\end{bmatrix}+\begin{bmatrix}1071\\916\end{bmatrix}+\begin{bmatrix}101379\\10881\end{bmatrix}\end{aligned}$$

这说明，当新增城乡人口分别为1000人时，则新增人口转为1986年城镇流入人口的为1071人，其中，由新增城镇人口转入的为993人，由新增乡村人口转入的为78人。由新增人口转为1986年乡村流入人口的为916人，其中，由新增乡村人口转入的为915人，由新增城镇人口转入的为1人。由新增人口转为1987年及以后各年城镇流入人口总和为101379人，其中，由新增城镇人口转入的为55954人，由新增乡村人口转入的为45425人；由新增人口转为1987年以后各年乡村流入人口总和为10881人，其中，由新增乡村人口转入的为10306人，由新增城镇人口转入的为575人。由于间接流出人数指转为各年流入人口总和，所以，它表示的是转出的“人年总数”。

(二)系统增加量按可变流出系数变化

当系统增加量按可变流出系数变化时，可变流出系数序列为 I 、E' 、$\wedge E'\cdot E'$ 、$\wedge^2E'\cdot\wedge E'\cdot E'$ 、…、$\prod_{\beta=0}^{t-1}(\wedge^{\beta}E')$ 。其中 E' 为直接流出系数，$\wedge E'\cdot E'$ 为一次可变间接流出系数，$\wedge^2E'\cdot\wedge E'\cdot E'$ 为二次可变间接流出系数，……，$\prod_{\beta=0}^{t-1}(\wedge^{\beta}E')$ 为 $t-1$ 次可变间接流出系数。

将可变流出系数替代式5－2－10中的右端，用平均可变流出系数 $\bar{E}'$ 替代式5－2－10的左端，得：

$$\begin{aligned}(I-\bar{E}')^{-1}&=I+E'+\wedge E'\cdot E'+\cdots+\prod_{\beta=0}^{t-1}(\wedge^{\beta}E')\\&=I+E'+\sum_{t=2}^{\infty}\prod_{\beta=0}^{t-1}(\wedge^{\beta}E')\end{aligned}\qquad(5-2-11)$$

上式说明，当把系统增加量作为第1年净流出量，同时，系统增加量按可变流出系数变化时，一个单位的系统增加量可以直接和间接产生多大比例的流入量。

其中,转为第 2 年中间净流入量的比例是 E' ,转为第 3 年中间净流入量的比例是 $\wedge E' \cdot E'$,转为第 4 年中间净流入量的比例是 $\wedge^2 E' \cdot \wedge E' \cdot E'$,……,转为第 $t+1$ 年中间净流入量的比例是 $\prod_{\beta=0}^{t-1}(\wedge^{\beta}E')$ 。若把 I 称为初始流量系数(系统增加量系数),则 $(I-\bar{E}')^{-1}$ 等于初始流量系数 I 、直接流出系数 E' 和全部可变间接流出系数 $\sum_{t=2}^{\infty}\prod_{\beta=0}^{t-1}(\wedge^{\beta}E')$ 之和,其中,平均可变流出系数 $\bar{E}'$ 为①:

$$\bar{E}'=I-\left[I+\sum_{t=1}^{\infty}\prod_{\beta=0}^{t-1}(\wedge^{\beta}E')\right]^{-1} \qquad (5-2-12)$$

第三节　基于流入系数的净流量行模型

流入系数不同于流出系数,流出系数反映当年流出量中多少转为下一年流入量,依据流出系数和当年流出量可以预测未来各年流入量。流入系数指当年流入量中上一年流出量所占比例,依据流入系数可推算以前各年份流入量。以流出系数为基础建立的数学模型是根据社会和人口发展现状预测未来,以流入系数为基础建立的数学模型是根据社会和人口发展现状推算历史。

一、按 ∧ 变化的 t 个年度倒推型净流量分解表

由于状态净流量之和等于统计总体流量,所以,可以将若干年份的净流量分解表整合成一张表,表 5—1—4 就是净流量分解表整合表的标准表式。从表 5—1—4 可以看出,该表是将第 1 年为起点的、未来若干年份净流量表整合到一起,那么如何对第 1 年为起点的、以前各年份净流量表整合到一起呢? 表 5—3—1 就是这样一张表。

表 5—3—1 是将第 1 年为起点的以前各年净流量分解表综合到一起形成的净流量分解表的整合表,其中的 N_1、N_{-1} 、N_{-2} 、…、N_{-t} 表示第 1 年、前 1 年、前 2 年、……、前 t 年状态净流入(出)量; B'_1、B'_{-1} 、…、$B'_{-(t-1)}$ 表示第 1 年、前 1 年、……、前 $t-1$ 年系统增加量; D_1、D_{-1} 、D_{-2} 、…、D_{-t} 表示第 1 年、前 1 年、前 2 年、……、前 t 年系统减少量; S_1、S_{-1} 、S_{-2} 、…、S_{-t} 表示第 2 年、第 1 年、前 1 年、

---

① 由式 5—2—11 得: $(I-\bar{E}')^{-1}=I+\sum_{t=1}^{\infty}\prod_{\beta=0}^{t-1}(\wedge^{\beta}E')$

整理后得: $\left[I+\sum_{t=1}^{\infty}\prod_{\beta=0}^{t-1}(\wedge^{\beta}E')\right]^{-1}=I-\bar{E}'$

移项并整理后得: $\bar{E}'=I-\left[I+\sum_{t=1}^{\infty}\prod_{\beta=0}^{t-1}(\wedge^{\beta}E')\right]^{-1}$

……、前 $t-1$ 年中间净流入量，或者表示第 1 年、前 1 年、前 2 年、……、前 t 年中间净流出量。

表 5—3—1 t 个年度倒推型净流量分解表的整合表

				系统减少	中间净流入					状态净流出
					前 $t-1$ 年	…	前 1 年	第 1 年	第 2 年	
					状态	…	状态	状态	状态	
				1 2… l	1 2 … n	…	1 2… n	1 2… n	1 2… n	
系统增加			1 2 ⋮ m		$B'_{-(t-1)}$		B'_{-1}	B'_1	B'_2	
中间流出	前 t 年	状态	1 2 ⋮ n	D_{-t}	S_{-t}					N_{-t}
中间流出	⋮	⋮	⋮	⋮		⋮				⋮
中间流出	前 2 年	状态	1 2 ⋮ n	D_{-2}			S_{-2}			N_{-2}
中间流出	前 1 年	状态	1 2 ⋮ n	D_{-1}				S_{-1}		N_{-1}
中间流出	第 1 年	状态	1 2 ⋮ n	D_1					S_1	N_1
状态净流入					$N'_{-(t-1)}$	…	N'_{-1}	N'_1	N'_2	

为数学建模的方便，有必要对表 5—3—1 进行抽象。假设分组情况下各状态的净流量及系统增减量按 $\wedge$ 的比率变化，并设第 1 年的状态净流入(出)量 $N_1=N$，第 1 年系统增加量 $B_1=B$，第 1 年系统减少量 $D_1=D$，第 1 年中间净流出量

(或第 2 年中间净流入量) $S_1=S$;则:

从横行看,

第 1 年的净流出量 N_1、中间净流出量 S_1、系统减少量 D_1 分别为:

$$N_1=N\ ,\ S_1=S\ ,\ D_1=D$$

前 1 年的净流出量 N_{-1} 、中间净流出量 S_{-1} 、系统减少量 D_{-1} 分别为:

$$N_{-1}=\wedge^{-1}N\ ,\ S_{-1}=\wedge^{-1}S\ ,\ D_{-1}=\wedge^{-1}D$$

前 2 年的净流出量 N_{-2} 、中间净流出量 S_{-2} 、系统减少量 D_{-2} 分别为:

$$N_{-2}=\wedge^{-2}N\ ,\ S_{-2}=\wedge^{-2}S\ ,\ D_{-2}=\wedge^{-2}D$$

……

前 t 年的净流出量 N_{-t} 、中间净流出量 S_{-t} 、系统减少量 D_{-t} 分别为:

$$N_{-t}=\wedge^{-t}N\ ,\ S_{-t}=\wedge^{-t}S\ ,\ D_{-t}=\wedge^{-t}D$$

从纵列看,

第 2 年净流入量 N_2、中间净流入量 S_1、系统增加量 B_2 分别为:

$$N_2=\wedge\ N\ ,\ S_1=S\ ,\ B_2=\wedge\ B$$

第 1 年净流入量 N_1、中间净流入量 S_{-1} 、系统增加量 B_1 分别为:

$$N_1=N\ ,\ S_{-1}=\wedge^{-1}S\ ,\ B_1=B$$

前 1 年净流入量 N_{-1} 、中间净流入量 S_{-2} 、系统增加量 B_{-1} 分别为:

$$N_{-1}=\wedge^{-1}N\ ,\ S_{-2}=\wedge^{-2}S\ ,\ B_{-1}=\wedge^{-1}B$$

……

前 $t-1$ 年净流入量 $N_{-(t-1)}$ 、中间净流入量 S_{-t} 、系统增加量 $B_{-(t-1)}$ 分别为:

$$N_{-(t-1)}=\wedge^{-(t-1)}N\ ,\ S_{-t}=\wedge^{-t}S\ ,\ B_{-(t-1)}=\wedge^{-(t-1)}B$$

这时,各年份净流量分解表的整合表如表 5—3—2 所示。

表 5—3—2 说明,当各状态的净流量及统计总体增减量按 $\wedge$ 的比率变化时,第 1 年的状态净流入(出)量为 N ,前 1 年的状态净流入(出)量为 $\wedge^{-1}N$,前 2 年的状态净流入(出)量为 $\wedge^{-2}N$,……,前 t 年的状态净流入(出)量为 $\wedge^{-t}N'$ 。

第 1 年的系统增加量为 B ,前 1 年的系统增加量为 $\wedge^{-1}B$,前 2 年的系统增加量为 $\wedge^{-2}B$,……,前 $t-1$ 年的系统增加量为 $\wedge^{-(t-1)}B$ 。

第 1 年的系统减少量为 D ,前 1 年的系统减少量为 $\wedge^{-1}D$,前 2 年的系统减少量为 $\wedge^{-2}D$,……,前 t 年的系统减少量为 $\wedge^{-t}D$ 。

第 2 年的中间净流入量(或第 1 年中间净流出量)为 S ,第 1 年中间净流入量(或前 1 年中间净流出量)为 $\wedge^{-1}S$,前 1 年中间净流入量(或前 2 年中间净流出量)为 $\wedge^{-2}S$,……,前 $t-1$ 年中间净流入量(或前 t 年中间净流出量)为 $\wedge^{-t}S$ 。

表 5—3—2　按 Λ 变化的 t 个年度倒推型净流量分解表

				系统减少	中间净流入					状态净流出
					前 $t-1$ 年	…	前 1 年	第 1 年	第 2 年	
					状态	…	状态	状态	状态	
				1 2 … l	1 2 … n	…	1 2 … n	1 2 … n	1 2 … n	
系统增加			1 2 ⋮ m		$\Lambda^{-(t-1)}B'$		$\Lambda^{-1}B'$	B'	$\Lambda B'$	
中间流出	前 t 年	状态	1 2 ⋮ n	$\Lambda^{-t}D$	$\Lambda^{-t}S$					$\Lambda^{-t}N$
	⋮	⋮	⋮	⋮		⋮				⋮
	前 2 年	状态	1 2 ⋮ n	$\Lambda^{-2}D$			$\Lambda^{-2}S$			$\Lambda^{-2}N$
	前 1 年	状态	1 2 ⋮ n	$\Lambda^{-1}D$				$\Lambda^{-1}S$		$\Lambda^{-1}N$
	第 1 年	状态	1 2 ⋮ n	D					S	N
状态净流入					$\Lambda^{-(t-1)}N'$	…	$\Lambda^{-1}N'$	N'	$\Lambda N'$	

二、基于流入系数的稳定型行模型

(一)流入系数

流入系数指某年第 j 种状态中间净流入量推算的上一年第 i 种状态中间净流出量占本年第 j 种状态净流入量的比例，反映由本年流入量到上一年流出量的流入关系。用公式表示为：

$$m_{ij}=\frac{\lambda s_{ij}}{n_j} \tag{5—3—1}$$

其中，λs_{ij} 表示本年第 j 种状态流入量中上一年以第 i 种状态流出的中间净流出量，n_j 表示第 j 种状态净流入量。m_{ij} 表示流入系数，当 $i=j$ 时，表示本年第 j

种状态净流入量中上一年是同种状态净流出量所占比例，反映状态 j 到状态 j 的流入关系。当 $i<j$ 时（下三角数字），表示本年 j 状态流入量中上一年为 i 状态流出量所占的比例，反映由状态 j 到状态 i 的流入关系。当 $i>j$ 时（上三角数字），表示本年 i 状态流入量中上一年为 j 状态流出量所占比例，反映状态 i 到状态 j 的流入关系。

将式 5－3－1 用矩阵形式表示为：

$$M=\Lambda^{-1}S\cdot\hat{N}^{-1} \tag{5-3-2}$$

其中，M 表示流入系数矩阵，即：

$$M=\begin{bmatrix} m_{11} & m_{12} & \cdots & m_{1n} \\ m_{21} & m_{22} & \cdots & m_{2n} \\ \vdots & & & \\ m_{n1} & m_{n2} & \cdots & m_{nn} \end{bmatrix}$$

$\Lambda^{-1}S$ 表示中间净流出量矩阵，即：

$$\Lambda^{-1}S=\begin{bmatrix} \lambda s_{11} & \lambda s_{12} & \cdots & \lambda s_{1n} \\ \lambda s_{21} & \lambda s_{22} & \cdots & \lambda s_{2n} \\ \vdots & & & \\ \lambda s_{n1} & \lambda s_{n2} & \cdots & \lambda s_{nn} \end{bmatrix}$$

$\hat{N}^{-1}$ 表示由向量 N 组成对角阵的逆矩阵，即：

$$\hat{N}^{-1}=\begin{bmatrix} n_1 & 0 & \cdots & 0 \\ 0 & n_2 & \cdots & 0 \\ \vdots & & & \\ 0 & 0 & \cdots & n_n \end{bmatrix}^{-1}=\begin{bmatrix} \frac{1}{n_1} & 0 & \cdots & 0 \\ 0 & \frac{1}{n_2} & \cdots & 0 \\ \vdots & & & \\ 0 & 0 & \cdots & \frac{1}{n_n} \end{bmatrix}$$

根据不同年份的净流入量及中间净流出量可以计算不同年份的流入系数，由表 5－3－2 可知，根据式 5－3－1 与式 5－3－2 计算的流入系数是第 1 年流入系数。

例如，根据表 5－1－2 计算的 1985 年我国城乡人口流入系数矩阵 M 为：

$$M=\Lambda^{-1}S\cdot\hat{N}^{-1}=\begin{bmatrix} 33098 & 38 \\ 5054 & 65686 \end{bmatrix}\begin{bmatrix} 38666 & 0 \\ 0 & 67071 \end{bmatrix}^{-1}$$

$$=\begin{bmatrix} 0.85600 & 0.00057 \\ 0.13071 & 0.97935 \end{bmatrix}$$

这说明，1985 年城镇人口净流入量中，1984 年以城镇人口身份流出的占

85.6%,1984 年以乡村人口身份流出的占 13.071%。1985 年乡村人口净流入量中,1984 年以城镇人口身份流出的占 0.057%,1984 年以乡村人口身份流出的占 97.935%。

流入系数的大小可以反映流出量对流入量的依存关系,当流入系数 m_{ij} 较大时说明,上一年第 i 种状态中间净流出量对本年第 j 种状态净流入量的依存关系较大。当流入系数 m_{ij} 较小时说明,上一年第 i 种状态中间净流出量对本年第 j 种状态净流入量的依存关系较小。

流入系数具有动态性,它反映本年流入量对上一年流出量的推算关系,根据流入系数建立的模型属于倒推型模型,目的在于推算以前各年流出量。

(二)基于不变流入系数的稳定型行模型

1. 不变流入系数的通用表达式

不变流入系数指随着时间的变化流入系数不变。假设第 1 年的流入系数为 M,则第 1 年流入系数=前 1 年流入系数=前 2 年流入系数=…=前 $t-1$ 年流入系数$=M$。

根据式 5—3—2 可知:$M=\wedge^{-1}S\cdot\hat{N}^{-1}$,从表 5—3—2 可以看出,该公式根据第 1 年(基年)净流入量 N 和前 1 年中间净流出量 $\wedge^{-1}S$ 计算,这是第 1 年的流入系数。由此可得到各年的流入系数。

前 1 年的流入系数 M 为:

$$M=\wedge^{-2}S\,(\wedge^{-1}\hat{N})^{-1}$$

它根据前 1 年净流入量 $\wedge^{-1}N$ 与前 2 年中间净流出量 $\wedge^{-2}S$ 计算。

前 2 年的流入系数 M 为:

$$M=\wedge^{-3}S\,(\wedge^{-2}\hat{N})^{-1}$$

它根据前 2 年净流入量 $\wedge^{-2}N$ 与前 3 年中间净流出量 $\wedge^{-3}S$ 计算。

……

前 $t-1$ 年的流入系数 M 为:

$$M=\wedge^{-t}S\,(\wedge^{-(t-1)}\hat{N})^{-1}$$

该式是前 $t-1$ 年流入系数的通用表达式,它根据 $t-1$ 年净流入量 $\wedge^{-(t-1)}N$ 与第 t 年中间净流出量 $\wedge^{-t}S$ 计算。

2. 基于不变流入系数的中间净流出量通用表达式

在已知各年流入系数 M 和净流入量 $\wedge^{-(t-1)}N$ 的情况下,可以得到各年的中间净流出量 $\wedge^{-t}S$,即:

第 1 年的中间净流出量 S 为:

$$S=M\cdot\wedge\hat{N}$$

前1年的中间净流出量 $\wedge^{-1}S$ 为：

$$\wedge^{-1}S = M \cdot \hat{N}$$

前2年的中间净流出量 $\wedge^{-2}S$ 为：

$$\wedge^{-2}S = M \cdot \wedge^{-1}\hat{N}$$

前3年的中间净流出量 $\wedge^{-3}S$ 为：

$$\wedge^{-3}S = M \cdot \wedge^{-2}\hat{N}$$

……

前 t 年的中间净流出量 $\wedge^{-t}S$ 为

$$\wedge^{-t}S = M \cdot \wedge^{-(t-1)}\hat{N}$$

该式是基于不变流入系数的中间净流出量通用表达式。

3. 基于不变流入系数的净流出量通用表达式

求出中间净流出量 $\wedge^{-t}S$ 之后，就可以建立行模型。

由表5—3—2可以看出，第1年净流出量列向量 N 为：

$$N = D + Se$$

其中 Se 为矩阵 S 的行总和。

将 $S = M \cdot \wedge \hat{N}$ 代入上式得：

$$\begin{aligned} N &= D + Se \\ &= D + (M \cdot \wedge \hat{N})e \\ &= D + M \cdot \wedge N \end{aligned} \qquad (5—3—3)$$

式5—3—3说明，第1年的净流出量 N 等于第1年系统减少量 D 与由第2年净流入量 $\wedge N$ 推算的第1年中间净流出量 $M \wedge N$ 之和。

前1年的净流出量列向量 $\wedge^{-1}N$ 为：

$$\wedge^{-1}N = \wedge^{-1}D + \wedge^{-1}S \cdot e$$

将 $\wedge^{-1}S = M \cdot \hat{N}$ 代入上式得：

$$\begin{aligned} \wedge^{-1}N &= \wedge^{-1}D + \wedge^{-1}S \cdot e \\ &= \wedge^{-1}D + M\hat{N}e \\ &= \wedge^{-1}D + MN \end{aligned}$$

这说明，前1年的净流出量等于前1年的系统减少量 $\wedge^{-1}D$ 与由第1年净流入量 N 推算的前1年中间净流出量 MN 之和。

前2年的净流出量列向量 $\wedge^{-2}N$ 为：

$$\wedge^{-2}N = \wedge^{-2}D + \wedge^{-2}S \cdot e$$

将 $\wedge^{-2}S = M \cdot \wedge^{-1}\hat{N}$ 代入上式得：

$$\begin{aligned}\wedge^{-2}N &= \wedge^{-2}D + \wedge^{-2}S \cdot e \\ &= \wedge^{-2}D + M \cdot \wedge^{-1}\hat{N} \cdot e \\ &= \wedge^{-2}D + M \cdot \wedge^{-1}N \\ &= \wedge^{-2}D + M(\wedge^{-1}D + MN) \\ &= \wedge^{-2}D + M \cdot \wedge^{-1}D + M^2N\end{aligned}$$

这说明,前 2 年的净流出量等于前 2 年的系统减少量 $\wedge^{-2}D$、根据前 1 年系统减少量 $\wedge^{-1}D$ 推算的前 2 年中间净流出量 $M \cdot \wedge^{-1}D$ 与根据第 1 年净流入量 N 推算的前 2 年中间净流出量 M^2N 之和。

前 3 年的净流出量列向量 $\wedge^{-3}N$ 为:

$$\wedge^{-3}N = \wedge^{-3}D + \wedge^{-3}S \cdot e$$

将 $\wedge^{-3}S = M \cdot \wedge^{-2}\hat{N}$ 代入上式得:

$$\begin{aligned}\wedge^{-3}N &= \wedge^{-3}D + \wedge^{-3}S \cdot e \\ &= \wedge^{-3}D + (M \cdot \wedge^{-2}\hat{N})e \\ &= \wedge^{-3}D + M \cdot \wedge^{-2}N\end{aligned}$$

将 $\wedge^{-2}N = \wedge^{-2}D + M \cdot \wedge^{-1}D + M^2N$ 代入上式得:

$$\wedge^{-3}N = \wedge^{-3}D + M \cdot \wedge^{-2}D + M^2 \cdot \wedge^{-1}D + M^3N$$

上式说明,前 3 年的系统减少量为 $\wedge^{-3}D$,由前 2 年系统减少量 $\wedge^{-2}D$ 推算的前 3 年中间净流出量为 $M \cdot \wedge^{-2}D$,由前 1 年系统减少量 $\wedge^{-1}D$ 推算的前 3 年中间净流出量为 $M^2 \cdot \wedge^{-1}D$,由第 1 年净流入量 N 推算的前 3 年中间净流出量 M^3N,以上四项之和即为前三年净流出量 $\wedge^{-3}N$。

依此类推,前 t 年的净流出量列向量 $\wedge^{-t}N$ 为:

$$\wedge^{-t}N = \wedge^{-t}D + \sum_{k=1}^{t-1} M^k(\wedge^{-(t-k)}D) + M^tN \qquad (5-3-4)$$

这说明,当统计总体按不变流入系数变化且系统减少量按 $\wedge$ 的比率变化时,前 t 年的净流出量 $\wedge^{-t}N$ 等于前 t 年系统减少量 $\wedge^{t}D$、前 1 年到前 $t-1$ 年系统减少量推算的前 t 年中间净流出量 $\sum_{k=1}^{t-1} M^k(\wedge^{-(t-k)}D)$、第 1 年净流入量 N 推算的前 t 年中间净流出量 M^tN 之和。

式 5—3—4 是建立在不变流入系数基础上的稳定型净流量行模型,它根据不变流入系数将前 t 年的净流出量 $\wedge^{-t}N$ 与第 1 年净流入量联系了起来。

(三)基于可变流入系数的稳定型行模型

1. 可变流入系数的通用表达式

可变流入系数指随着时间的推移,流入系数 M 按 $\wedge$ 的比率变化,假设第 1 的流入系数为 M,则前 1 年的流入系数为 $\wedge^{-1}M$,前 2 年的流入系数为 $\wedge^{-2}M$、……、前 $t-1$ 年的流入系数为 $\wedge^{-t}M$ 。

根据式 5—3—2 可知：$M=\wedge S\cdot\hat{N}^{-1}$ ，从表 5—3—2 可以看出，该公式是根据第 1 年净流入量 N 与前 1 年中间净流出量 $\wedge^{-1}S$ 计算的，这是第 1 年的流入系数。由此可以推导出前 1 年的流入系数 $\wedge^{-1}M$ 为：

$$\wedge^{-1}M=\wedge^{-2}S\ (\wedge^{-1}\hat{N})^{-1}$$

它根据前 1 年净流入量 $\wedge^{-1}N$ 与前 2 年中间净流出量 $\wedge^{-2}S$ 计算。

前 2 年的流入系数 $\wedge^{-2}M$ 为：

$$\wedge^{-2}M=\wedge^{-3}S\ (\wedge^{-2}\hat{N})^{-1}$$

它根据前 2 年净流入量 $\wedge^{-2}N$ 与前 3 年中间净流出量 $\wedge^{-3}S$ 计算。

……

前 $t-1$ 年的流入系数 $\wedge^{-(t-1)}M$ 为：

$$\wedge^{-(t-1)}M=\wedge^{-t}S\ (\wedge^{-(t-1)}\hat{N})^{-1}$$

该式是前 $t-1$ 年流入系数 $\wedge^{-(t-1)}M$ 的通用表达式，它根据 $t-1$ 年净流入量 $\wedge^{-(t-1)}N$ 与第 t 年中间净流出量 $\wedge^{-t}S$ 计算。

2. 基于可变流入系数的中间净流出量通用表达式

在已知各年流入系数 $\wedge^{-(t-1)}M$ 和净流入量 $\wedge^{-(t-1)}N$ 的情况下，可以得到各年的中间净流出量 $\wedge^{-t}S$ ，即：

第 1 年的中间净流出量 S 为：

$$S=\wedge M\cdot\wedge\hat{N}$$

前 1 年中间净流出量 $\wedge^{-1}S$ 为：

$$\wedge^{-1}S=M\cdot\hat{N}$$

前 2 年中间净流出量 $\wedge^{-2}S$ 为：

$$\wedge^{-2}S=\wedge^{-1}M(\wedge^{-1}\hat{N})$$

……

前 t 年中间净流出量 $\wedge^{-t}S$ 为：

$$\wedge^{-t}S=\wedge^{-(t-1)}M\ (\wedge^{-(t-1)}\hat{N})$$

该式是基于可变流入系数的中间净流出量通用表达式。

3. 基于可变流入系数的净流出量通用表达式

求出中间净流出量 $\wedge^{-t}S$ 后，就可以建立行模型。

由表 5—3—2 可以看出，第 1 年的净流出量列向量 N 为：

$$N=D+Se$$

将式 $S=\wedge M\cdot\wedge\hat{N}$ 代入上式得：

$$N = D + Se$$
$$= D + (\wedge M \cdot \wedge \hat{N})e$$
$$= D + \wedge M \cdot \wedge N$$

这说明,第1年的净流出量 N 等于第1年系统减少量 D 与由第2年净流入量 $\wedge N$ 推算的第1年中间净流出量 $\wedge M \cdot \wedge N$ 之和。

前1年的净流出量列向量 $\wedge^{-1}N$ 为:

$$\wedge^{-1}N = \wedge^{-1}D + \wedge^{-1}S \cdot e$$

将式 $\wedge^{-1}S = M \cdot \hat{N}$ 代入上式得:

$$\wedge^{-1}N = \wedge^{-1}D + \wedge^{-1}S \cdot e$$
$$= \wedge^{-1}D + M \cdot N$$

这说明,前1年的净流出量 $\wedge^{-1}N$ 等于前1年的系统减少量 $\wedge^{-1}D$ 与第1年净流入量 N 推算的前1年中间净流出量 $M \cdot N$ 之和。

前2年的净流出量列向量 $\wedge^{-2}N$ 为:

$$\wedge^{-2}N = \wedge^{-2}D + \wedge^{-2}S \cdot e$$

将式 $\wedge^{-2}S = \wedge^{-1}M \cdot \wedge^{-1}\hat{N}$ 代入上式得:

$$\wedge^{-2}N = \wedge^{-2}D + \wedge^{-2}S \cdot e$$
$$= \wedge^{-2}D + \wedge^{-1}M \cdot \wedge^{-1}N$$
$$= \wedge^{-2}D + \wedge^{-1}M(\wedge^{-1}D + M \cdot N)$$
$$= \wedge^{-2}D + \wedge^{-1}M \cdot \wedge^{-1}D + \wedge^{-1}M \cdot M \cdot N$$

这说明,前2年的系统减少量为 $\wedge^{-2}D$,前1年系统减少量 $\wedge^{-1}D$ 推算的前2年流出量为 $\wedge^{-1}M \cdot \wedge^{-1}D$,第1年净流入量 N 推算的前2年中间净流出量为 $\wedge^{-1}M \cdot M \cdot N$,以上三项之和就是前2年的净流出量 $\wedge^{-2}N$。

依此类推,前 t 年的净流出量列向量 $\wedge^{-t}N$ 为:

$$\wedge^{-t}N = \wedge^{-t}D + \sum_{k=1}^{t-1}\left[\prod_{\beta=t-k}^{t-1}(\wedge^{-\beta-1}M)\right](\wedge^{-(t-k)}D) + \prod_{\beta=0}^{t-1}(\wedge^{-\beta-1}M)N \tag{5-3-5}$$

上式说明,当统计总体按可变流入系数变化且系统减少量按 $\wedge$ 的比率变化时,前 t 年的净流出量 $\wedge^{-t}N$ 等于前 t 年系统减少量 $\wedge^{t}D$、前1年到前 $t-1$ 年系统减少量推算的前 t 年中间净流出量 $\sum_{k=1}^{t-1}\left[\prod_{\beta=t-k}^{t-1}(\wedge^{-\beta-1}M)\right](\wedge^{-(t-k)}D)$、第1年净流入量推算的前 t 年中间净流出量 $\prod_{\beta=0}^{t-1}(\wedge^{-\beta-1}M)N$ 之和。

式5—3—5是建立在可变流入系数之上的稳定型净流量行模型,它根据可变流入系数将前 t 年净流出量 $\wedge^{-t}N$ 与第1年净流入量 N 联系了起来。

三、基于流入系数的静止型行模型

以上讨论了统计总体按某一固定比例变化时的数学模型，在实际生活中，常常会遇到统计总体规模不变的情况，即各年的流入（或流出）量相等，各年的系统减少量或系统增加量相等，这说明系统处于静止状态，这时，就可以根据流入系数建立静止型数学模型。

当系统处于静止状态时，各年的统计总体流出量相等，即：

$$N_1 = N_2 = \cdots = N$$

各年的系统减少量相等，即：

$$D_1 = D_2 = \cdots = D$$

这时，式 5－3－3 可写成：

$$N = D + M \cdot \wedge N = D + MN$$

整理后得：

$$(I - M)N = D \qquad (5-3-6)$$

或，

$$(I - M)^{-1}D = N \qquad (5-3-7)$$

式 5－3－6 与 5－3－7 是以流入系数为基础的静止型净流量行模型，它通过流入系数 M 将净流出量 N 与系统减少量 D 联系了起来。

四、直接流入系数与间接流入系数

流入系数分为直接流入系数与间接流入系数。根据实际净流入量 N 与实际中间净流出量 $\wedge^{-1}S$ 求得的称直接流入系数，根据直接流入系数推算的流入系数称为间接流入系数。

为了更好地理解直接流入系数与间接流入系数，我们以人口总体为例加以说明。对于人口总体而言，在已知直接流入系数前提下，可以根据基年净流入人口推算以前各年流出人口。当大于死亡年龄时，流入系数 M^{t+i} $(i \geqslant 1)$应为零。由于基年流入人口由不同年龄人口构成，不同年龄人口的死亡年龄是不同的，这样就找不到一个具体的 t 值，使得 M^{t+i} $(i \geqslant 1)$为零，因此，无法根据基年流入人口考察人口已经走过的平均历程。

我们知道，人口已经走过的生命历程可以通过死亡人口来反映，为此，假设有一批同年死亡的人，将这批人作为基年流入人口，然后根据实际人口计算的直接流入系数，推算同年死亡的这批人已经走过的生命历程。

（一）直接流入系数与不变间接流入系数

假设死亡人口为 D ，将死亡人口作为基年（第 1 年）流入人口，同时死亡人口

D 按不变流入系数 M 变化，则由基年死亡人口推算的前 1 年流出人口为 MD，由基年死亡人口推算的前 2 年流出人口为 M^2D，……，由基年死亡人口推算的前 t 年流出人口为 M^tD。这样，D，MD，M^2D，…，M^tD 就组成了由基年死亡人口推算的以前各年流出人口的递减序列。

将此序列的系数提出得到：I、M、M^2、M^3、…、M^t，这个序列说明，假设有一个单位的死亡人口，则由基年死亡人口推算的前 1 年流出人口占第 1 年净流入人口的比例为 M，由基年死亡人口推算的前 2 年流出人口占第 1 年净流入人口的比例为 M^2，……，由基年死亡人口推算的前 t 年流出人口占第 $t-1$ 年净流入人口的比例为 M^t，我们称 M 为由基年死亡人口推算的前 1 年流出人口的流入系数，M^2 为由基年死亡人口推算的前 2 年流出人口的流入系数，……，M^t 为由基年死亡人口推算的前 t 年流出人口的流入系数。由于 M 是根据流出人口实际数据与流入人口实际数据直接求得的，所以称 M 为直接流入系数。由于 M^2、M^3、…、M^t 不是根据实际数据求得的，而是根据直接流入系数 M 间接求得的，所以 M^2、M^3、…、M^t 为不变间接流入系数。M^2 为一次不变间接流入系数，M^3 为二次不变间接流入系数，……，M^t 为 $t-1$ 次不变间接流入系数。

（二）直接流入系数与可变间接流入系数

假设死亡人口为 D，将死亡人口 D 作为基年（第 1 年）流入人口，同时死亡人口 D 按可变流入系数 $\wedge^{-(t-1)}M$ 变化，则由第 1 年死亡人口推算的前 1 年流出人口为 MD，由第 1 年死亡人口推算的前 2 年流出人口为 $\wedge M \cdot M \cdot D$，由第 1 年死亡人口推算的前 3 年流出人口为 $\wedge^2 M \cdot \wedge M \cdot M \cdot D$，……，由第 1 年死亡人口推算的前 t 年流出人口为 $\prod_{\beta=0}^{t-1}(\wedge^{\beta}M)D$。这样，$D$、$MD$、$\wedge M \cdot M \cdot D$、$\wedge^2 M \cdot \wedge M \cdot M \cdot D$、…、$\prod_{\beta=0}^{t-1}(\wedge^{\beta}M)D$ 就组成了由第 1 年死亡人口推算的以前各年流出人口的递减序列。

将此序列的系数提出得到：I、M、$\wedge M \cdot M$、$\wedge^2 M \cdot \wedge M \cdot M$、…、$\prod_{\beta=0}^{t-1}(\wedge^{\beta}M)$，这个序列说明，假设有一个单位的死亡人口，则由第 1 年死亡人口推算的前 1 年中间净流出人口所占比例为 M，由第 1 年死亡人口推算的前 2 年中间净流出人口所占比例为 $\wedge M \cdot M$，由第 1 年死亡人口推算的前 3 年中间净流出人口所占比例为 $\wedge^2 M \cdot \wedge M \cdot M$，……，由第 1 年死亡人口推算的前 t 年中间净流出人口所占比例为 $\prod_{\beta=0}^{t-1}(\wedge^{\beta}M)$。

我们称 M 为由第 1 年死亡人口推算的前 1 年流出人口的流入系数，$\wedge M \cdot M$ 为由第 1 年死亡人口推算的前 2 年流出人口的流入系数，$\wedge^2 M \cdot \wedge M \cdot M$ 为由第

1 年死亡人口推算的前 3 年流出人口的流入系数，……，$\prod_{\beta=0}^{t-1}(\wedge^{\beta}M)$ 为由第 1 年死亡人口推算的前 t 年流出人口的流入系数。

由于 M 是根据实际数据 $\wedge^{-1}S$ 与 N 求得的，所以称直接流入系数，由于 $\wedge M \cdot M$ 、$\wedge^{2}M \cdot \wedge M \cdot M$ 、…、$\prod_{\beta=0}^{t-1}(\wedge^{\beta}M)$ 不是根据实际数据求得的，而是根据直接流入系数间接求得的，所以称 $\wedge M \cdot M$ 、$\wedge^{2}M \cdot \wedge M \cdot M$ 、…、$\prod_{\beta=0}^{t-1}(\wedge^{\beta}M)$ 为可变间接流入系数，其中 $\wedge M \cdot M$ 为一次可变间接流入系数，$\wedge^{2}M \cdot \wedge M \cdot M$ 为二次可变间接流入系数，……，$\prod_{\beta=0}^{t-1}(\wedge^{\beta}M)$ 为 $t-1$ 次可变间接流入系数。

五、$(I-M)^{-1}$ 与 $(I-\bar{M})^{-1}$ 的经济内涵

(一)系统减少量按不变流入系数变化

已知不变流入系数序列为：I、M 、M^2 、M^3 、…、M^t ，设不变流入系数序列之和为 Q，即：

$$Q = I + M + M^2 + \cdots + M^t$$

将上式分别左乘矩阵 M 得：

$$MQ = M + M^2 + \cdots + M^t + M^{t+1}$$

将上面两个公式相减得：

$$(I-M)Q = I - M^{t+1}$$

又$\because \sum_{i=1}^{n} m_{ij} < 1$

$\therefore$当 $t \to \infty$时，$M^{t+1} \to 0$

为此，式 $(I-M)Q = I - M^{t+1}$ 变为：

$$(I-M)Q = I$$

变形后得：

$$(I-M)^{-1} = Q$$

将 $Q = I + M + M^2 + \cdots + M^t$ 代入上式得：

$$(I-M)^{-1} = I + M + M^2 + \cdots + M^t$$

$$= I + M + \sum_{t=2}^{\infty} M^t \qquad (5-3-8)$$

$(I-M)^{-1}$ 表示，当把系统减少量作为初始流量且系统减少量按不变流入系数变化时，一个单位系统减少量推算的前 1 年流出量所占比例为 M ，推算的前 2 的中间流出量所占比例为 M^2，推算的前 3 年中间流出量所占比例为 M^3，……，推

算的前 t 年中间流出量所占比例为 M^t，若把 I 称为最终流量系数(系统减少量系数)，则 $(I-M)^{-1}$ 等于初始流量系数 I、直接流入系数 M 与所有不变间接流入系数 $\sum_{t=2}^{\infty} M^t$ 之和。

例如，根据表 5—1—2 计算的 1985 年的 $(I-M)^{-1}$ 为：

$$
\begin{aligned}
(I-M)^{-1} &= I + M + M^2 + \cdots + M^{69} \\
&= \begin{bmatrix} 7.0636 & 0.1404 \\ 32.4023 & 37.6423 \end{bmatrix} \\
&= \begin{bmatrix} 1 & 0 \\ 0 & 1 \end{bmatrix} + \begin{bmatrix} 0.8560 & 0.0006 \\ 0.1307 & 0.9794 \end{bmatrix} + \begin{bmatrix} 5.2076 & 0.1398 \\ 32.2716 & 35.6629 \end{bmatrix}
\end{aligned}
$$

假设 1985 年死亡和迁出国外的城镇人口和乡村人口分别为 1000 万人，由减少人口推算的上年流出人口和以前各年流出人口总和为：

$$
\begin{aligned}
(I-M)^{-1}D &= \begin{bmatrix} 1 & 0 \\ 0 & 1 \end{bmatrix}\begin{bmatrix} 1000 \\ 1000 \end{bmatrix} + \begin{bmatrix} 0.8560 & 0.0006 \\ 0.1307 & 0.9794 \end{bmatrix}\begin{bmatrix} 1000 \\ 1000 \end{bmatrix} \\
&\quad + \begin{bmatrix} 5.2076 & 0.1398 \\ 32.2716 & 35.6629 \end{bmatrix}\begin{bmatrix} 1000 \\ 1000 \end{bmatrix} \\
&= \begin{bmatrix} 1000 \\ 1000 \end{bmatrix} + \begin{bmatrix} 856.6 \\ 1110.1 \end{bmatrix} + \begin{bmatrix} 5347.4 \\ 67934.5 \end{bmatrix}
\end{aligned}
$$

这说明，当减少的城乡人口分别为 1000 万人时，由 1985 年减少人口推算的 1984 年城镇人口流出量为 856.6 万人，其中，856 万人是由减少的 1000 万城镇人口推算的，0.6 万人是由减少的 1000 万乡村人口推算的。由减少人口推算的 1984 年乡村人口流出量为 1110.1 万人，其中，979.4 万人是由减少的 1000 万乡村人口推算的，130.7 万人是由减少的 1000 万城镇人口推算的。由减少人口推算的以前各年城镇人口流出量总和(1984 年除外)为 5347.4 万人，其中，由减少的 1000 万城镇人口推算的为 5207.6 万人，由减少的 1000 万乡村人口推算的为 139.8 万人。由减少人口推算的以前各年乡村人口流出量总和(1984 年除外)为 67934.5 万人，其中，由减少的 1000 万乡村人口推算的为 35662.9 万人，由减少的 1000 万城镇人口推算的为 32271.6 万人。

(二)系统减少量按可变以流入系数变化

当系统减少量按可变流入系数变化时，可变流入系数序列为 I、M、$\wedge M \cdot M$、$\wedge^2 M \cdot \wedge M \cdot M$、…、$\prod_{\beta=0}^{t-1}(\wedge^\beta M)$。其中 M 为直接流入系数，$\wedge M \cdot M$ 为一次可变间接流入系数，$\wedge^2 M \cdot \wedge M \cdot M$ 为二次可变间接流入系数，……，$\prod_{\beta=0}^{t-1}(\wedge^\beta M)$ 为 $t-1$ 次可变间接流入系数。

将可变流入系数替代式 5—3—8 中的右侧各项，用平均可变流入系数 $\bar{M}$ 替代式 5—3—8 左侧中的 M，得：

$$(I-\bar{M})^{-1}=I+M+\wedge M\cdot M+\cdots+\prod_{\beta=0}^{t-1}(\wedge^{\beta}M)$$

$$=I+M+\sum_{t=2}^{\infty}\prod_{\beta=0}^{t-1}(\wedge^{\beta}M) \qquad (5-3-9)$$

上式说明，当状态净流量按可变流入系数变化时，一个单位的系统减少量可以直接和间接产生多大比例流出量。$(I-\bar{M})^{-1}$ 等于最终流量系数 I、直接流入系数 M 和所有可变间接流入系数 $\sum_{t=2}^{\infty}\prod_{\beta=0}^{t-1}(\wedge^{\beta}M)$ 之和。

式 5—3—9 也可写成：

$$(I-\bar{M})^{-1}=I+\sum_{t=1}^{\infty}\prod_{\beta=0}^{t-1}(\wedge^{\beta}M)$$

其中，平均可变流入系数 $\bar{M}$ 为①：

$$\bar{M}=I-\left[I+\sum_{t=1}^{\infty}\prod_{\beta=0}^{t-1}(\wedge^{\beta}M)\right]^{-1} \qquad (5-3-10)$$

六、静止状态下系统增加量与减少量的关系

由式 5—2—6 与式 5—3—7 可知：

$$N=(I-E)^{-1}B$$

$$N=(I-M')^{-1}D$$

将上述两式合并整理得：

$$D=(I-M')(I-E)^{-1}B \qquad (5-3-11)$$

$$B=(I-E)(I-M')^{-1}D \qquad (5-3-12)$$

式 5—3—11 与式 5—3—12 根据流入系数与流出系数将系统增加量与减少量联系了起来。

---

① 证明过程：$(I-\bar{M})^{-1}=I+M+\sum_{t=2}^{\infty}\prod_{\beta=0}^{t-1}(\wedge^{\beta}M)$

$$(I-\bar{M})^{-1}=I+\sum_{t=1}^{\beta}\prod_{\beta=0}^{t-1}(\wedge^{\beta}M)$$

$$[I+\sum_{t=1}^{\beta}\prod_{\beta=0}^{t-1}(\wedge^{\beta}M)]^{-1}=I-\bar{M}$$

$$\bar{M}=I-[I+\sum_{t=1}^{\beta}\prod_{\beta=0}^{t-1}(\wedge^{\beta}M)]^{-1}$$

第四节　方法对比与实际应用

净流量核算采用的表式与存量流量核算和总流量核算采用的表式都是矩阵式平衡表,看起来有些类似。经济统计中的投入产出分析采用的也是矩阵平衡表,那么,它们是否有区别,区别体现在哪里？本节主要讨论这些问题。

一、净流量核算与存量流量核算的比较

净流量核算不同于存量流量核算,其区别主要表现在以下几个方面。

(一)核算目的不同

存量流量表(见表2—1—1与表2—1—3)既包括存量也包括流量,存量流量核算的目的不是核算流量,而是通过流量核算期初存量与期末存量。净流量核算表(见表5—1—1、表5—2—1与表5—3—2)只包括流量,不包括存量,净流量核算的目的是核算统计总体流入量和统计总体流出量或状态净流入量和状态净流出量。

存量流量核算通过期初存量与期末存量反映社会和人口发展的时点规模。净流量核算通过统计总体流入量和统计总体流出或状态净流入量和状态净流出量反映社会和人口发展的时期规模。

依据存量流量表可以计算转出系数或转入系数,在此基础上,建立基于转出系数的存量流量模型和基于转入系数的存量流量模型,基于转出系数的存量流量模型可以预测社会和人口发展的未来规模,根据转入系数可以推算以前社会和人口发展的历史规模。依据净流量表可以计算流出系数与流入系数,在此基础上建立的模型是基于流出系数的净流量预测模型和基于流入系数的净流量倒推型模型。基于流出系数的净流量预测模型可以预测未来各年的流入量,根据流入系数的倒推模型可以推算以前各年的流出量。

(二)编表依据及平衡表式不完全相同

存量流量综合表依据的平衡关系是"统计总体期初存量－系统减少量＝统计总体期末存量－系统增加量",存量流量分解表依据的平衡关系是"状态期初存量－状态系统减少量＝状态期末存量－状态系统增加量",净流量综合表依据的平衡关系是"统计总体流入量＝统计总体流出量",净流量分解表依据的平衡关系是"状态净流入量＝状态净流出量"。

存量流量表与净流量表虽然都分为四个象限,但这四个象限的排列方式及其结构不完全相同。首先,存量流量分解表的每个象限都由一个子阵组成(见表2—1—3(a)与表2—1—3(b)),净流量分解表的每个象限由若干个子阵组成(见表5—1—1、表5—1—3与表5—2—1)。其次,排列方式不完全一致。存量流量表的第Ⅰ

象限和第Ⅱ象限表示系统减少量，第Ⅰ象限和第Ⅲ象限表示系统增加量；净流量表中的第Ⅱ象限表示系统增加量，第Ⅲ象限表示系统减少量。再次，存量流量表的第Ⅰ象限表示期内进入本系统又在期内离开本系统的流量，净流量表的第Ⅰ象限为空象限。

（三）s_{ij} 的经济含义不同

存量流量表和净流量表第Ⅳ象限中每个元素都可以分别从横行和纵列去理解，但二者的经济含义完全不同。在存量流量表中，由于横行表示期末状态，纵列表示期初状态，因此，从横行来看，s_{ij} 表示第 j 种期初状态转为第 i 种期末状态的数量；从纵列来看，s_{ij} 表示第 i 种期末状态推算的第 j 种期初状态数量。在净流量表中，由于横行表示流出量，纵列表示流入量，所以，从纵列来看，s_{ij} 表示第 i 种状态基年流出量转为下一年第 j 种状态流入量的数量；从横行来看，s_{ij} 表示由基年第 j 种状态流入量推算的上一年第 i 种状态流出量。

（四）转出（入）系数与流出（入）系数及其逆阵的经济含义不同

转出（入）系数与流出（入）系数虽然都具有动态性，但二者的经济含义不同。根据存量流量表计算的转出（入）系数反映的是期初存量与期末存量之间的转移有关系，逆阵 $(I-C)^{-1}$ 与 $(I-G')^{-1}$ 表示一个单位的系统增加量（或系统减少量），可以直接和间接产生多少期末（初）存量。根据净流量表计算的流出（入）系数，反映流出（入）量与下（上）一年流入（出）量之间的比例关系，逆阵 $(I-E')^{-1}$ 与 $(I-M)^{-1}$ 表示一个单位的系统增加量（减少量）可以直接和间接产生多少流入（出）量。

（五）系统增加量与系统减少量的处理方式不同

存量流量核算的目的是反映期末存量、期初存量，不构成期初存量与期末存量的部分不包括在系统增加量与减少量内。因此，存量流量核算将系统增加（系统减少）分成两部分：一部分是期内新进入本系统又在期内离开本系统的系统增加量，一部分是构成期末存量的本期系统增加量，前者包括在第Ⅰ象限，后者包括在第Ⅲ象限。系统减少量也分成了两部分：一部分是期内新进入本系统又在期内离开本系统的减少量，一部分是构成期初存量的本期系统减少量，前者包括在第Ⅰ象限中，后者包括在第Ⅱ象限中。

净流量核算的目的是反映流入量与流出量，只要构成流入量或流出量的部分，都应包括在统计总体增加量或减少量内。所以，第Ⅱ象限的系统减少既包括构成期初存量且在期内减少的部分，也包括当年增加当年减少的部分。第Ⅲ象限的系统增加既包括活到期末的新增量，也包括当年增加当年减少的部分。

虽然存量流量核算与净流量核算不完全一样，但是，由于二者反映的是同一统计总体，因此，可以将存量流量表转换成净流量表，或者将净流量表转换成存量流量表。例如，表 2—1—4 与表 5—1—2 就是对同一统计总体分别编制的存量流量分解表与净流量分解表。

二、净流量核算与总流量核算的比较

净流量核算与总流量核算都是对流入量与流出量所做的综合反映，在不分组情况下，净流量综合表与总流量综合表完全一致。但是，在分组情况下，净流量分解表与总流量分解表就不完全一致。

总流量分解表是根据“各状态总流入量＝各状态总流出量”平衡关系建立的，目的是反映状态总流入量与状态总流出量的平衡关系。净流量分解表是根据“状态净流入量＝状态净流出量”平衡关系建立的，目的是反映状态净流入量与状态净流出量的关系。

总流量核算中计算的中间总流量比重系数与净流量核算中计算的流出（入）系数性质不同，中间总流量比重反映一定时期内中间流入（出）量占该时期总流入（出）量的比重，从时间上看，不具有动态性。流出（入）系数反映不同时期流出（入）量与流入（出）量间的比例关系，从时间上看，具有动态性。根据流出（入）系数计算的逆阵 $(I-E')^{-1}$ 与 $(I-M)^{-1}$ 反映转为以后（前）各年流入（出）量的比例，从时间上看，也具有动态性。

分组情况下，由于各状态总流量之和不等于统计总体流量，因此，总流量综合表各象限数值与总流量分解表对应象限数值之和不等。而状态净流量之和等于统计总体流量，因此，净流量综合表各象限数值与净流量分解表对应象限数值之和相等。

三、净流量核算与投入产出核算的比较

投入产出表根据“投入量＝产出量”平衡关系建立，“投入”与“流入”英文都是“input”，“产出”与“流出”英文都是“output”，从表式上看，投入产出表采用的也是矩阵平衡表式，并且分为四个象限，根据投入产出表可以计算投入系数 a_{ij} 和 $(I-A)^{-1}$；这些看起来都酷似净流量核算。但是，仔细分析不难发现，两者截然不同，其区别可从下面几个方面来把握。

（一）从经济含义上看

1. x_{ij} 与 s_{ij} 含义不同

投入产出表第Ⅰ象限的 x_{ij} 与净流量表第Ⅳ象限的 s_{ij} 都可以分别从横行与纵列来理解，但是二者的含义不同。在投入产出表中，从横行来看，x_{ij} 表示各部门的产品生产出来以后，分配给其他部门使用的数量，从纵列来看，x_{ij} 表示各部门生产时所需消耗其他部门产品的数量。净流量表中的 s_{ij} 从横行来看表示流出量，从纵

列来看表示流入量。

2. 投入系数与流入(出)系数及其逆阵的含义不同

根据投入产出表可以计算投入系数矩阵 A,投入系数 A 反映的是各部门之间的直接消耗系数,逆阵 $(I-A)^{-1}$ 表示 j 部门为提供一个单位最终使用量,需要 i 部门提供总产出的数量。根据净流量表可以计算的流出系数 E 与流入系数 M,流出系数与流入系数反映的是流出量与流入量间转移关系,$(I-E')^{-1}$ 反映一个单位的系统增加量可以直接和间接产生多少流入量,$(I-M)^{-1}$ 反映一个单位的系统减少量可以直接和间接产生多少流出量。

3. 直接消耗系数及其序列不具有动态性,直接流出(入)系数及其序列具有动态性

直接消耗系数 A 反映核算期内各部门之间的产品消耗关系,消耗系数计算公式的分母是"第 j 产品部门的总投入",分子是"该产品部门生产中直接消耗的第 i 产品部门的货物或服务的价值量",分子与分母都是同一时期的。依据 A 可以求出消耗系数序列:A 、A^2、…、A^k ,该序列分别表示一定时期内产品的直接消耗系数、一次间接消耗系数、二次间接消耗系数、……、$k-1$ 次间接消耗系数,无论是直接消耗系数还是间接消耗系数,均与时间无关,只与间接的层次有关,因此,直接消耗系数及其序列 $(I-A)^{-1}$ 不具有动态性。

根据净流量表可以分别计算流出系数与流入系数,无论是流出系数还是流入系数,分子与分母都不是同一时期的。直接流出系数的分母是当期流出量,分子是下一期的流入量,直接流出系数反映当期流出量与下一期流入量的关系,由此计算的间接流出系数 E'^2 、…、E'^t 也与时间有关。直接流入系数的分子是上一期流出量,分母是当期的流入量,直接流入系数反映当期流入量与上一期流出量的关系,由此计算的间接流入系数 M^2 、…、M^t 也与时间有关,因此,直接流出(入)系数及其序列 $(I-E')^{-1}$ 与 $(I-M)^{-1}$ 具有动态性。

(二)从表的结构上看

1. 主要内容与重心不同

投入产出表分为四个象限。第Ⅳ象限可以反映再分配的某些因素,但不能反映再分配的全貌,在编表时都省略了这部分。因此,投入产出核算是以第Ⅰ、Ⅱ、Ⅲ象限为主要内容、以第Ⅰ象限为核算重心的。净流量表也分为四个象限,第Ⅰ象限是空象限,因此,净流量核算是以第Ⅱ、Ⅲ、Ⅳ象限为主要内容,以第Ⅳ象限为核算重心的。

2. 重心象限的组成不同

投入产出表是将一个时期的投入量与同一时期产出量用表格的形式排列起来,这样可以保证一个象限由一个子阵组成,投入产出表的重心象限是第Ⅰ象限,

该象限只有一个子阵。净流量平衡表既要反映“净流入量＝净流出量”的平衡关系，又要反映中间流量在不同年份的转移关系，因此，它无法做到一个象限由一个子阵组成。净流量表的重心象限是第Ⅳ象限，表5—1—1的第Ⅳ象限由 S_0 和 S_1 两个子阵构成。也正因为净流量表的这一特点，所以可以将若干年份净流量表整合到一起形成净流量的整合表(见表5—1—3与表5—1—4)。

3. 当人口按年龄别(组)分组时，净流量表第Ⅳ象限中只有主次对角线(或主对角线与主次对角线)上有数字，其余全为零。投入产出表中第Ⅱ象限的 x_{ij} 不存在类似规律。

(三)从建模的数学基础上看

投入产出行模型与列模型是以投入系数或分配系数为基础建立的，建模的数学基础是线性代数、微分方程等。净流量行模型与列模型是以流出系数或流入系数为基础建立的，建模的数学基础是线性代数、概率论与马尔可夫过程论。

(四)从计算单位上看

投入产出表虽然既可以以实物为计算单位，也可以以货币为计算单位，但对整个国民经济进行分析时，主要采用货币计算单位。净流量表只能采用实物计算单位。例如，“人”“机构数”“犯罪次数”“居民户数”“住房面积”等。

四、学生人数净流量表及其分析

第二章讨论了存量流量表的作用，根据净流量表也可以进行类似分析。下面以学生人数为例说明其分析方法及各指标的经济内涵。

(一)学生人数净流量表的解读

表5—4—1是1985—1986学年中国学生人数净流量表。由于一定时期内各状态净流入量等于各状态净流出量，所以，小学生流入量等于小学生流出量、初中生流入量等于初中生流出量、高中生流入量等于高中生流出量、中等专业学生流入量等于中等专业学生流出量、高等学校学生流入量等于高等学校学生流出量。表5—4—1可以反映出各状态的这种平衡关系。

先看小学。从纵列来看，1985—1986学年新招收了2258.2万名小学生，构成该学年小学生流入量[①]；上一学年上小学、本学年仍上小学的为11968.2万人，也构成本学年小学生流入量；二者之和为14226.4万人，所以，1985—1986学年小学生的流入量为14226.4万人。从横行来看，中途退学、休学、死亡等未毕业的小学生数为429.8万人，构成该学年小学生流出量；小学毕业未升学的为614.1万人，构成该学年小学生流出量；上一学年上小学、本学年仍上小学的为11771.6万人，构

① 本例中，将小学至高等教育视为统计总体，所以，只有小学招生数属于系统增加，其他各类学校的招生数属于不同状态间的转移。

表 5－4－1　1985－1986 学年各级各类学校学生人数净流量表①

单位：万人

		毕业未升学	未毕业	1985－1986 学年					1986－1987 学年					各状态净流出量
				小学	初中	高中	中等专业	高等学校	小学	初中	高中	中等专业	高等学校	
新入小学				2258.2										
1984－1985	小学			11968.2	1402									
	初中				3610	354.7	45.3							
	高中					849.8	22.4	53.3						
	中等专业						157.1							
	高等学校							156.0						
1985－1986	小学	614.1	429.8						11771.6	1410.9				14226.4
	初中	666.7	187							3754.9	351.7	51.7		5012
	高中	196.5	20.4								908.9	19.8	58.9	1204.5
	中等专业	49.6	－0.5									175.7		224.8
	高等学校	34.5	0.5										174.3	209.3
各状态净流入量				14226.4	5012	1204.5	224.8	209.3						

① 资料来源参阅表 2－2－2。

成本学年小学生流出量；本学年小学毕业并于下一学年升入初中的为 1410.9 万人，构成该学年小学生流出量；四项之和为 14226.4 万人，所以，1985－1986 学年小学生流出量也是 14226.4 万人。1985－1986 学年小学生流入量＝1985－1986 学年小学生流出量＝14226.4 万人。

再看初中。从纵列来看，1984－1985 学年上初中、1985－1986 学年仍上初中的为 3610 万人，构成本学年初中生流入量；上一学年上小学、本学年升入初中的为 1402 万人，构成本学年初中生流入量；二者之和为 5012 万人，所以，1985－1986 学年初中生的流入量为 5012 万人。从横行来看，中途退学、休学、死亡等未毕业初中生数为 187 万人，构成该学年初中生流出量；初中毕业未升学的为 666.7 万人，构成该学年初中生流出量；上一学年上初中、本学年仍上初中的为 3754.9 万人，构成本学年初中生流出量；本学年上初中并于下一学年升入高中的为 351.7 万人，构成该学年初中生流出量；本学年上初中并于下一学年升入中等专业的为 51.7 万人，构成该学年初中生流出量；五项之和为 5012 万人，所以，1985－1986 学年初中生流出量也是 5012 万人。1985－1986 学年初中生流入量＝1985－1986 学年初中生流出量＝5012 万人。

再看高中。从纵列来看，1984－1985 学年上高中、1985－1986 学年仍上高中的为 849.8 万人，构成本学年高中生流入量；上一学年上初中、本学年升入高中的为 354.7 万人，构成本学年高中生流入量；二者之和为 1204.5 万人，所以，1985－1986 学年高中生的流入量为 1204.5 万人。从横行来看，中途退学、休学、死亡等未毕业高中生数为 20.4 万人，构成该学年高中生流出量；高中毕业未升学的为 196.5 万人，构成该学年高中生流出量；上一学年上高中、本学年仍上高中的为 908.9 万人，构成本学年高中生流出量；本学年上高中并于下一学年升入中等专业的为 19.8 万人，构成该学年高中生流出量；本学年上高中并于下一学年升入高等学校的为 58.9 万人，构成该学年高中生流出量；五项之和为 1204.5 万人，所以，1985－1986 学年高中生流出量也是 1204.5 万人。1985－1986 学年高中生流入量＝1985－1986 学年高中生流出量＝1204.5 万人。

再看中等专业。从纵列来看，1984－1985 学年上中等专业、1985－1986 学年仍上中等专业的为 157.1 万人，构成本学年中等专业学生流入量；上一学年上高中、本学年升入中等专业的为 22.4 万人，构成本学年中等专业学生流入量；上一学年上初中、本学年升入中等专业的为 45.3 万人，构成本学年中等专业学生流入量；三者之和为 224.8 万人，所以，1985－1986 学年中等专业学生的流入量为 224.8 万人。从横行来看，中途退学、休学、死亡等未毕业中等专业学生数为－0.5 万人，构成该学年中等专业学生流出量；中等专业毕业未升学的为 49.6 万人，构成该学年中等专业学生流出量；上一学年上中等专业、本学年仍上中等专业的为 175.7 万人，构成本学年中等专业学生流出量；三项之和为 224.8 万人，所以，1985－1986 学年中等专业学生流出量也是 224.8 万人。1985－1986 学年中等专业学生流入量＝1985－1986 学年中等专业学生流出量＝224.8 万人。

再看高等学校。从纵列来看，1984－1985 学年就读高等学校、1985－1986 学年仍就读高等学校的为 156.0 万人，构成本学年高等学校学生流入量；上一学年上高中、本学年升入高等学校的为 53.3 万人，构成本学年高等学校学生流入量；两项之和为 209.3 万人，所以，1985－1986 学年高等学校学生流入量为 209.3 万人。从横行来看，中途退学、休学、死亡等未毕业高等学校学生数为 0.5 万人，构成该学年高等学校学生流出量；高等学校毕业学生数为 34.5 万人①，构成该学年高等学校学生流出量；上一学年就读高等学校、本学年仍就读高等学校的为 174.3 万人，构成本学年高等学校学生流出量；三项之和为 209.3 万人，所以，1985－1986 学年高等学校学生流出量也是 209.3 万人。1985－1986 学年高等学校学生流入量＝1985－1986 学年高等学校学生流出量＝209.3 万人。

（二）学生人数净流量表的分析

表 5－4－1 是 1985－1986 学年学生人数净流量表，根据该表提供的资料可进行相关研究与分析。

1. 根据流出系数分析学生转移规律

由式 5－2－2 可知，1985－1986 学年学生人数流出系数的计算公式为：

$$E' = S'\hat{N}^{-1}$$

其中的 S' 与 $\hat{N}^{-1}$ 分别为：

$$S' = \begin{bmatrix} 11771.6 & 0 & 0 & 0 & 0 \\ 1410.9 & 3754.9 & 0 & 0 & 0 \\ 0 & 351.7 & 908.9 & 0 & 0 \\ 0 & 51.7 & 19.8 & 175.7 & 0 \\ 0 & 0 & 58.9 & 0 & 174.3 \end{bmatrix}$$

$$\hat{N}^{-1} = \begin{bmatrix} 14226.4 & 0 & 0 & 0 & 0 \\ 0 & 5012 & 0 & 0 & 0 \\ 0 & 0 & 1204.5 & 0 & 0 \\ 0 & 0 & 0 & 224.8 & 0 \\ 0 & 0 & 0 & 0 & 209.3 \end{bmatrix}^{-1}$$

由此计算得到的 1985－1986 学年学生流出系数为：

① 由于本例的统计总体限定在从小学到高校的范围，所以，34.5 万人指的是高等学校毕业生数，不是毕业未升学人数，它既是高等学校的毕业生数，也是离开教育系统的人数。

$$E' = \begin{bmatrix} 0.827 & 0 & 0 & 0 & 0 \\ 0.099 & 0.749 & 0 & 0 & 0 \\ 0 & 0.070 & 0.755 & 0 & 0 \\ 0 & 0.010 & 0.165 & 0.782 & 0 \\ 0 & 0 & 0.049 & 0 & 0.826 \end{bmatrix}$$

E' 反映了 1985－1986 学年学生流出量按怎样的比例转为 1986－1987 学年的学生流入量。其中,主对角线上的数字表示 1985－1986 学年在该类学校、1986－1987 学年仍在该类学校的学生占流出量的比例。下三角数字表示 1985－1986 学年在该类学校、1986－1987 学年升入高一级学校学生占流出量的比例。

例如,第一列的数字说明,1985－1986 学年小学生流出量中,到 1986－1987 学年升入初中的占 9.9%,继续念小学的占 82.7%。第二列的数字说明,1985－1986 学年初中学生流出量中,到 1986－1987 学年升入高中的占 7%,升入中等专业的占 1%,继续念初中的占 74.9%。第三列的数字说明,1985－1986 学年高中生流出量中,到 1986－1987 学年升入中等专业的占 16.5%,升入高等学校的占 4.9%,继续读高中的占 75.5%。第四列的数字说明,1985－1986 学年在中等专业学校读书、1986－1987 学年仍在中等专业读书的占 78.2%。第五列的数字说明,1985－1986 学年在高等学校读书、1986－1987 学年仍在高等学校读书的学生占 1985－1986 学年学生流出量的 82.6%。将若干年份的流出系数比较,可以分析教育发展规模及变化规模。

2. 根据流入系数分析当年学生流入量在上年各状态的分布

由式 5－3－2 可知,1985－1986 学年学生人数流入系数计算公式为:

$$M = \wedge^{-1} S \cdot \hat{N}^{-1}$$

其中的 $\wedge^{-1}S$ 与 $\hat{N}^{-1}$ 分别为:

$$\wedge^{-1}S = \begin{bmatrix} 11968.2 & 1402 & 0 & 0 & 0 \\ 0 & 3610 & 354.7 & 45.3 & 0 \\ 0 & 0 & 849.8 & 22.4 & 53.3 \\ 0 & 0 & 0 & 157.1 & 0 \\ 0 & 0 & 0 & 0 & 156 \end{bmatrix}$$

$$\hat{N}^{-1} = \begin{bmatrix} 14226.4 & 0 & 0 & 0 & 0 \\ 0 & 5012 & 0 & 0 & 0 \\ 0 & 0 & 1204.5 & 0 & 0 \\ 0 & 0 & 0 & 224.8 & 0 \\ 0 & 0 & 0 & 0 & 209.3 \end{bmatrix}^{-1}$$

由此计算得到的 1985－1986 学年学生流入系数 M 为:

$$M=\begin{bmatrix}0.841 & 0.280 & 0 & 0 & 0\\ 0 & 0.720 & 0.295 & 0.202 & 0\\ 0 & 0 & 0.705 & 0.100 & 0.255\\ 0 & 0 & 0 & 0.699 & 0\\ 0 & 0 & 0 & 0 & 0.745\end{bmatrix}$$

M 反映了 1985—1986 学年学生流入量按怎样的比例从 1984—1985 学年流出的,或者说,根据 1985—1986 学年学生流入量推算的 1984—1985 学年学生流出量的比例是多少。其中,主对角线上的数字表示 1985—1986 学年在该类学校、1984—1985 学年也在该类学校的学生占流入量的比例。上三角的数字说明,1985—1986 学年在该类学校、1984—1985 学年在低一级学校的学生占流入量的比例。

例如,第一列的数字说明,1985—1986 学年小学生流入量中,上一学年也是小学生的占 84.1%;或者说,根据 1985—1986 学年小学生流入量推算的上一学年小学生流出量占 84.1%(另有 15.9%的小学生流入量是 1985—1986 学年新招收的小学生)。第二列数字说明,1985—1986 学年初中生流入量中,上一学年也是初中生的占 72%,上一学年是小学生的占 28%;或者说,根据 1985—1986 学年初中生流入量推算的上一学年初中生流出量占 72%,上一学年小学生流出量占 28%。第三列数字说明,1985—1986 学年高中生流入量中,上一学年也是高中生的占 70.5%,上一学年是初中生的占 29.5%;或者说,根据 1985—1986 学年高中生流入量推算的上一学年高中生流出量占 70.5%,上一学年初中生流出量占 29.5%。第四列数字说明,1985—1986 学年中等专业学生流入量中,上一学年也是中等专业学生的占 69.9%,上一学年是初中生的占 20.2%,上一学年是高中生的占 10%;或者说,根据 1985—1986 学年中等专业学生流入量推算的上一学年中等专业学生流出量占 69.9%,上一学年高中生流出量占 10%,上一学年初中生流出量占 20.2%。第五列数字说明,1985—1986 学年高等学校学生流入量中,上一学年也是高等学校学生的占 74.5%,上一学年是高中生的占 25.5%;或者说,根据 1985—1986 学年高等学校学生流入量推算的上一学年高等学校学生流出量占 69.9%,上一学年高中生流出量占 23.4%。

3. 根据 $(I-E')^{-1}$ 分析进入各类学校的学生将要在教育系统学习的平均时间

根据吸收马氏链的性质可知,进入 j 状态的人,将来连续占有该状态的平均时间是逆阵 $(I-E')^{-1}$ 中主对角线上的数字;进入 j 状态的人,将来占有其他状态的平均时间是 $(I-E')^{-1}$ 中非主对角线上的数字; $(I-E')^{-1}$ 各列之和表示进入 j 状态的人,将来在该系统中占有的总平均时间。

例如,根据表 5—4—1 计算的 $(I-E')^{-1}$ 为:

$$(I-E')^{-1}=\begin{bmatrix}5.71 & 0 & 0 & 0 & 0\\ 2.19 & 3.98 & 0 & 0 & 0\\ 0.58 & 1.13 & 4.11 & 0 & 0\\ 0.13 & 0.26 & 0.30 & 4.56 & 0\\ 0.13 & 0.29 & 1.11 & 0 & 5.67\end{bmatrix}$$

$$e'(I-E')^{-1}=[8.74\quad 5.66\quad 5.52\quad 4.56\quad 5.67]$$

这说明，若可将学生转移解释为吸收马氏过程，则1986—1987学年新入学的小学生平均能在教育系统呆8.74年，其中在小学将呆5.71年，在初中将呆2.19年，在高中将呆0.58年，在中等专业将呆0.13年，在大学将呆0.13年。新升入初中的学生，预计还能在教育系统呆5.66年，其中在初中将呆3.98年，在高中将呆1.13年，在中等专业将呆0.26年，在高等学校将呆0.29年。新升入高中的学生预计能在教育系统呆5.52年，其中在高中将呆4.11年，在中等专业将呆0.30年，在高等学校将呆1.11年。新升入中等专业的学生预计能在教育系统呆4.56年，即在中等专业将呆4.56年。新升入大学的学生预计能在教育系统呆5.67年，即在高等学校将呆5.67年。

由于已升入高一级学校的学生不可能再返回到低一级学校读书，所以，根据表5—4—1计算的$(I-E')^{-1}$表示进入j状态的学生将来连续占有各状态的时间。

4. 根据$(I-E')^{-1}$计算升学概率

当流出系数解释为流出概率时，E_{ij}就表示由状态j变成状态i的可能性。根据吸收马氏链的性质可推导出，已达到某状态的学生升学概率是将$(I-E')^{-1}$中各行数字除以该行对角线上的数值。

例如，根据表5—4—1计算的1986—1987学年进入j类学校的学生升入各级学校的概率为：

$$\begin{bmatrix}1 & 0 & 0 & 0 & 0\\ 0.549 & 1 & 0 & 0 & 0\\ 0.141 & 0.275 & 1 & 0 & 0\\ 0.029 & 0.058 & 0.066 & 1 & 0\\ 0.023 & 0.051 & 0.196 & 0 & 1\end{bmatrix}$$

这说明，已上小学的学生升入初中的概率为54.9%，升入高中的概率为14.1%，升入中等专业的概率为2.9%，升入大学的概率为2.3%。已升入初中的学生升入高中的概率为27.5%，升入中专的概率为5.8%，升入大学的概率为5.1%。已升入高中的学生升入中等专业的概率为6.6%，升入大学的概率为19.6%。

从上述矩阵的各横行还可以看出一个规律，即数字越来越大，这说明进入高一级学校读书的学生升学概率提高。例如，从第四行可以看出，进入小学读书的学生升入大学的概率为 2.3%，进入初中读书的学生升入大学的概率上升为 5.1%，进入高中读书的学生升入大学的概率上升为 19.6%。

5. 根据 $(I-M)^{-1}$ 分析已离开各类学校的学生过去在教育系统的平均学习时间

根据吸收马氏链的性质可知，离开 j 状态的人，过去在该状态的平均连续逗留时间是逆阵 $(I-M)^{-1}$ 中主对角线的数字。离开 j 状态的人，过去在其他状态的平均逗留时间是 $(I-M)^{-1}$ 中非主对角线的数字。$(I-M)^{-1}$ 中各列之和表示离开 j 状态的人，过去在该系统逗留的总平均时间。

例如，根据表 5—4—1 计算的 1985—1986 学年的 $(I-M)^{-1}$ 为：

$$(I-M)^{-1}=\begin{bmatrix} 6.3 & 6.3 & 6.3 & 6.3 & 6.3 \\ 0 & 3.6 & 3.6 & 3.6 & 3.6 \\ 0 & 0 & 3.4 & 1.1 & 3.4 \\ 0 & 0 & 0 & 3.3 & 0 \\ 0 & 0 & 0 & 0 & 4.0 \end{bmatrix}$$

$$e'(I-M)^{-1}=[6.3 \quad 9.9 \quad 13.3 \quad 14.3 \quad 17.3]$$

这说明，1985—1986 学年已离开“小学”状态的学生已经在小学平均呆了 6.3 年。已离开“初中”状态的学生已经在初中平均呆了 3.6 年，在教育系统平均呆了 9.9 年。已离开“高中”状态的学生，已经在该状态平均呆了 3.4 年，在教育系统平均呆了 13.3 年。已离开“中等专业”状态的学生，在该状态平均呆了 3.3 年，在教育系统平均呆了 14.3 年。已离开“大学”状态的学生，在大学状态平均呆了 4 年，在教育系统平均呆了 17.3 年。

6. 分析升入各类学校的学生预期需要多少教育经费或教师

设列向量 β 为教育系统中各类学校所需人均教育经费，且今后若干年内 β 保持不变，同时学生规模按不变流出系数变化，则新升入各类学校的学生，将来所需全部教育经费列向量 K 为：

$$\begin{aligned} K' &= \beta' + \beta'E' + \beta'E'^2 + \cdots + \beta'E'^t \\ &= \beta'(I-E')^{-1} \end{aligned}$$

这说明，在已知小学、初中、高中、中等专业、高等院校人均教育经费 β 前提下，只要右乘矩阵 $(I-E')^{-1}$ 就可得出已升入小学、初中、高中、中等专业、高等院校的学生，预期需要多少教育经费。

同理，在已知小学、初中、高中、中等专业、高等院校生师比的情况下，β 代表各类学校生师比列向量，这时，只要用生师比 β' 右乘矩阵 $(I-E')^{-1}$ 就可得出已升入小学、初中、高中、中等专业、高等院校的学生，预期需要多少教师。

假设人均教育经费(或生师比)列向量β按$\wedge$的比例增长,即各年的人均教育经费分别为:β、$\wedge\beta$、$\wedge^2\beta$、$\wedge^3\beta$、…,学生规模按不变流出系数变化,则升入各类学校的学生预期需要教育经费(或教师)为:

$$\begin{aligned}K' &= \beta' + \wedge\beta' \cdot E' + \wedge^2\beta' \cdot E'^2 + \wedge^3\beta' \cdot E'^3 + \cdots \\ &= \beta' + \beta' \cdot E' \cdot \wedge + \beta' \cdot E'^2 \cdot \wedge^2 + \beta' \cdot E'^3 \cdot \wedge^3 + \cdots \\ &= \beta'(I - E' \wedge)^{-1}\end{aligned}$$

假设学生规模按可变流出系数变化,教育经费(或生师比)β按$\wedge$的比率增长,则升入各类学校的学生预期需要教育经费(或教师)为:

$$\begin{aligned}K' &= \beta' + \wedge\beta' \cdot E' + \wedge^2\beta' \cdot \wedge E' + \wedge^3\beta' \cdot \wedge^2 E' \cdot \wedge E' \cdot E' + \cdots \\ &= \beta' + \beta' \cdot E' \cdot \wedge + \beta' \cdot \wedge E' \cdot E' \cdot \wedge^2 + \beta' \cdot \wedge^2 E' \cdot \wedge E' \cdot E' \wedge^3 + \cdots \\ &= \beta'(I - \bar{E}' \wedge)^{-1}\end{aligned}$$

7. 分析已毕业的各类学校学生已经花费了多少教育经费

设列向量β为各类学校人均教育经费,且在以前各年份中β保持不变,同时,学生规模在过去年份中是按不变流入系数变化的,则离开教育系统的人,过去在该系统中花费的教育经费总额J'为:

$$\begin{aligned}J' &= \beta' + \beta' M + \beta' M^2 + \beta' M^3 + \cdots \\ &= \beta'(I - M)^{-1}\end{aligned}$$

假设以前各年教育经费β按$\wedge$的比率减少,即各年的教育经费分别为:β、$\wedge^{-1}\beta$、$\wedge^{-2}\beta$、$\wedge^{-3}\beta$、…,学生规模按不变流入系数变化,则离开教育系统的人,在该系统中花费的教育经费总额J'为:

$$\begin{aligned}J' &= \beta' + \wedge^{-1}\beta' \cdot M + \wedge^{-2}\beta' \cdot M^2 + \wedge^{-3}\beta' \cdot M^3 + \cdots \\ &= \beta' + \beta' \cdot M \cdot \wedge^{-1} + \beta' \cdot M^2 \cdot \wedge^{-2} + \beta' \cdot M^3 \cdot \wedge^{-3} + \cdots \\ &= \beta'(I - M \wedge^{-1})^{-1}\end{aligned}$$

假设系统按可变流入系数变化,即各年的流入系数分别为M、$\wedge^{-1}M \cdot M$、$\wedge^{-2}M \cdot \wedge^{-1}M \cdot M$、…,$\beta$按$\wedge$的0减少,则离开教育系统的人,在该系统中花费的教育经费总额J'为:

$$\begin{aligned}J' &= \beta' + \wedge^{-1}\beta' \cdot M + \wedge^{-2}\beta' \cdot \wedge^{-1}M \cdot M + \wedge^{-3}\beta' \cdot \wedge^{-2}M \cdot \wedge^{-1}M \cdot M + \cdots \\ &= \beta' + \beta' \cdot M \cdot \wedge^{-1} + \beta' \cdot \wedge^{-1}M \cdot M \cdot \wedge^{-2} + \beta' \cdot \wedge^{-2}M \cdot \wedge^{-1}M \cdot M \cdot \wedge^{-3} + \cdots \\ &= \beta'(I - \bar{M} \wedge^{-1})^{-1}\end{aligned}$$

这说明,在已知各类学校人均教育经费的情况下,只要右乘矩阵$(I - M)^{-1}$、$(I - M \wedge)^{-1}$或$(I - \bar{M} \wedge)^{-1}$就可得出已毕业的小学、初中、高中、中等专业、高等院校学生,已经花费了多少教育经费。

本小节在对学生人数净流量表分析时采用的分析思路与方法与第三章在对学生人数存量流量表分析时采用的分析思路与方法类似,依据的数学原理一样,不同的是本小节编制的是学生人数净流量表,第三章编制的是学生人数存量流量表。实际分析时采取哪种表式,应具体问题具体分析。

思考与练习

1. 根据第四章思考题提供的信息,结合以下补充信息:A 地区 2015 年年初的城镇人口有 7 万人在年内转为了乡村人口,2015 年年初的乡村人口有 13 万人在年内转为了城镇人口,将 A 地区 2014 年的净流量分解表(附表 5—1)补充完整。

附表 5—1 A 地区 2014 年的人口净流量分解表

单位:万人

<table>
<tr><td colspan="3" rowspan="3"></td><td rowspan="3">系统减少</td><td colspan="4">中间流入</td><td rowspan="3">状态人口净流出</td></tr>
<tr><td colspan="2">2014 年</td><td colspan="2">2015 年</td></tr>
<tr><td>城镇</td><td>乡村</td><td>城镇</td><td>乡村</td></tr>
<tr><td colspan="3">系统新增</td><td>—</td><td></td><td>—</td><td>—</td><td>—</td><td></td></tr>
<tr><td rowspan="4">中间流出</td><td rowspan="2">2013 年</td><td>城镇</td><td>—</td><td></td><td></td><td>—</td><td>—</td><td rowspan="2">—</td></tr>
<tr><td>乡村</td><td>—</td><td></td><td></td><td>—</td><td>—</td></tr>
<tr><td rowspan="2">2014 年</td><td>城镇</td><td></td><td>—</td><td>—</td><td></td><td></td><td></td></tr>
<tr><td>乡村</td><td></td><td>—</td><td>—</td><td></td><td></td><td></td></tr>
<tr><td colspan="3">状态人口净流入</td><td>—</td><td></td><td></td><td>—</td><td>—</td><td>—</td></tr>
</table>

2. 如何理解净流量综合表与总流量综合表的含义完全一致?
3. 根据上述信息,计算 A 地区的流出系数矩阵与流入系数矩阵。
4. 简述直接流出(流入)系数矩阵与间接流出(流入)系数矩阵的区别。
5. 说明 $(I-E')^{-1}$ 与 $(I-M)^{-1}$ 的经济含义。
6. 简要说明净流量核算与总流量核算及投入产出核算有何区别?

第六章　迁移核算

迁移核算是研究社会系统中人口迁入量与人口迁出量相互依存关系的数量分析方法，其模型是根据“总迁入＝国内地区间迁入＋迁入国内”“总迁出＝国内地区间迁出＋迁往国外”平衡关系建立的；其表式是根据“总迁入－迁入国内＝总迁出－迁往国外”平衡关系建立的。迁移核算与存量流量核算、总流量核算、净流量核算不同的是，它只核算总人口中的迁移部分，不核算总人口。迁移核算的原理还可应用于劳动力在不同行业间的转移研究。

第一节　开放式迁移平衡表与模型

一、开放式迁移平衡表

开放式迁移平衡表是以包括国际迁移在内的迁移人口为研究对象、根据“∑地区总迁入（或地区间迁入）－∑各地区由国外迁入＝∑地区总迁出（或地区间迁出）－∑各地区迁往国外”平衡关系建立的、反映迁入人口来源与迁出人口去向关系的矩阵平衡表。

假设某国家共有 n 个地区，则开放式迁移平衡表的基本表式如表 6－1－1 所示。

表 6－1－1　开放式迁移平衡表

	迁往国外	地区 1　地区 2　…　地区 n	地区总迁出	地区间迁出
迁入国内	（Ⅰ）	BI'（Ⅱ）		
地区 1 地区 2 ⋮ 地区 n	DI（Ⅲ）	Q（Ⅳ）	X	XI
地区总迁入		Y'	Σ	
地区间迁入		YI'		Σ

表 6－1－1 中各符号的含义为：

BI :列向量,表示由国外迁入国内各地区的人口,该数据可以反映迁入国内人口的地区去向与分布。

DI :列向量,表示国内各地区迁往国外的人口,该数据可以反映迁往国外人口的地区构成。

Q :方阵,由于某一地区的迁出人口就是另一地区的迁入人口,因此,Q 阵中的每个数值都可以分别从横行与纵列去理解。从横行来看,q_{ij} 表示第 i 地区的迁出量,从纵列来看,q_{ij} 表示第 j 地区的迁入量,其中,主对角线数值表示地区内人口迁移,非对角线数值表示地区间人口迁移。以中国分省(自治区、直辖市)迁移人口平衡表为例,主对角线数值表示省内人口迁移,非对角线数值表示不同省份之间的迁移。

X :列向量,表示各地区的总迁出量,既包括地区内迁移形成的迁出,也包括地区间迁移形成的迁出。以中国分省(自治区、直辖市)迁移人口平衡表为例,各省的总迁出既包括省内不同市县间迁移形成的省内迁出,也包括本省迁往其他省份的外省迁出。该数据可以反映总迁出人口的地区分布与构成。

Y :列向量,表示各地区的总迁入量,既包括地区内迁移形成的迁入,也包括地区间迁移形成的迁入。以中国分省(自治区、直辖市)迁移人口平衡表为例,各省的总迁入既包括省内不同市县间迁移形成的省内迁入,也包括从其他省份迁入本省的外省迁入。该数据可以反映总迁入人口的地区分布与构成。

XI :列向量,表示本地区迁往其他地区的迁出量,不包括地区内迁移形成的迁出。该数据可以反映地区间迁出人口的分布与构成。

YI :列向量,表示由其他地区迁往本地区的迁入量,不包括本地区内迁移形成的迁入。该数据可以反映地区间迁入人口的分布与构成。

BI' 、Y' 、YI' 表示 BI 、Y 、YI 的转置矩阵。

表 6—1—1 的第Ⅰ象限表示期内迁入国内又在期内迁往国外的人口。根据各国相关法律规定,符合迁入国内条件的人口至少要在国内定居一定时间,所以,当编表的时期间隔不足够长时(如一年),可以假设第Ⅰ象限为空象限,即假设不存在当年迁入国内又在当年迁往国外的人口。当编表的时期间隔较长时,如根据两个普查年度数据编制 10 年间开放式迁移平衡表,则不宜假设第Ⅰ象限为空象限。

二、迁出系数及其模型

(一)迁出系数的含义

迁出系数指 i 地区迁出人口中,迁往 j 地区的比率。其计算公式为:

$$a_{ij}=\frac{q_{ij}}{x_i} \tag{6—1—1}$$

或,

$$ai_{ij}=\frac{q_{ij}}{xi_i} \tag{6-1-2}$$

其中，a_{ij} 表示以总迁出人口为分母计算的迁出系数，ai_{ij} 表示以地区间迁出人口为分母计算的迁出系数。用矩阵形式表示为：

$$A'=Q'\hat{X}^{-1} \tag{6-1-3}$$

或，

$$AI'=Q'\widehat{XI}^{-1} \tag{6-1-4}$$

迁出系数的大小可以反映 i 地区迁出量与 j 地区迁入量间依存关系的紧密程度。当迁出系数较大时，说明 i 地区迁出量与 j 地区迁入量依存关系较大，或者说，i 地区的迁出人口主要迁往 j 地区，构成 j 地区的迁入人口。当迁出系数较小时，说明 i 地区的迁出人口与 j 地区的迁入人口的依存关系较小，或者说，i 地区迁出人口中迁往 j 地区的可能性较小。

（二）根据迁出系数建立的行模型

从横行来看：

$$\begin{aligned} x_i &= \sum_{j=1}^{n} q_{ij} + di_i \\ &= \sum_{j=1}^{n} a_{ij}x_i + di_i \qquad (i=1,2,\cdots,n) \end{aligned}$$

将上式移项并整理得：

$$\left(1-\sum_{j=1}^{n} a_{ij}\right)x_i = di_i$$

用矩阵形式表示为：

$$(I-\hat{A}^i)X=DI \tag{6-1-5}$$

其中，$\hat{A}^i$ 表示由系数 $\sum_{j=1}^{n} a_{ij}$ 组成的对角阵，由于系数 $\sum_{j=1}^{n} a_{ij}$ 可称为国内迁出系数，所以，$(1-\sum_{j=1}^{n} a_{ij})$ 可称为国外迁出系数。式 6—1—5 说明，在已知总迁出量的情况下，左乘国外迁出系数，就可得到迁往国外的人口数。

将式 6—1—5 两边同乘 $(I-\hat{A}^i)^{-1}$ 得：

$$(I-\hat{A}^i)^{-1}DI=X \tag{6-1-6}$$

上式说明，在已知迁往国外人口数的条件下，只要左乘国外迁出系数的逆阵，即可得到各地区的迁出量。

同理，根据式 6—1—4 建立的行模型为：

$$(I-\widehat{AI^i})XI=DI \tag{6-1-7}$$

或，

$$(I-\widehat{AI^i})^{-1}DI=XI \qquad (6-1-8)$$

式6－1－7与式6－1－8是根据迁出系数建立的行模型，它们通过迁出系数将地区间迁出量与国际迁出量联系了起来。

（三）根据迁出系数建立的列模型

从纵列来看：

$$\begin{aligned}y_j&=q_{1j}+q_{2j}+\cdots+q_{nj}+bi_j\\&=a_{1j}x_1+a_{2j}x_2+\cdots+a_{nj}x_n+bi_j\\&=\sum_{i=1}^{n}a_{ij}x_j+bi_j \qquad (j=1,2,\cdots,n)\end{aligned}$$

用矩阵形式表示为：

$$Y=\hat{A}^jX+BI \qquad (6-1-9)$$

其中，$\hat{A}^j$ 表示由系数 $\sum_{i=1}^{n}a_{ij}$ 组成的对角阵。

当迁出量等于迁入量时，式6－1－9变成：

$$Y=\hat{A}^jY+BI$$

整理后得：

$$(I-\hat{A}^j)Y=BI \qquad (6-1-10)$$

或，

$$(I-\hat{A}^j)^{-1}BI=Y \qquad (6-1-11)$$

上式说明，当各地区的迁出人口等于迁入人口时，在已知各地区总迁入人口的条件下，只要左乘 $(I-\hat{A}^j)$ 就可得到迁入国内的人口数；在已知迁入国内人口数的情况下，只要左乘 $(I-\hat{A}^j)^{-1}$ 就可得到各地区总迁入人口。

同理，根据式6－1－4建立的列模型为：

$$(I-\widehat{AI^j})YI=BI \qquad (6-1-12)$$

或，

$$(I-\widehat{AI^j})^{-1}BI=YI \qquad (6-1-13)$$

式6－1－12与式6－1－13是根据迁出系数建立的列模型，它们通过迁出系数将国际迁入量与地区间迁入量联系了起来。

三、迁入系数及其模型

（一）迁入系数的经济含义

迁入系数指 j 地区迁入量中来源于 i 地区迁出量的比率。其计算公式为：

$$k_{ij}=\frac{q_{ij}}{y_i}$$

或，

$$ki_{ij}=\frac{q_{ij}}{yi_i}$$

其中，k_{ij} 表示以各地区总迁入量为分母计算的迁入系数，ki_{ij} 表示以地区间迁入量为分母计算的迁入系数，将上式用矩阵形式表示为：

$$K=Q\hat{Y}^{-1} \qquad (6-1-14)$$

或，

$$KI=Q\widehat{YI}^{-1} \qquad (6-1-15)$$

迁入系数的大小可以反映 j 地区的迁入量与 i 地区迁出量间的关系。当迁入系数较大时，说明 j 地区的迁入量主要来源于 i 地区的迁出量，当迁入系数较小时，说明 j 地区的迁入量来源于 i 地区迁出量的比例较小。

(二)根据迁入系数建立的列模型

从纵列来看：

$$\begin{aligned} y_j &= \sum_{i=1}^{n} q_{ij} + bi_j \\ &= \sum_{i=1}^{n} k_{ij} y_j + bi_j \qquad (j=1,2,\cdots,n) \end{aligned}$$

将上式移项并整理得：

$$(1-\sum_{i=1}^{n} k_{ij})y_j = bi_j$$

用矩阵形式表示为：

$$(I-\hat{K}^j)Y=BI \qquad (6-1-16)$$

或，

$$(I-\hat{K}^j)^{-1}BI=Y \qquad (6-1-17)$$

其中，$\hat{K}^j$ 表示由系数 $\sum_{i=1}^{n} K_{ij}$ 构成的对角阵，系数 $\sum_{i=1}^{n} K_{ij}$ 称为国内迁入系数，$(I-\hat{K}^j)$ 称为国际迁入系数。式 6—1—16 说明，在已知各地区总迁入人口 Y 的条件下，只要左乘国际迁入系数矩阵 $(I-\hat{K}^j)$，即可求得国际迁入人口 BI 。式 6—1—17说明，在已知国际迁入人口 BI 的情况下，只要左乘国际迁入系数的逆阵 $(I-\hat{K}^j)^{-1}$ ，就可求得各地区总迁入人口 Y 。

同理，根据式 6—1—15 建立的列模型为：

$$(I-K\widehat{I^{j}})YI=BI \qquad (6-1-18)$$

或，

$$(I-K\widehat{I^{j}})^{-1}BI=YI \qquad (6-1-19)$$

式 6—1—18 与式 6—1—19 是根据迁入系数建立的列模型，它们通过迁入系数将国际迁入量与地区间迁入量联系了起来。

(三)根据迁入系数建立的行模型

从横行来看：

$$\begin{aligned} x_i &= q_{i1}+q_{i2}+\cdots+q_{in}+di_i \\ &= k_{i1}y_1+k_{i2}y_2+\cdots+k_{in}y_n+di_i \\ &= \sum_{j=1}^{n}k_{ij}y_i+di_i \qquad (i=1,2,\cdots,n) \end{aligned}$$

用矩阵形式表示为：

$$X=\hat{K}^{i}Y+DI \qquad (6-1-20)$$

当各地区的总迁入量等于总迁出量时，式 6—1—20 将变成：

$$X=\hat{K}^{i}X+DI$$

整理后得：

$$(I-\hat{K}^{i})X=DI \qquad (6-1-21)$$

或，

$$(I-\hat{K}^{i})^{-1}DI=X \qquad (6-1-22)$$

上式说明，当各地区总迁出量等于总迁入量时，在已知各地区总迁出量的条件下，只要左乘 $(I-\hat{K}^{i})$ 就可求得国际迁出人口；在已知国际迁出人口的条件下，只要左乘 $(I-\hat{K}^{i})^{-1}$ 就可求得各地区总迁出量。

同理，根据式 6—1—15 建立的行模型为：

$$(I-K\widehat{I^{i}})XI=DI \qquad (6-1-23)$$

或，

$$(I-K\widehat{I^{i}})^{-1}DI=XI \qquad (6-1-24)$$

式 6—1—23 与式 6—1—24 是根据迁入系数建立的行模型，它们通过迁入系数将地区间迁出量与国际迁出量联系了起来。

第二节　封闭式迁移平衡表与应用

一、封闭式迁移平衡表

封闭式迁移平衡表是以地区内或国内迁移人口为研究对象、根据“$\sum$地区总迁入(或地区间迁入)＝$\sum$地区总迁出(或地区间迁出)”平衡关系建立的、反映迁入人口来源与迁出人口去向关系的矩阵平衡表。

设某国家共有 n 个地区，则由 n 个地区构成的封闭式迁移表如表 6—2—1 所示。

表 6—2—1　封闭式迁移平衡表

迁入 / 迁出	地区 1　地区 2…　地区 n	地区总迁出	地区间迁出
地区 1 地区 2 ⋮ 地区 n	Q（Ⅳ）	X	XI
地区总迁入	Y'	Σ	
地区间迁入	YI'		Σ

与表 6—1—1 不同的是，表 6—2—1 没有第Ⅰ象限、第Ⅱ象限和第Ⅲ象限，只有第Ⅳ象限。所以，表 6—2—1 只涉及 Q 、X 、XI 、Y 、YI 这几个矩阵或向量，其含义与表 6—1—1 相同。

人口迁移指改变常住处所的行为，从原常住地来看，属于人口迁出，从新常住地来看，属于人口迁入。一个省或一个地区的迁出人口和迁入人口是不相等的，但从全国范围来看，一定时期内封闭状态的迁入总人口等于迁出总人口。

二、案例分析

根据 1987 年 1%人口抽样调查资料，我们整理了中国 1982 年 7 月至 1987 年 6 月间各省(自治区、直辖市)人口的迁移资料，编制了迁移人口平衡表，结果如表 6—2—2所示。

表 6-2-2 1982 年 7 月至 1987 年 6 月中国各省迁移人口平衡表①

单位:人

省区	顺序	1	2	3	4	5	6	7	8	9	10	11
北京	1	5375	36	206	46	24	57	18	8	38	87	11
天津	2	101	405	138	7	12	29	2	1	19	37	5
河北	3	942	467	9417	339	330	163	52	91	55	109	20
山西	4	214	53	595	7811	133	37	5	5	8	61	12
内蒙	5	69	59	386	175	5693	391	159	187	7	59	15
辽宁	6	131	47	198	37	155	9721	335	342	64	139	25
吉林	7	73	22	148	8	145	593	9236	405	15	103	16
黑龙江	8	133	44	278	21	253	1044	610	8687	67	187	123
上海	9	49	11	10	1	1	18	—	8	2729	13458	143
江苏	10	128	17	67	104	135	49	17	42	1024	13458	143
浙江	11	71	10	65	95	68	38	65	34	533	224	7902
安徽	12	92	10	94	20	28	15	6	68	721	516	147
福建	13	33	13	51	7	10	21	7	1	129	122	77
江西	14	48	1	38	10	3	24	3	5	190	135	158
山东	15	184	70	170	53	96	296	329	604	136	358	21
河南	16	134	23	172	255	35	72	22	35	41	126	29
湖北	17	117	13	100	15	15	25	10	7	64	182	14
湖南	18	104	15	1863	4	3	51	9	4	25	73	54
广东	19	38	22	68	4	4	23	4	4	36	69	18
广西	20	31	17	188	13	1	11	2	4	16	66	15
四川	21	181	24	335	110	46	53	13	29	149	364	62
贵州	22	23	4	42	9	—	15	—	7	63	136	51
云南	23	32	3	162	8	2	12	1	1	37	248	33
西藏	24	4	1	6	1	—	—	—	1	1	18	4
陕西	25	132	55	201	60	62	22	4	7	48	230	29
甘肃	26	49	124	117	8	67	18	5	8	81	157	19
青海	27	33	12	48	177	4	15	8	2	31	113	11
宁夏	28	14	103	10	5	28	13	—	—	8	28	32
新疆	29	43	43	119	53	15	23	2	3	103	450	36
总迁入合计		859	1734	15356	9457	7369	12857	10919	10593	6450	18208	9120
省际间迁入		3218	1329	5939	1646	1676	3136	1683	1906	3721	4750	1218

① 由于四舍五入,各项加总未必等于总计。

续表 6—2—2　　　　　　　　　　　　　　　　　　单位:人

省　区	顺序	12	13	14	15	16	17	18	19	20	21
北　京	1	40	11	14	70	67	23	73	11	9	40
天　津	2	3	2	3	26	14	10	13	12	—	10
河　北	3	58	21	17	227	215	83	25	43	3	155
山　西	4	40	9	6	138	197	53	23	11	—	57
内　蒙	5	12	6	1	156	63	12	18	13	5	99
辽　宁	6	17	10	14	249	87	42	134	37	2	158
吉　林	7	9	3	3	581	57	35	16	32	—	92
黑龙江	8	24	8	5	1380	69	85	30	26	1	102
上　海	9	77	22	12	24	27	0	11	25	4	13
江　苏	10	276	24	43	271	80	166	56	46	6	105
浙　江	11	129	148	144	105	59	76	67	51	21	74
安　徽	12	8563	6	82	44	234	84	25	42	3	65
福　建	13	32	4535	180	67	27	32	60	118	12	37
江　西	14	64	157	5314	30	7	64	162	199	24	66
山　东	15	79	37	16	15129	161	65	21	35	2	91
河　南	16	158	14	28	128	8953	599	64	85	20	195
湖　北	17	58	18	124	671	123	16160	218	76	18	221
湖　南	18	24	29	109	43	26	296	12215	479	76	134
广　东	19	23	83	71	55	72	69	485	22307	203	119
广　西	20	6	65	45	49	49	31	205	1139	6713	37
四　川	21	189	125	39	286	211	444	111	249	22	32893
贵　州	22	53	45	13	70	13	14	110	56	51	294
云　南	23	116	17	7	92	97	18	77	54	78	537
西　藏	24	9	—	—	3	33	9	2	—	—	202
陕　西	25	43	10	9	192	209	299	41	61	2	179
甘　肃	26	33	1	5	206	124	44	14	16	14	164
青　海	27	9	2	2	113	58	4	10	9	—	108
宁　夏	28	1	—	—	31	10	4	6	—	—	31
新　疆	29	49	5	15	146	225	67	88	46	8	436
总迁入合计		10213	5414	6317	20580	11587	18897	14382	25277	7300	36758
省际间迁入		1650	879	1003	5451	2634	2737	2167	2970	507	3865

续表 6—2—2 单位：人

省区	顺序	22	23	24	25	26	27	28	29	总迁出合计	省际间迁出
北京	1	11	4	—	39	26	4	4	9	6363	988
天津	2	2	1	—	8	1	—	1	11	875	470
河北	3	126	10	—	166	20	20	26	43	13142	3725
山西	4	13	2	—	114	9	5	4	18	9622	1811
内蒙	5	4	2	—	38	13	3	73	3	7739	2046
辽宁	6	5	4	—	51	3	—	5	15	12027	2306
吉林	7	1	4	—	18	1	1	5	3	11627	2391
黑龙江	8	8	—	—	36	9	2	5	12	13190	4503
上海	9	6	5	—	22	6	2	2	5	3549	820
江苏	10	30	25	—	100	29	24	23	173	16665	3207
浙江	11	17	109	—	35	26	7	9	91	10275	2373
安徽	12	30	9	—	69	20	7	5	56	11072	2509
福建	13	19	15	—	3	—	—	—	5	5613	1078
江西	14	9	6	—	37	2	—	—	2	6760	1446
山东	15	120	15	—	116	23	29	46	147	18514	3385
河南	16	47	29	—	299	110	28	38	363	12105	3152
湖北	17	15	11	—	45	6	7	8	42	18399	2239
湖南	18	147	75	—	39	19	9	7	54	15986	3771
广东	19	17	11	—	18	1	—	2	18	23848	1541
广西	20	40	37	—	3	4	2	1	4	8844	2131
四川	21	395	404	—	131	87	39	11	619	37608	4715
贵州	22	5529	141	—	7	1	2	—	5	6752	1223
云南	23	166	6416	—	32	—	—	—	—	8243	1827
西藏	24	—	12	64	26	15	2	—	2	414	350
陕西	25	8	4	—	7853	202	37	538	146	10696	2843
甘肃	26	3	5	—	344	4058	40	83	150	5957	1899
青海	27	—	8	—	110	111	616	5	6	1622	1006
宁夏	28	—	—	—	99	49	—	906	27	1409	503
新疆	29	5	3	—	242	140	15	12	3551	5940	2389
总迁入合计		6669	7360	64	10098	4992	904	1818	5570	304856	—
省际间迁入		1140	944	0	2245	934	288	912	2019	—	62647

根据表 6—2—2 可进行以下分析。

1. 净迁入型地区还是净迁出型地区分析

在矩阵式迁移平衡表中，由于横行表示迁出、纵列表示迁入，因此，可以在一张平衡表中同时反映迁入与迁出两种信息，通过对比分析 $\sum XI$ 与 $\sum YI$ 的大小，可以分析出各地区是净迁入型地区还是净迁出型地区。若某省的 $\sum XI$ 大于 $\sum YI$，说明该省属于净迁出地区；若某省的 $\sum XI$ 小于 $\sum YI$，说明该省属于净迁入地区。例如，5 年间迁出北京的有 988 人(见表 6—2—2 第 1 行)，迁入北京的有 3218 人(见表 6—2—2 第 1 列)，迁入人口多于迁出人口，属于净迁入地区。再比如，5 年间迁出黑龙江省的有 4503 人(见表 6—2—2 第 8 行)，迁入黑龙江省的有 1906 人，迁出人口多于迁入人口，属于净迁出地区。

2. 人口迁入来源及迁出去向分析

人口迁入来源可通过迁入系数分析(参见式 6—1—15)，某省份对本省的迁入系数大，说明该省份是本省迁入人口的主要来源。人口迁出去向可通过迁出系数分析(参见式 6—1—2 或式 6—1—4)，某省份对本省的迁出系数大，说明该省是本省迁出人口的主要去向。以北京为例，迁出系数较大的省份有河北、江苏、山东、河南、辽宁等地，所以，迁出北京的人口主要迁往河北、江苏、山东、河南、辽宁等地。迁入系数较大的省份有河北、山西、山东、四川、河南、黑龙江、陕西、辽宁等地，所以，北京迁入人口主要来源于河北、山西、山东、四川、河南、黑龙江、陕西、辽宁等地。迁入来源与迁出去向一目了然。

3. 省际间人口迁移构成和省内人口迁移构成的比较分析

在矩阵式迁移平衡表中，Q 阵中主对角线的数字指迁入地与迁出地相同，它表示省内不同市区的迁移；Q 阵中非对角线的数字指迁入地与迁出地不同，它表示不同省份间的迁移，通过主对角线的数字占 $\sum X$ 的比重或占 $\sum Y$ 的比重，可以分析省内迁移人口占所有迁移人口的构成；通过非对角线数字之和占 $\sum X$ 的比重或占 $\sum Y$ 的比重，可以分析省际间迁移人口占所有迁移人口的构成，以分析该省份是以省内迁移为主，还是以省际迁移为主。例如，5 年间河北省内迁移为 9417 人(见表 6—2—2 第 3 行与第 3 列交叉处)，占河北省总迁出 13142 的 71.7%，占河北省总迁入 15356 的 61.3%。迁出河北省为 3725 人(总迁出 13142－省内迁移 9417)，占河北省总迁出 13142 的 28.3%，由外省迁入河北省的有 5939 人(总迁入 15356－省内迁移 9417)，占河北省总迁入 15356 的 38.7%，这说明河北省内迁移人口多于省际间迁移人口。

这与国民经济核算中的矩阵平衡表有所不同，在国民经济核算中，国民经济循环总表中主对角线上的位置一般都是空白的。

4. 省内迁移分析

表 6—2—2 中 Q 阵主对角线数字表示省内迁移人口，从横行来看表示省内迁出，从纵列看表示省内迁入，一定时期内的省内迁出等于省内迁入，所以，这一个数

字反映的是省内迁出与省内迁入两种信息。该信息虽然可以显示省内迁移的总体情况，但无法反映省内迁出的去向与省内迁入的来源，为此，有必要将该数字分解成一个子阵，每个子阵的纵列表示迁入人口来源，每个子阵的横行表示迁出人口去向，子阵纵列数与子阵横行数相同，形成一个方阵。

每个子阵如何分解，可根据研究问题的需要。例如，可以按行政市县区等区域标志划分，以分析省内不同地区间的人口迁移来源与人口迁移去向。还可以按城乡标志划分，以分析省内人口城乡间的迁移状况。表 6－2－3 是按市、镇、县对河北省内迁移人口 9417 人进行细分组后形成的河北省内迁移人口平衡表。

表 6－2－3　按市、镇、县分组的河北省内迁移人口平衡表①

单位：人

	市	镇	县	迁　出
市	671	433	205	1309
镇	199	433	608	1240
县	2949	2086	1833	6868
迁入	3819	2952	2646	9417

由表 6－2－3 可知，河北省 1982－1987 年的五年内，迁入市的有 3819 人，迁入镇的有 2952 人，迁入县的有 2646 人，省内迁入 9417 人。迁出市的有 1309 人，迁出镇的有 1240 人，迁出县的有 6868，省内迁出 9417 人，省内迁入等于省内迁出。

在此基础上，还可以进一步分析省内迁入来源与省内迁出去向。例如，迁入市的 3819 人中，671 人来源于市 、199 人来源于镇、2949 人来源于县。迁出市的 1309 人中，671 人迁往市、433 人迁往镇、205 人迁往县。

三、封闭式劳动力行业间调入调出平衡表

封闭式劳动力行业间调入调出平衡表是以各行业中调动的劳动力为研究对象、根据“$\sum$各行业调入的劳动力＝$\sum$各行业调出的劳动力”平衡关系建立的、反映调入劳动力的来源与调出劳动力去向关系的矩阵平衡表。

设某国家共有 n 个行业，则由 n 个行业构成的封闭式劳动力调入调出平衡表如表 6－2－4 所示。

---

① 本表中市、镇、县间的迁移与前几章讲的城乡间转移是不同的。前几章讲的城乡间转移不仅包括改变常住地的迁移，还包括不改变常住地，只是改变居民身份性质的转移。例如，由于建镇标准的改变，使乡村人口变为城镇人口等。本表中市、镇、县的迁移仅指常住地的迁移。

表 6—2—4 封闭式劳动力调入调出平衡表

调入 / 调出	行业 1 行业 2 … 行业 n	劳动力调出
行业 1 行业 2 ⋮ 行业 n	Q（Ⅳ）	X
劳动力调入	Y'	Σ

表 6—2—4 中各符号的含义为：

Q：方阵，由于某一行业的劳动力调出就是另一行业的劳动力调出，因此，Q 阵中的每个数值都可以分别从横行与纵列去理解。从横行来看，q_{ij} 表示第 i 行业的劳动力调出，从纵列来看，q_{ij} 表示第 j 行业的劳动力调入，其中，主对角线数值表示行业内的劳动力调入调出，非对角线数值表示行业间的劳动力调入与调出。

X：列向量，表示各行业的劳动力调出量，既包括行业内劳动力调动形成的调出，也包括行业间劳动力调动形成的调出。该数据可以反映劳动力总调出的行业分布与构成。

Y：列向量，表示各行业的劳动力调入量，既包括行业内劳动力调动形成的调入，也包括行业间劳动力调动形成的调入。该数据可以反映劳动力总调入的行业分布与构成。

Y' 表示 Y 的转置矩阵。

与此类似，根据科技人员在不同单位（不同行业、不同地区）的调动情况，还可以编制科技人员单位间（行业间、地区间）调动平衡表，以分析科技人员的流动去向与流入来源。

思考与练习

1. 迁移核算的平衡关系式如何表述。
2. 根据迁移平衡表可以进行哪些分析？

第七章 T型账户记账法

前几章所述各种方法采用的都是矩阵式平衡表，本章讨论如何将T型账户式平衡表运用于社会和人口核算。

第一节 统计总体流量账户平衡表

社会和人口核算中的T型账户平衡表根据会计复式记账原理编制、反映社会和人口系统中以实物单位为计量单位的统计总体流入量与流出量或状态流入量与流出量平衡关系的账户式平衡表。

一、不分组的统计总体流量账户平衡表

不分组的统计总体流量账户平衡表是以不分组的统计总体为研究对象，根据“统计总体流入量＝统计总体流出量”平衡关系编制的、反映统计总体流入量来源与统计总体流出量去向的账户平衡表。

社会和人口核算中的T型账户平衡表从形式上看，与国民经济核算中的T型账户平衡表类似，形状似T字形，左右分列。左方为流入，右方为流出，流入方合计值等于流出方合计值。表7—1—1与表7—1—2分别是1984年与1985年的中国总人口账户平衡表。

表7—1—1 1984年中国总人口账户平衡表

单位：万人

流入人口		流出人口	
由1983年流入的人口	102764	存活到1985年的人口	103876
出生与迁入人口	1808	死亡与迁出人口	696
合 计	104572	合 计	104572

我们先看表7—1—1。1984年的流入人口由两部分组成，一部分是“由1983年流入的人口”102764万人，从1983年角度看是流出人口，从1984年角度看是流入人口；另一部分是1984年的“出生与迁入人口”1808万人，这两部分之和为104572万人。1984年流出人口也由两部分组成，一部分是“存活到1985年的人

口”103876 万人，从 1984 年的角度看是流出人口，从 1985 年的角度看是流入人口；另一部分是 1984 的“死亡与迁出人口”696 万人，这两部分之和也为 104572 万人。1984 年流入人口等于 1984 年流出人口等于 104572 万人。

表 7—1—2　1985 年中国总人口账户平衡表

单位：万人

流入人口		流出人口	
由 1984 年流入的人口 出生与迁入人口	103876 1860.6	存活到 1986 年的人口 死亡与迁出人口	105044 692.6
合 计	105737	合 计	105737

再看看表 7—1—2。1985 年的流入人口由两部分组成，一部分是“由 1984 年流入的人口”103876 万人，从 1984 年角度看是流出人口，从 1985 年角度看是流入人口；另一部分是 1985 年的“出生与迁入人口”1860.6 万人，这两部分之和为 105737 万人。1985 年流出人口也由两部分组成，一部分是“存活到 1986 年的人口”105044 万人，从 1985 年的角度看是流出人口，从 1986 年的角度看是流入人口；另一部分是 1985 的“死亡与迁出人口”692.6 万人，这两部分之和也为 105737 万人。1985 年流入人口等于 1985 年流出人口等于 105737 万人。

由表 7—1—2 还可以看出，流入方的“由 1984 年流入的人口”103876 万人，与表 7—1—1 中流出方的“存活到 1985 年的人口”103876 万人相同，这说明，存活到 1985 年的人口既构成 1984 年总人口账户平衡表的流出人口，又构成 1985 年总人口账户平衡表的流入人口，一笔数值分别在两个对应的账户中记录两次。从这个角度看，表 7—1—1 与表 7—1—2 是相对应的两个账户。

由式 1—2—4 与式 1—2—5 可知，统计总体流量与统计总体存量存在一定的关系，即：统计总体流入量＝统计总体期初存量＋系统增加量，统计总体流出量＝统计总体期末存量＋系统减少量，为进一步验正这种内在联系，我们看一下表 7—1—2。

表 7—1—2 流入方的“由 1984 年流入的人口”103876 万人相当于 1985 年初总人口，流出方的“存活到 1986 年的人口”105044 万人相当于 1985 年末人口。年初总人口 103876 万人与本期出生与迁入人口 1860.6 万人之和等于该年总流入人口——105737 万人。年末总人口 105044 万人与本期死亡与迁出人口 692.6 万人之和等于该年总流出人口——105737 万人。流入人口总计等于流出人口总计。

不分组的统计总体流量账户平衡表与总流量综合表（或净流量综合表）包含的信息完全一样。例如，表 7—1—2 与表 4—1—2 包含的信息一样。所不同的是，不分组的统计总体流量账户平衡表采用的是 T 形账户平衡表，总流量综合表（或净流量综合表)采用的是矩阵平衡表。

二、分组情况下的统计总体流量账户平衡表

分组情况下的统计总体流量账户平衡表是以分组情况下的统计总体为研究对象,根据“统计总体流入量=统计总体流出量”平衡关系编制的、反映统计总体流入量来源与统计总体流出量去向的账户平衡表。

表 7—1—1 与表 7—1—2 是不分组情况下对中国人口总体编制的账户平衡表。若将总人口按城乡分组,则按城乡人口分组后编制的总人口账户式平衡表如表 7—1—3 与表 7—1—4 所示。

表 7—1—3　1984 年按城乡分组的中国总人口账户平衡表

单位:万人

流入人口		流出人口	
由 1983 年流入的人口	102764	存活到 1985 年的人口	103876
其中:转为乡村	38	其中:将转为乡村	38
转为城镇	8826	将转为城镇	5054
仍为城镇	24112	仍为城镇	33098
仍为乡村	69788	仍为乡村	65686
出生与迁入人口	1808.1	死亡与迁出人口	696.1
其中:城镇	371.1	其中:城镇	173.1
乡村	1437	乡村	523
合计	104572	合计	104572

表 7—1—4　1985 年按城乡分组的中国总人口账户平衡表

单位:万人

流入人口		流出人口	
由 1984 年流入的人口	103876	存活到 1986 年的人口	105044
其中:转为乡村	38	其中:将转为乡村	38
转为城镇	5054	将转为城镇	5207
仍为城镇	33098	仍为城镇	38408
仍为乡村	65686	仍为乡村	61391
出生与迁入人口	1860.6	死亡与迁出人口	692.6
其中:城镇	513.8	其中:城镇	219.8
乡村	1346.8	乡村	472.8
合 计	105737	合 计	105737

表 7—1—3 是对表 7—1—1 按城乡分组后得到的按城乡分组的总人口账户平衡表，表 7—1—4 是对表 7—1—2 按城乡分组后得到的按城乡分组的总人口账户平衡表。由此可见，分组情况下的统计总体账户平衡表与不分组统计总体账户平衡表相比，账户数量没有变，只是记录的详细程度发生了变化。

我们以表 7—1—4 为例说明分组情况下统计总体账户平衡表的构成项目。通过表 7—1—4 可以看出，在流入方的“由 1984 年流入的人口”103876 万人中，城镇人口为 33136 万人(38＋33098)，其中，“38”指从 1984 年流出的城镇人口在 1985 年转为乡村人口，“33098”指从 1984 年流出的城镇人口在 1985 年仍是城镇人口；乡村人口为 70740 万人(5054＋65686)，其中，“5054”指从 1984 年流出的乡村人口在 1985 年转为城镇人口，“65686”指从 1984 年流出的乡村人口在 1985 年仍是乡村人口。在流出方的“存活到 1986 年的人口”105044 万人中，城镇人口为 38446 万人(38＋38408)，其中，“38”指从 1985 年流出的城镇人口将于 1986 年转为乡村人口，“38408”指从 1985 年流出的城镇人口在 1986 年仍是城镇人口；乡村人口为 66598 万人(5207＋61391)，其中，“5207”指从 1985 年流出的乡村人口将于 1986 年转为城镇人口，“61391”指从 1985 年流出的乡村人口在 1986 年仍为乡村人口。

表 7—1—3 与表 7—1—4 也是相对应的两个账户。例如，表 7—1—3 中流出方的“将转为乡村”38 万人、“将转为城镇”5054 万人、“仍为城镇”33098 万人、“仍为乡村”65686 万人分别构成表 7—1—4 中的流入人口。

通过分组情况下的统计总体流量账户平衡表与净流量分解表的比较可以看出，除了二者采用的表式不同外，包含的信息完全一致。以表 7—1—4 为例，流入方的“转为乡村 38”“转为城市 5054”“仍为城市 33098”“仍为乡村 65686”相当于净流量分解表 5—1—2 中的 S_0，流出方的“将转为乡村 38”“将转为城市 5207”“仍为城市 38408”“仍为乡村 61391”相当于净流量分解表 5—1—2 中的 S_1；流入方分城乡的出生与迁入人口相当于净流量分解表 5—1—2 中的 B_1，流出方分城乡的死亡与迁出人口相当于净流量分解表 5—1—2 中的 D_1。

三、与国民经济核算中账户记账法的区别

社会和人口核算中的账户记账法不同于国民经济核算中的账户记账法。

首先，国民经济核算中的账户平衡表记录的是各种经济交易来源方与使用方的对应关系，表现的是经济运行过程与联系，所以，国民经济核算中的账户平衡表一方是“来源”，一方是“使用”，每个账户的来源方等于使用方。社会和人口核算中的账户平衡表记录的是社会系统中表现为流入量与流出量之间的对应关系，反映社会系统中状态转移过程及联系，所以，社会和人口核算中的账户平衡表一方是“流入”，一方是“流出”，进入某时期的流入量必定以某种方式离开该时期，因此，每

个账户的流入量等于流出量。

其次，国民经济核算中的基本账户是按经济交易的性质和国民经济运行过程的特点划分的，根据经济交易的性质和国民经济运行过程的特点，国民经济核算中的基本账户分为经常账户和积累账户。社会和人口核算中的统计总体账户是按照时期不同划分的，有多少个时期就有多少个账户。

再次，国民经济核算中的交易涉及到“买”与“卖”双方，因此，国民经济核算中的每笔交易都要分别从来源方与使用方在相对应的账户记录两次。在社会和人口核算中，有的转移可以分别从流入方与流出方在对应的账户中记录两次，有的转移只需记录一次。例如，存活到 1985 年的人口为 103876 万人，它既构成 1984 年的流出人口，又构成 1985 年的流入人口，这一转移分别在 1984 年账户中的流出方与 1985 年账户中的流入方对应记录两次。而 1984 年的死亡与迁出人口，只构成 1984 年的流出人口，不构成 1985 年的流入人口，它只在 1984 年的账户中，以流出者的身份记录一次。

最后，经济交易一般指可以用货币单位计量的两个交易者之间的经济业务往来，因此，国民经济核算中的账户平衡表是以货币为计量单位的。社会和人口核算中的账户平衡表是以实物单位为计量单位的。

第二节　状态流量账户平衡表

社会和人口核算中的账户平衡表不仅可以针对统计总体编制，也可以针对不同状态编制，以形成状态流量账户。状态流量账户又分为状态净流量账户与状态总流量账户。

一、状态净流量账户平衡表

状态净流量账户平衡表是以分组情况下各状态净流量为研究对象，根据“状态净流入量＝状态净流出量”平衡关系编制的、反映该状态净流入量来源与该状态净流出量去向的账户平衡表。按状态净流量编制的账户平衡表实质上就是将分组情况下的统计总体流量账户平衡表分解成若干个账户平衡表，所以，按状态净流量编制的账户平衡表可以视为分组情况下统计总体流量账户平衡表的分解。

例如，可将表 7－1－4 按城乡进行分组，形成两个独立的净流量账户平衡表——表 7－2－1 和表 7－2－2，表 7－2－1 是 1985 年中国城镇人口净流量账户平衡表，表 7－2－2 是 1985 年中国乡村人口净流量账户平衡表。

通过表 7－2－1 可以看出，在流入方的“从 1984 年流出的城镇人口净流入”38152 万人中，5054 万人以乡村人口身份从 1984 年流出，到了 1985 年转成城镇人

表 7—2—1　1985 年中国城镇人口净流量账户平衡表

单位:万人

流入人口		流出人口	
从 1984 年流出的城镇人口净流入	38152	存活到 1986 年的城镇人口净流出	38446
其中:乡村转为城镇	5054	其中:将转为乡村	38
仍为城镇	33098	仍为城镇	38408
出生与迁入的城镇人口	513.8	死亡与迁出的城镇人口	219.8
合 计	38666	合 计	38666

口,形成 1985 年城镇人口流入;33098 万人以城镇人口身份从 1984 年流出,又以城镇人口身份流入 1985 年,1985 年身份没变,形成 1985 年城镇人口流入。年内出生与迁入的城镇人口为 513.8 万人。1985 年城镇人口净流入量为 38666 万人(38152＋513.8)。在流出方的"存活到 1986 年的城镇人口净流出"38446 万人中,38 万人以城镇人口身份离开 1985 年,到了 1986 年转为乡村人口,形成 1986 年乡村人口流入量;38408 万人以城镇人口身份离开 1985 年,又以城镇人口身份进入 1986 年,形成 1986 年城镇人口流入量。年内死亡与迁出的城镇人口为 219.8 万人。1985 年城镇人口净流出量为 38666 万人(38446＋219.8)。1985 年城镇人口净流入量＝1985 年城镇人口净出量＝38666 万人。

表 7—2—2　1985 年中国乡村人口净流量账户平衡表

单位:万人

流入人口		流出人口	
从 1984 年流出的乡村人口净流入	65724	存活到 1986 年的乡村人口净流出	66598
其中:城镇转为乡村	38	其中:将转为城镇	5207
仍为乡村	65686	仍为乡村	61391
出生与迁入的乡村人口	1346.8	死亡与迁出的乡村人口	472.8
合 计	67071	合 计	67071

由表 7—2—2 可以看出,在流入方的"从 1984 年流出的乡村人口净流入"65724 万人中,38 万人以城镇人口身份从 1984 年流出,到了 1985 年转成乡村人口,形成 1985 年乡村人口流入;65686 万人以乡村人口身份从 1984 年流出,又以乡村人口身份流入 1985 年,形成 1985 年乡村人口流入。年内出生与迁入的乡村人口为 1346.8 万人。1985 年乡村人口净流入量为 67071 万人(65724＋1346.8)。在流出方的"存活到 1986 年的乡村人口净流出"66598 万人中,5027 万人以乡村人口

身份离开 1985 年，到了 1986 年转为城镇人口，形成 1986 年城镇人口流入；61391 万人以乡村人口身份离开 1985 年，又以乡村人口身份进入 1986 年，形成 1986 年乡村人口流入。死亡与迁出的乡村人口为 472.8 万人。1985 年乡村人口净流出量为 67071 万人(66598+472.8)。1985 年乡村人口净流入量＝1985 年乡村人口净流出量＝67071 万人。

通过表 7—2—1 与表 7—2—2 还可以看出，1985 年城镇人口流入与城镇人口流出分别为 38666 万人，乡村人口流入与乡村人口流出分别为 67071 万人，城镇人口流入与乡村人口流入之和为 105737 万人，城镇人口流出与乡村人口流出之和为 105737 万人，这些信息与表 7—1—4 反映的 1985 年中国总人口流入量与中国总人口流出量完全相同。

二、状态总流量账户平衡表

状态总流量账户平衡表是以分组情况下各状态总流量为研究对象，根据“状态总流入量＝状态总流出量”平衡关系编制的、反映该状态总流入量来源与该状态总流出量去向的账户平衡表。

例如，可将表 4—1—4 按城乡进行分组，形成两个独立的总流量账户平衡表——表 7—2—3 和表 7—2—4，表 7—2—3 是 1985 年中国城镇人口总流量账户平衡表，表 7—2—4 是 1985 年中国乡村人口总流量账户平衡表。

(一)城镇人口总流量账户平衡表

表 7—2—3　1985 年中国城镇人口总流量账户平衡表

单位：万人

流入人口		流出人口	
从 1984 年流出的城镇人口总流入	33136	存活到 1986 年的城镇人口总流出	38446
乡村转为城镇人口	5054	城镇转为乡村人口	38
出生与迁入的城镇人口	513.8	死亡与迁出的城镇人口	219.8
合 计	38704	合 计	38704

从表 7—2—3 流入方看，1985 年城镇人口总流入量为 38704 万人，其中“从 1984 年流出的城镇人口总流入”为 33136 万人，他们以城镇人口身份从 1984 年流出并以城镇人口身份成为 1985 年流入人口。年内由乡村人口转为城镇人口的为 5054 万人，他们以乡村人口身份从 1984 年流出，到了 1985 年转成城镇人口，构成 1985 年城镇人口流入量；年内出生与迁入的城镇人口为 513.8 万人。

从流出方看，1985 年城镇人口总流出量为 38704 万人，其中，“存活到 1986 年的城镇人口总流出”为38446万人，他们以城镇人口身份从1985年流出，又以城镇人口身份成为1986年流入人口。1986年由城镇转为乡村的人口为38万人，他们以城镇人口身份从1985年流出，到了1986年转为乡村人口，构成1986年乡村人口流入量；年内死亡与迁出的城镇人口为219.8万人。1985年城镇人口总流入量＝1985年城镇人口总流出量＝38704万人。

表7—2—3与表7—2—1的区别在于，表7—2—3中的“从1984年流出的城镇人口总流入”33136万人不仅包括既是1984年城镇人口流出量也是1985年城镇人口流入量的“33098万人”，还包括以城镇人口身份进入1985年、年内又由城镇人口转为乡村人口的“38万人”，这38万人虽不改变全国人口总规模，但是，从城镇人口的角度看，它增加了城镇人口流入量。

同理，表7—2—3中的“存活到1986年的城镇人口总流出”38446万人不仅包括既是1985年城镇人口流出量也是1986年城镇人口流入量的“38408万人”，还包括1985年以城镇人口身份流出，到了1986年转为乡村人口的38万人，这38万人也构成1985年城镇人口流出量。

表7—2—1是从净流量的角度设置的，所以，它不包括只改变全国总人口分布不改变总人口规模的“38万人”(38704－38666＝38)。

(二)乡村人口总流量账户平衡表

表7—2—4　1985年中国乡村人口总流量账户平衡表

单位：万人

流入人口		流出人口	
从1984年流出的乡村人口总流入	70740	存活到1986年的乡村人口总流出	66598
城镇转为乡村人口	38	乡村转为城镇人口	5054
出生与迁入的乡村人口	1346.8	死亡与迁出的乡村人口	472.8
合 计	72125	合 计	72125

从表7—2—4流入方看，1985年乡村人口总流入量为72125万人，其中，“从1984年流出的乡村人口总流入”为70740万人，他们以乡村人口身份从1984年流出并以乡村人口身份成为1985年流入人口；年内由城镇人口转为乡村人口的为38万人，他们以城镇人口身份从1984年流出，到了1985年转为乡村人口，形成1985年乡村人口流入量；年内出生与迁入的乡村人口为1346.8万人。

从表7—2—4流出方看，1985年乡村人口总流出量为72125万人，其中，“存活到1986年的乡村人口总流出”为66598万人，他们以乡村人口身份从1985年流出，又以乡村人口身份成为1986年流入人口；年内由乡村人口转为城镇的人口为

5054万人，他们以乡村人口身份从1985年流出，到了1986年转为城镇人口，形成1986年城镇人口流入量；年内死亡与迁出的乡村人口为472.8万人。1985年乡村人口总流入量=1985年乡村人口总流出量=72125万人。

表7—2—4与表7—2—2的区别在于，表7—2—4中的“从1984年流出的乡村人口总流入”70740万人不仅包括既是1984年乡村人口流出量也是1985年乡村人口流入量的“65686万人”，还包括以乡村人口身份进入1985年、年内又由乡村人口转为城镇人口的“5054万人”，这5054万人虽不改变全国人口总规模，但是，从乡村人口的角度看，它增加了乡村人口流入量。

同理，表7—2—4中的“存活到1986年的乡村人口总流出”66598万人，不仅包括既是1985年乡村人口流出量又是1986年乡村人口流入量的61391万人，还包括1985年以乡村人口身份流出，到了1986年转为城镇人口的5207万人。这5207万人也构成1985年乡村人口流出量。

表7—2—2是从净流量的角度设置的，所以，它不包括只改变总人口分布不改变总人口规模的“5054万人”(72125—67071=5054)。

思考与练习

1. 社会与人口核算的账户平衡表与国民经济核算的账户记账法有何区别?
2. 根据前几章思考题提供的信息，分别编制出A地区2014年总人口账户平衡表和按城乡分组的总人口账户平衡表。
3. 试说明状态净流量账户平衡表的编制要点。
4. 试说明状态总流量账户平衡表的编制要点。

附表:1981—1986年按城乡分组的中国总人口存量流量表、总流量表、净流量表及账户平衡表

存量流量表、总流量表、净流量表、账户平衡表既有联系,又有区别,为便于理解,在此附上1981—1986年按城乡分组的中国总人口存量流量表、总流量表、净流量表及账户平衡表,以便对比分析几种方法的区别与联系。

附表1　1981年按城乡分组的中国人口存量流量表

单位:万人

	出生与迁入	城镇	乡村	1981年末人口
死亡与迁出	47.5	116	538	
城镇	321	18486	864	20171
乡村	1700	38	78163	79901
1981年初人口		19140	79565	

附表2　1982年按城乡分组的中国人口存量流量表

单位:万人

	出生与迁入	城镇	乡村	1982年末人口
死亡与迁出	48.5	93	468	
城镇	368	20040	723	21131
乡村	1711	38	78710	80459
1982年初人口		20171	79901	

附表3　1983年按城乡分组的中国人口存量流量表

单位:万人

	出生与迁入	城镇	乡村	1983年末人口
死亡与迁出	42.4	113	533	
城镇	340	20980	2830	24150
乡村	1480	38	77096	78614
1983年初人口		21131	80459	

附表 4　1984 年按城乡分组的中国人口存量流量表

单位：万人

	出生与迁入	城镇	乡村	1984 年末人口
死亡与迁出	41.1	166	489	
城镇	364	23946	8826	33136
乡村	1403	38	69299	70740
1984 年初人口		24150	78614	

附表 5　1985 年按城乡分组的中国人口存量流量表

单位：万人

	出生与迁入	城镇	乡村	1985 年末人口
死亡与迁出	41.6	210	441	
城镇	504	32888	5054	38446
乡村	1315	38	65245	66598
1985 年初人口		33136	70740	

附表 6　1986 年按城乡分组的中国人口存量流量表

单位：万人

	出生与迁入	城镇	乡村	1986 年末人口
死亡与迁出	48.5	237	427	
城镇	725	38171	5207	44103
乡村	1424	38	60964	62426
1986 年初人口		38446	66598	

附表 7　1982 年按城乡分组的城镇人口与乡村人口总流量表

单位：万人

		死亡与迁出	1982		1983		状态总流出量
			城镇	乡村	城镇	乡村	
出生与迁入			375.1	1752.4			
1981	城镇		20171	38			
	乡村		723	79901			
1982	城镇	100.1			21131	38	21269
	乡村	509.4			723	80459	81691
状态总流入量			21269	81691			

附表 8 1983 年按城乡分组的城镇人口与乡村人口总流量表

单位:万人

		死亡与迁出	1983		1984		状态总流出量
			城镇	乡村	城镇	乡村	
出生与迁入			346.6	1515.8			
1982	城镇		21131	38			
	乡村		2830	80459			
1983	城镇	119.6			24150	38	24308
	乡村	568.8			2830	78614	82013
状态总流入量			24308	82013			

附表 9 1984 年按城乡分组的城镇人口与乡村人口总流量表

单位:万人

		死亡与迁出	1984		1985		状态总流出量
			城镇	乡村	城镇	乡村	
出生与迁入			371.1	1437			
1983	城镇		24150	38			
	乡村		8826	78614			
1984	城镇	173.1			33136	38	33347
	乡村	523			8826	70740	80089
状态总流入量			33347	80089			

附表 10 1985 年按城乡分组的城镇人口与乡村人口总流量表

单位:万人

		死亡与迁出	1985		1986		状态总流出量
			城镇	乡村	城镇	乡村	
出生与迁入			513.8	1346.8			
1984	城镇		33136	38			
	乡村		5054	70740			
1985	城镇	219.8			38446	38	38704
	乡村	472.8			5054	66598	72125
状态总流入量			38704	72125			

附表 11　按城乡分组的 1982—1985 年中国人口净流量分解表的整合表

单位：万人

		死亡与迁出	1982		1983		1984		1985				净流出量
			城镇	乡村	城镇	乡村	城镇	乡村	城镇	乡村	城镇	乡村	
出生与迁入			375.1	1752.4	346.6	1515.8	371.1	1437	513.8	1346.8	739.1	1458.5	
	城镇	122.3	20133	38									20291
	乡村	579.2	723	79178									80531
1982	城镇	100.1			21093	38							21231
	乡村	509.4			2830	77629							80968
1983	城镇	119.6					24112	38					24270
	乡村	568.8					8826	69788					79183
1984	城镇	173.1							33098	38			33309
	乡村	523							5054	65686			71263
1985	城镇	219.8									38408	38	38666
	乡村	472.8									5207	61391	67071
净流入量			21231	80968	24270	79183	33309	71263	38666	67071	44354	62888	

附表 12　1982 年按城乡分组的中国总人口账户平衡表

单位：万人

流入		流出	
由 1981 年流入的人口	100072	存活到 1983 年的人口	101590
其中：转为乡村	38	其中：将转为乡村	2830
转为城镇	723	将转为城镇	38
仍为城镇	20133	仍为城镇	21093
仍为乡村	79178	仍为乡村	77629
出生与迁入人口	2127.5	死亡与迁出人口	609.5
其中：城镇	375.1	其中：城镇	100.1
乡村	1752.4	乡村	509.4
合 计	102199	合 计	102199

附表 13　1983 年按城乡分组的中国总人口账户平衡表

单位:万人

流入		流出	
由 1982 年流入的人口	101590	存活到 1984 年的人口	102764
其中:转为乡村	38	其中:将转为乡村	38
转为城镇	2830	将转为城镇	8826
仍为城镇	21093	仍为城镇	24112
仍为乡村	77629	仍为乡村	69788
出生与迁入人口	1862.4	死亡与迁出人口	688.4
其中:城镇	346.6	其中:城镇	119.6
乡村	1515.8	乡村	568.8
合 计	103452	合 计	103452

附表 14　1984 年按城乡分组的中国总人口账户平衡表

单位:万人

流入		流出	
由 1983 年流入的人口	102764	存活到 1985 年的人口	103876
其中:转为乡村	38	其中:将转为乡村	38
转为城镇	8826	将转为城镇	5054
仍为城镇	24112	仍为城镇	33098
仍为乡村	69788	仍为乡村	65686
出生与迁入人口	1808.1	死亡与迁出人口	696.1
其中:城镇	371.1	其中:城镇	173.1
乡村	1437	乡村	523
合 计	104572	合 计	104572

附表 15 1985 年按城乡分组的中国总人口账户平衡表

单位:万人

流入		流出	
由 1984 流入的人口	103876	存活到 1986 的人口	105044
其中:转为乡村	38	其中:将转为乡村	38
转为城镇	5054	将转为城镇	5207
仍为城镇	33098	仍为城镇	38408
仍为乡村	65686	仍为乡村	61391
出生与迁入人口	1860.6	死亡与迁出人口	692.6
其中:城镇	513.8	其中:城镇	219.8
乡村	1346.8	乡村	472.8
合 计	105737	合 计	105737

编表说明:

1. 各年初、年末人口数来源于《中国统计年鉴》1988 年。

2. 1987 年全国 1%人口抽样调查资料表明,1982 年 7 月至 1987 年 6 月全国市镇迁往县的人口为 1.9 万人,平均每年 0.38 万人,故设城镇转为乡村的人口 38 万人。

3. 1987 年全国 1%人口抽样调查资料表明,1982 年 7 月至 1987 年 6 月由国外迁入国内共 350 人,平均每年 70 人,故迁入人口取 0.7 万人。

4. 全国出生、死亡人口数来源于《奋进的四十年》,1949 至 1989 年,分城、乡的出生与死亡人数根据《中国统计年鉴》公布的市、县出生率与死亡率进行了换算。

5. 婴儿死亡数(第Ⅱ象限的数字)根据 1986 年的婴儿死亡率推算。

表中其余数字根据期末人口=期初人口 ± 自然增减量 ± 迁移增减量平衡关系推算。若不符合这个平衡关系,则以出生数为准,调整死亡与迁出人口。

参考文献

[1]Leontief WW. Quantitative Input－Output Relations in the Economic System of the United States. The Review of Economics and Statistics . 1936.

[2]Stone, R. Demographic Input－output：An Extension of Social Accounting. Paper presented at Contributions to Input－Output Analysis：Fourth International Conference on Input－Output Techniques . 1970.

[3]United Nations. Concepts and Methods for Integrating Social and Economic Statistics on Health，Education and Housing. New York，1986.

[4]United Nations. Improving Social Statistics in Developing Countries：Conceptual Framework and Methods. New York，1979.

[5]United Nations. Principles and Recommendations for Population and Housing Censuses. New York，1998.

[6]United Nations. Principles and Recommendations for Population and Housing Censuses. New York，2010.

[7] United Nations. Towards a System of Social and Demographic Statistics，New York，1975.

[8]艾小青. 阶层流动变化下的马尔科夫预测模型[J]. 数理统计与管理，2016(01)：1－5.

[9]陈春钱，汪道明. 关于社会统计学科群建设的若干理论问题[J]. 财贸研究，1993(06)：40－42.

[10]陈寿如，傅楠青，龙兴云，方汉文，谢国庆. 社会统计模型论[J]. 江西社会科学，1994，08：46－51.

[11]陈述彭. 人口统计的时空分析[J]. 中国人口.资源与环境，2002(04)：5－9.

[12]陈锡康，李秉全.投入产出技术[M]. 北京：中央广播电视大学出版社，1983.

[13]陈锡康，杨翠红等.投入产出技术[M]. 北京：科学出版社，2011.

[14]陈正伟. 投入产出分析技术[M].成都：西南财经大学出版社，2013.

[15]程士富. 社会核算：基于国民经济核算和可持续发展统计的经济与资源环境一体化核算[J]. 内蒙古统计，2005(03)：7－8.

[16]崔四星. 关于人口统计质量问题的探讨[J]. 人口与经济，1990(02)：31－32，41.

[17]单传朋. 基于灰色马尔科夫模型在江西省人口预测中的应用[J]. 科技广场，2015(04)：95－100.

[18]董承章，王守祯. 投入产出学[M].北京：中国统计出版社，2012.

[19]杜金柱,程士富. 社会核算:从 SNA 到 SAM[J]. 中国统计, 2004(12): 25—26.

[20]方建卫,王文娟,楚霹. 基于最小二乘法的 GM(1,1)模型在人口预测中的应用[J]. 贵州大学学报(自然科学版),2007(04):345—349.

[21]冯乃林. 人口统计漫谈[J]. 统计教育,2010(02):4—10.

[22]甘蓉蓉,陈娜姿. 人口预测的方法比较——以生态足迹法、灰色模型法及回归分析法为例[J]. 西北人口,2010(01):57—60.

[23]高敏雪. 国民经济核算仍然面临变革[J]. 统计与信息论坛,2006(06):23—27.

[24]高树桥. 社会学与社会统计分析方法[J]. 未来与发展,1982(01):47—49.

[25]郭志刚. 人口统计研究中方法的误用与滥用——以 P/F 比方法为例[J]. 中国人口科学,2015(03):2—16,126.

[26]胡猛,王丽敏. 基于灰色系统的中国人口预测模型[J]. 山西师范大学学报(自然科学版),2008(04):123—128.

[27]黄银忠. 教育系统投入产出模型及其应用[J]. 系统工程理论与实践,1991(02):51—58.

[28]吉摘. 创立适应市场经济要求的社会核算体系[J]. 财务与会计,1995(01):40.

[29]贾凌云. 人口预测的灰色增量模型及其应用[D].南京信息工程大学,2006.

[30]蒋萍 . 社会核算方法[M],北京:中国经济管理出版社, 1992.

[31]蒋萍,王素毅 . 人口流量及人口帐户记帐法[J]. 统计研究,1997(03):53—57.

[32]蒋萍 . 国民经济核算体系方案中人口平衡表表式的改进[J]. 统计研究,1994(02):16—18.

[33]蒋萍. 国民经济核算与政府统计改革[J]. 统计研究,2002(08):28—31.

[34]蒋萍. 教育投入产出(流入流出)核算分析[J]. 财经问题研究,1991(03).

[35]蒋萍. 社会核算若干方法的系统分析(上)[J]. 统计研究, 1990(5): 21—28.

[36]蒋萍. 社会核算若干方法的系统分析(下)[J]. 统计研究, 1990(6): 53—58.

[37]蒋萍. 社会统计学(第三版)[M]. 中国统计出版社, 2014.

[38]蒋萍. 社会统计与社会核算:理论、方法与应用[M]. 北京: 中国统计出版社, 2014.

[39]蒋萍. 英国国民经济核算'98 新变化[J]. 统计研究,1999,11:51—55.

[40]蒋萍. 关于社会统计学学科体系的研究[J].陕西经济统计,1992(05).

[41]蒋萍. 教育存量流量核算法[J].辽宁经济统计,1991(03).

[42]蒋萍. 人口核算形式的比较与转换[J].中国国民经济核算研究会第一次学术研讨会论文集,1997(5).

[43]蒋萍. 社会统计学建设的反思[J].山西统计,1990(12).

[44]靳玉凤. 人口投入产出模型[J]. 数学的实践与认识,1991(03):17—28.

[45]李晖,陈锡康.基于人口投入产出模型的中国人口结构预测及分析[J].管理评论,2013(02):29—34.

[46]李金华. 对社会人口核算方法的研究[J]. 统计研究,1997(05):62—66.

[47]李金华. 联合国三大核算体系的演化与历史逻辑[J]. 国外社会科学, 2012(02): 98—108.

[48]李金华. 论社会统计的学科地位[J]. 河北经贸大学学报,1996(05):48—49.
[49]李金华. 中国国民经济核算体系的扩展与延伸——来自联合国三大核算体系比较研究的启示[J]. 经济研究，2008(03)：125—137.
[50]李强,张震,吴瑞君. 概率预测方法在小区域人口预测中的应用——以上海市青浦区为例[J]. 中国人口科学,2015(01):79—88,127—128.
[51]李树茁,严军. 人口控制经济效益评价的投入产出分析模型[J].人口与经济,1998(04):43—47.
[52]联合国. 2008 国民账户体系[M]. 中国统计出版社，2012.
[53]刘巍. 谈谈社会统计[J]. 中国统计,2014(11):26—27.
[54]刘长新,苍开极. 谈谈人口统计的指标体系[J]. 财经问题研究,1980(04):48—55.
[55]楼海淼. 宏观经济核算简约化研究[D].福州大学,2006.
[56]马红燕,崔杰. 基于马尔科夫链的人口高密度地区强震人员伤亡预测方法[J]. 价值工程,2015(21):234—235.
[57]门可佩,官琳琳,尹逊震. 基于两种新型灰色模型的中国人口预测[J]. 经济地理,2007(06):942—945.
[58]闵庆全. 国民经济核算—宏观经济管理的重要工具[J]. 经济科学,1980(04):35—42.
[59]倪红福,李善同,何建武. 人口结构变化对经济结构的影响——基于投入产出模型的分析[J]. 劳动经济研究,2014(03):63—76.
[60]乔晓春. 现代社会统计方法的应用与评述[J]. 市场与人口分析,2005(06):53—63.
[61]任强,侯大道. 人口预测的随机方法:基于 Leslie 矩阵和 ARMA 模型[J]. 人口研究,2011(02):28—42.
[62]宋健,等. 人口预测和人口控制[M]. 北京:人民出版社，1982.
[63]宋佩锋. 人口预测方法比较研究[D].安徽大学,2013.
[64]田飞. 人口预测方法体系研究[J]. 安徽大学学报(哲学社会科学版),2011(05):151—156.
[65]王立彦. 建立社会核算与国民经济核算的联系[J]. 经济科学,1992(05):6—12.
[66]王庆石. 人口核算与投入产出分析[J]. 统计研究,1987(02):39—43.
[67]王世璋. 社会核算矩阵与国民经济核算[J]. 财经理论与实践，1990(05)：48—52.
[68]王秀云. 感悟大数据时代的社会统计[J]. 内蒙古统计,2015(05):36—37.
[69]王学义,曾祥旭. 对我国近年来人口预测研究的述评[J]. 理论与改革,2007(06):157—160.
[70]王勇,蒋萍.《统计研究》与中国国民经济核算[J]. 统计研究,2014(09):20—27.
[71]夏明,张红霞. 投入产出分析:理论、方法与数据[M]. 北京:中国人民大学出版社,2013.
[72]向蓉美. 投入产出法[M]成都:西南财经大学出版社,2013.
[73]谢立中. 社会核算:西方国家的理论与实践[J]. 社会学研究，1994(01)：42—53.
[74]许成钢译. 社会和人口统计体系[M]. 北京：中国财政经济出版社，1985.

[75]许宪春. 关于我国国民经济核算体系的修订[J]. 全球化,2014(01):14—20,123.
[76]许宪春. 国际上国民经济核算新发展[J]. 统计研究,2002(06):45—47.
[77]许宪春. 中国国民经济核算:发展·改革·挑战[J]. 统计研究,2008(07):3—15.
[78]许宪春. 中国国民经济核算的改革与发展[J]. 宏观经济研究,2006(03):18—22,35.
[79]许宪春. 中国国民经济核算体系的建立、改革和发展[J]. 中国社会科学,2009(06):41—59,205.
[80]杨灿. 中国国民经济核算体系的改革的回顾与思考[J]. 统计研究,2001(11):7—11.
[81]袁广兰. 社会统计工作改革之我见[J]. 经营管理者,2014(22):198.
[82]袁建华,于弘文,李希如,等. 从生育水平估计到未来人口预测[J]. 中国人口科学,2003(01):17—23.
[83]袁建文. 投入产出分析实验教程[M]. 上海:格致出版社,2011.
[84]张迎春. 社会统计学 30 年发展与若干前沿问题[J]. 统计与信息论坛,2011(11):3—7.
[85]张迎春. 社会统计学研究与实践迅速繁荣[J]. 统计研究,2012(12):31—38.
[86]郑英元. 人口统计与人口普查[J]. 数学教学,2011(12):49.
[87]钟契夫,陈锡康. 投入产出分析[M]. 北京:中国财经出版社, 1987.
[88]朱启贵. 国民经济核算在中国[J]. 统计研究,2002(07):12—15.